U0923849

第八辑

EASTLING

东方语言学

《东方语言学》编委会
上海高校比较语言学E－研究院

上海教育出版社

目 录

从自然语言处理的角度看二分法

教育部语言文字应用研究所　冯志伟

内容提要 本文从自然语言处理的角度分析了二分法的优点和不足，指出二分法是多分法的一种特殊情况，主张采用多分法。最后讨论了自然语言的计算复杂性。

关键词 二分法 多分法 上下文无关文法

吴道平在《“两分法”浅析》(《东方语言学》3：26-41）中介绍了语言学中二分法的起源及其在生成转换语法发展中的作用和地位，并分析了 Richard S. Kayne 提出严格二分（Binary Branching）的动因和内在逻辑[1]。这篇文章对于我们进一步了解二分法很有帮助。

我是搞自然语言处理的，近年来对于理论语言学的问题思考得不多，吴道平的文章很深奥，很多地方我还没有完全领会。这里，我只想根据我在自然语言处理研究中的感受，谈一谈自己对于二分法的一些不成熟的想法，就教于方家。

在 N．Chomsky 早期的形式语言理论的研究中，他把文法[2]定义为四元组

$$G=(V_N,\ V_T,\ S,\ P)$$

其中，V_N 是非终极符号的集合，这些符号不能处于生成的终点；V_T 是终极符号的集合，这些符号能处于生成的终点；显然，V_N 与 V_T 的并构成了 V，V_N 与 V_T 不相交，因而有

$$V=V_N \cup V_T$$

$$V_N \cap V_T=\phi\ (\phi 表示空集)$$

V_N 中的符号用大写拉丁字母表示，V_T 中的符号用小写拉丁字母表示。符号串用希腊字母表示(有时也可以用拉丁字母表中排在较后面的如 ω 之类的小写拉丁字母来表示符号串)。S 是 V_N 中的初始符号。

P 是重写规则，其一般形式为：

$$\varphi \to \psi 。$$

这里，φ 是 V^+ 中的符号串，ψ 是 V 中的符号串，也就是说，$\varphi \neq \phi$[3]。

---

① Kayne, Richard S. (1984) *Connectedness and Binary Branching*, Foris.

② 本文把 grammar 一律翻译成“文法”，这是遵照计算机科学中的习惯用法，“文法”中的“文”指“规则”之意（如“吏乱法曰舞文”中的“文”就是“规则”），而不是指“文章”之意。程序语言也有 grammar，但程序语言是不能“讲”的，因此，计算机科学中一般不把 grammar 翻译为“语法”。

③ V^* 表示由 V 中的符号构成的全部符号串（包括空符号串 ϕ）的集合，V^+ 表示 V^* 中除 ϕ 之外的一切符号串的集合。例如，如果 $V=\{a,\ b\}$，则有

$$V^*=\{\phi,\ a,\ b,\ aa,\ ab,\ ba,\ bb,\ aaa,\cdots\cdots\},$$

$$V^+=\{a,\ b,\ aa,\ ab,\ ba,\ bb,\ aaa,\cdots\cdots\}。$$

在文法$G=\{V_N, V_T, S, P\}$中，其重写规则为$\varphi \to \psi$，并且要求$\varphi \neq \phi$。为了给文法进行分类，Chomsky 对文法的重写规则加上如下的限制：

限制 1：如果$\varphi \to \psi$，那么，存在A，ω_1，ω_2，ω，使得$\varphi = \varphi_1 A \varphi_2$，$\psi = \varphi_1 \omega \varphi_2$。

限制 2：如果$\varphi \to \psi$，那么，存在A，ω_1，ω_2，ω，使得$\varphi = \varphi_1 A \varphi_2$，$\psi = \varphi_1 \omega \varphi_2$，并且$A \to \omega$。

限制 3：如果$\varphi \to \psi$，那么，存在A，ω_1，ω_2，ω，a，Q，使得$\varphi = \varphi_1 A \varphi_2$，$\psi = \varphi_1 \omega \varphi_2$，$A \to \omega$，并且$\omega = aQ$，$\omega \to a$，因而$A \to aQ$，$A \to a$。

限制 1 要求文法的重写规则全都具有形式$\varphi_1 A \varphi_2 \to \varphi_1 \omega \varphi_2$，这样的重写规则在上下文$\varphi_1 - \varphi_2$中给出$A \to \omega$。显然，在这种情况下，$\psi$这个符号串的长度(即$\psi$中的符号数)至少等于或者大于$\varphi$这个符号串的长度(即$\varphi$中的符号数)，如果用$|\psi|$和$|\varphi|$分别表示符号串$\psi$和$\varphi$的长度，则有$|\psi| \geqslant |\varphi|$。由于在重写规则$\varphi_1 A \varphi_2 \to \varphi_1 \omega \varphi_2$中，每当$A$出现于上下文$\varphi_1 - \varphi_2$中的时候，可以用$\omega$来替换$A$，因此，把加上了限制 1 的文法叫做上下文有关文法[①](context-sensitive grammar)或 1 型文法(type 1 grammar)。

限制 2 要求文法的重写规则全都具有形式$A \to \omega$，这时上下文$\varphi_1 - \varphi_2$是空的，在运用重写规则时不依赖于单个的非终极符号A所出现的上下文，因此，把加上了限制 2 的文法叫做上下文无关文法[②](context-free grammar)或 2 型文法(type 2 grammar)。

限制 3 要求文法的重写规则全都具有形式$A \to aQ$或$A \to a$，其中，A和Q是非终极符号，a是终极符号，这种文法叫做有限状态文法(finite state grammar)或 3 型文法(type 3 grammar)，有时也可叫做正则文法(regular grammar)。

没有上述限制的文法，叫做 0 型文法(type 0 grammar)。

显而易见，每一个有限状态文法都是上下文无关的，每一个上下文无关文法都是上下文有关的，每一个上下文有关文法都是 0 型的。这样，Chomsky 把由 0 型文法生成的语言叫 0 型语言(type 0 language)，把由上下文有关文法、上下文无关文法、有限状态文法生成的语言分别叫做上下文有关语言(context-sensitive language)、上下文无关语言(context-free language)、有限状态语言(finite state language)，也可以分别叫做 1 型语言(type 1 language)、2 型语言(type 2 language)、3 型语言(type 3 language)。由于从限制 1 到限制 3 的限制条件是逐渐增加的，因此，不论对于文法或对于语言来说，都有

$$0 型 \supseteq 1 型 \supseteq 2 型 \supseteq 3 型。$$

这种包含关系叫做“Chomsky 层级”（Chomsky hierarchy）。

例如，例如，有文法$G=\{V_N, V_T, S, P\}$

$$V_N = \{S, A, B, C\}$$

$$V_T = \{a, b, c\}$$

$$S = \{S\}$$

---

① 有的学者把“上下文有关文法”称为“上下文敏感文法”。

② 有的学者把“上下文无关文法”称为“上下文自由文法”。

P：

$S \to ABC$ (i)
$A \to aA$ (ii)
$A \to a$ (iii)
$B \to Bb$ (iv)
$B \to b$ (v)
$BC \to Bcc$ (vi)
$ab \to ba$ (vii)

这个文法可生成终极符号串 $b^n a^m cc$（$n \geqslant 1$， $m \geqslant 1$）。

不难看出，规则(vii)是 0 型规则，因此，这个文法是 0 型文法。如果去掉规则(vii)，那么，就得到一个 1 型文法，因为规则(vi) $BC \to Bcc$ 是 1 型规则。如果去掉规则(vii)和(vi)，就得到一个 2 型文法，因为规则(i) $S \to ABC$ 及规则(iv) $B \to Bb$ 是 2 型规则。如果去掉规则(vii)、(vi)、(i)、(iv)，就得到一个 3 型文法，因为剩下的规则(ii) $A \to aA$，规则(iii) $A \to a$，规则(v) $B \to b$ 都是 3 型规则。

可见，任何的 3 型文法，一定包含在 2 型、1 型、0 型文法中，任何的 2 型文法，一定包含在 1 型、0 型文法中，任何的 1 型文法，一定包含在 0 型文法中。

Chomsky 还分析了上述这些文法的长处和不足。

他指出，有一些由非常简单的符号串构成的形式语言，不能由有限状态文法生成，它们是：

（i）*ab*, *aabb*, *aaabbb*，……，它的全部句子都是由若干个 a 后面跟着同样数目的 b 组成的。这种形式的语言可表示为 $L_1 = \{a^n b^n\}$，其中，$n \geqslant 1$。

（ii）*aa*, *bb*, *abba*, *baab*, *aabbaa*, *abbbba*，……，这种形式语言是镜象结构语言，如果用 α 表示集合 $\{a, b\}$ 上的任意非空符号串，用 α^* 表示 α 的镜象，那么，这种语言可表示为 $L_2 = \{\alpha\alpha^*\}$。

（iv）*aa*, *bb*, *abab*, *aaaa*, *bbbb*, *aabaab*, *abbabb*，……，它的全部句子是由若干个 a 或者若干个 b 构成的符号串 α 后面跟着而且仅只跟着完全相同的符号串 α 而组成的。如果用 α 表示集合 $\{a, b\}$ 上的任意非空符号串，那么，这种语言可表示为
$L_2 = \{\alpha\alpha\}$。

L_1，L_2，L_3 都不能由有限状态文法生成，可见，有限状态文法的生成能力不强。Chomsky 认为，上下文无关文法比较适合于描述自然语言。为此，他提出了“Chomsky 范式”（Chomsky Normal Form）。

Chomsky 证明了，任何的上下文无关语言，均可由重写规则为

$A \to BC$

或 $A \to a$

的文法生成。其中，$A, B, C \in V_N$，$a \in V_T$。

从 Chomsky 范式的重写规则的形式 $A \to BC$ 不难看出，Chomsky 范式是严格实行“二分法”的；$A \to a$ 不过是当规则左部的两个非终极符号 BC 蜕化成一个单独的终极符号 a 时的一种特殊情况，从实质上说也是二分的。

利用 Chomsky 范式，可把任何的上下文无关文法的推导树简化为二元形式。

例如，上下文无关语言 $\{a^n cb^{2n}\}$ 的文法的重写规则为

$S \rightarrow aCbb$

$C \rightarrow aCbb$

$C \rightarrow c$

如果要生成符号串 $aacbbbb$，其推导树为：

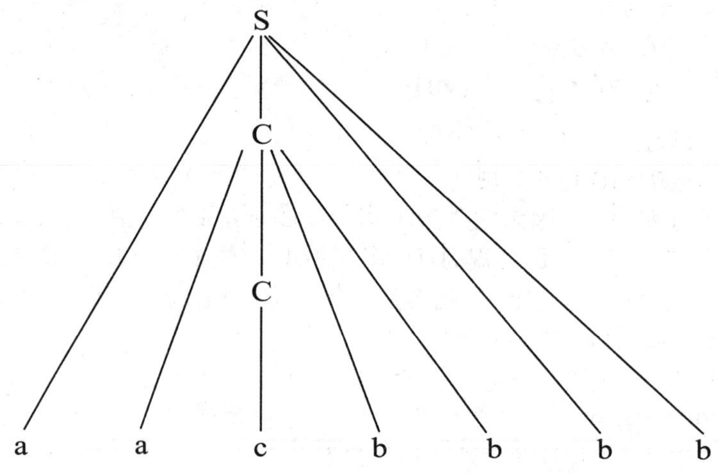

图 1 生成符号串 $aacbbbb$ 的推导树

现在我们把这个文法的三个重写规则改写为 Chomsky 范式。

在这三个重写规则中，$C \rightarrow c$ 是符合 Chomsky 范式要求的，不必再变换。我们先把 $S \rightarrow aCbb$ 及 $C \rightarrow aCbb$ 的右边换为非终极符号，用 $S \rightarrow ACBB$ 及 $A \rightarrow a$，$B \rightarrow b$ 替换 $S \rightarrow aCbb$，用 $C \rightarrow ACBB$ 及 $A \rightarrow a$，$B \rightarrow b$ 替换 $C \rightarrow aCbb$。然后，再把 $S \rightarrow ACBB$，$C \rightarrow ACBB$ 的右边换成二元形式，用 $S \rightarrow DE$，$D \rightarrow AC$ 及 $E \rightarrow BB$ 替换 $S \rightarrow ACBB$，用 $C \rightarrow DE$，$D \rightarrow AC$ 及 $E \rightarrow BB$ 替换 $C \rightarrow ACBB$。这样，便得到了符合 Chomsky 范式要求的文法的重写规则：

$S \rightarrow DE$

$D \rightarrow AC$

$E \rightarrow BB$

$C \rightarrow DE$

$A \rightarrow a$

$B \rightarrow b$

$C \rightarrow c$

用 Chomsky 范式，可将符号串 $aacbbbb$ 的推导树简化为二元形式，这种二元形式的推导树叫“二叉树”（binary tree），如下图所示：

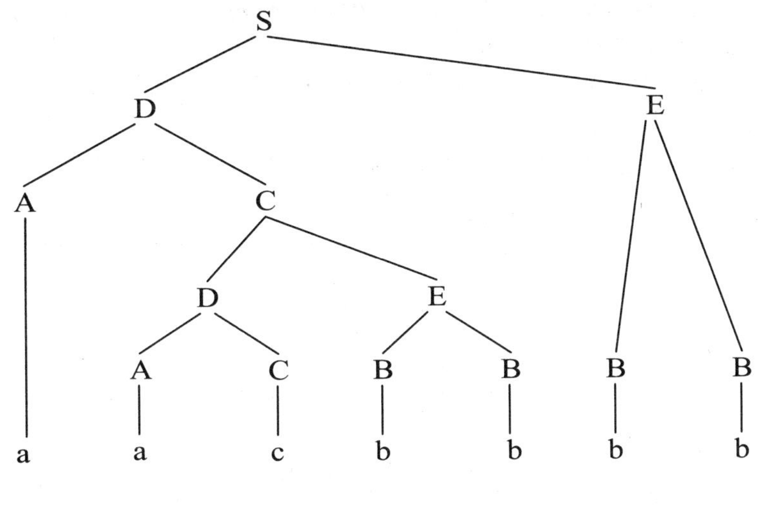

图 2 二叉树

在 Chomsky 范式中，重写规则及推导树都有二元形式，这就为自然语言的形式描写提供了数学模型。

自然语言中的句法结构一般都是二分的，因而一般都具有二元形式（binary form）。例如，在汉语中，除了联合结构、双宾语结构和递系结构(即“兼语式”)之外，具有二元形式的句法结构占大多数：

述宾结构：　　思考问题

主谓结构：　　他走了

偏正结构：　　汉语语法

动补结构：　　洗干净

事实上，语言学中正是采用二分法来分析句子的。二分法就是所谓的层次分析法，这就是说，一个复杂的语言形式，不能一下子就把它分析为若干个词，而要按下面的步骤分析：

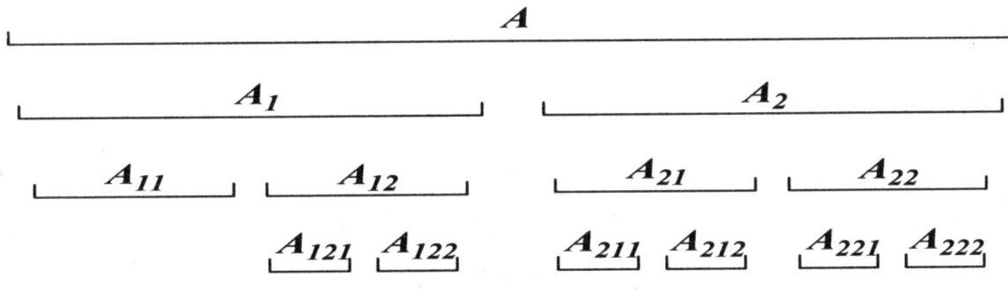

图 3 层次分析法示意图

我们不是把 A 一下子就分成 A_{11}， A_{121}， A_{122}， A_{211}， A_{212}， A_{221}， A_{222}，而是先把 A 分成 A_1 和 A_2 两部分，然后把 A_1 分成 A_{11} 和 A_{12} 两部分，把 A_2 分成 A_{21} 和 A_{22} 两部分，A_{12} 又可再分为 A_{121}，A_{122} 两部分，……，这样分析下去，一直分析到词为止。人们通常把 A_1 和 A_2 叫做 A 的直接成分，把 A_{11} 和 A_{12} 叫做 A_1 的直接成分，把 A_{121}，A_{122} 叫做 A_{12} 的直接成分。这种顺次找出语言格式的直接成分的方法，叫做直接成分分析法或层次分析法。因此，在语言学界，又有人把 Chomsky 的上下文无关短语结构语言模型叫做直接组成成分模型，把用直接组成成分模型分析语言的方法叫做直接成分分析法（immediate constituent analysis，简称 IC 分析法）。

可见，Chomsky 范式反映了自然语言结构的这种二分特性，因而通过 Chomsky 范式这一重要工具，上下文无关文法可以在自然语言研究中得到广泛的应用。

不少语言学家在他们描写自然语言的工作中，已经认识到了自然语言结构的这种二分特性。

吴道平在他的文章中举出了 Wilhelm Wundt 等人使用二分法描述自然语言的例子。我们这里再补充一下面的材料。

——我国语言学家马建忠在《马氏文通》中提出了两端两语说，指出：“盖意非两端不明，而句非两语不成。”

——美国语言学家 E. A. Nida(奈达)在 1949 年出版的《形态学》中指出：“根据经验，我们发现语言结构倾向于二分。”[①]

——美国语言学家 C. C. Fries(福里斯)在《英语结构》一书中，更是明确地提出了二分的观点，他指出：“在英语里，一个结构层次通常只有两个成分。当然，每一个成分都可以由好几个单位组成，不过在同一层次上，结构的直接成分通常只有两个。”[②]

Fries 还把这一观点具体地应用于英语句子的分析中。例如，他对“The recommending committee approved his promotion”（“推荐委员会批准了他的提升”)这个句子的分析是：

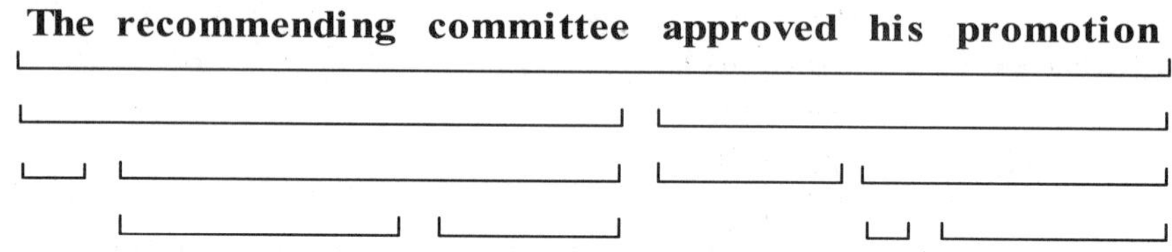

图 4　英语句子的层次分析图示

完全采用了二分法。

在自然语言处理中，二分法也得到了广泛的应用。CYK 算法（CYK algorithm）就是严格遵循二分法的。

CYK算法是Cocke-Younger-Kasami算法的首字母缩写。这是一种并行的句法分析算法。这种算法是以Chomsky范式(Chomsky normal form)为描述对象的句法分析算法。

例如，如果我们有如下的上下文无关文法的规则：

---

① E. A. Nida，《Morphology》，University of Michigan Press, 1949，P. 91～93.

② C. C. Fries，《英语结构》(中译本)，264 页，商务印书馆，英文本原名《English Structures》.

S → NP VP

VP → V NP

NP → Det N

这些规则都是二分的，满足 Chomsky 范式的要求。

根据这种满足 Chomsky 范式要求的上下文无关文法，对于英语句子“the boy hits a dog”（那个男孩儿打狗），使用 CYK 分析法，我们可以得到图 5 中的表：

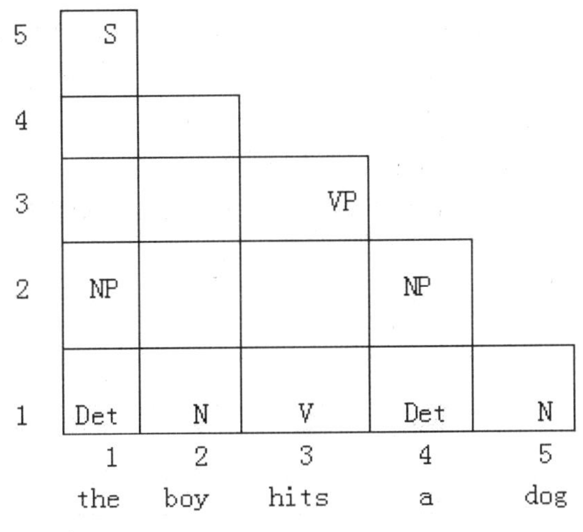

图 5 CYK 算法中的表

在这个表中，行方向（横向）的数字表示单词在句子中的位置，列方向（纵向）的数字表示该语言成分所包含的单词数。语言成分都装在框子(box)内，我们用 b_{ij} 来表示处于第 i 列第 j 行的框子的位置。这样，每一个语言成分的位置就可以确定下来。例如，

Det∈b_{11} 表示 Det 处于第 1 列第 1 行，

N∈b_{21} 表示 N 处于第 2 列第 1 行，

V∈b_{31} 表示 V 处于第 3 列第 1 行，

Det∈b_{41} 表示 Det 处于第 4 列第 1 行，

N∈b_{51} 表示 N 处于第 5 列第 1 行

这样一来，处于第 1 列第 2 行的 NP 的位置可用 b_{12} 表示（NP∈b_{12}），这种记法说明，这个 NP 处于句首，包含 2 个单词(the 和 boy)，也就是说，这个 NP 是由 Det 和 N 组成的；处于第 4 列第 2 行的 NP 的位置可用 b_{42} 表示(NP∈b_{42})，这种记法说明，这个 NP 处于第 4 个词的位置，包含 2 个单词（a 和 dog），也就是说，这个 NP 是由 det 和 N 组成的；处于第 3 列第 3 行的 VP 的位置可用 b_{33} 表示(VP∈b_{33})，这种记法说明，这个 VP 处于第 3 个词的位置，包含 3 个单词（hits, a 和 dog），也就是说，这个 VP 是由 V（包含 1 个词）和 NP（包含 2 个词）组成的；处于第 1 列第 5 行的 S 的位置可用 b_{15} 表示(S∈b_{15})，这种记法说

明，这个 S 处于句首，包含 5 个单词(the, boy，hits, a 和 dog)，也就是说，这个 S 是由 NP（包含 2 个单词）和 VP（包含 3 个单词）组成的。这些框子里的标记，明确地说明了这个句子中的句法结构关系，因此，如果我们能够通过有限步骤造出这样的表，就等于完成了句子的句法结构分析。

由于文法规则都用 Chomsky 范式表示，因此，在文法规则 A→BC 中，对于某个 k($1\leq k<j$)来说，如果 $b_{i\,k}$ 中包含 B，$b_{i+k\,j-k}$ 中包含 C，则 $b_{i\,j}$ 中必定包含 A。也就是说，如果从输入句子中的第 i 个单词开始，造成了表示由 k 个单词组成的成分 B 的子树（这时，B 的长度为 k,其首词标号为第 i 列，末词标号第 i+k-1 列，例如，如果 B 的长度为 4，如首词标号为 3，则末词标号为 i+k-1=3+4-1=6，即这 4 个词的标号分别为 3，4，5，6)，从第 i+k 个单词开始，造成了表示由 j-k 个单词组成的成分 C 的子树（这时，C 的长度为 j-k，其首词标号为第 i+k 列，末词标号为第 i+j-1 列，例如，如果 A 的长度 j=6，C 的长度为 j-k=6-4=2，则其首词标号为 i+k=3+4=7,末词标号为 i+j-1=3+6-1=8)，那么，就可以作出如下的表示 A 的树形图（图 6)：

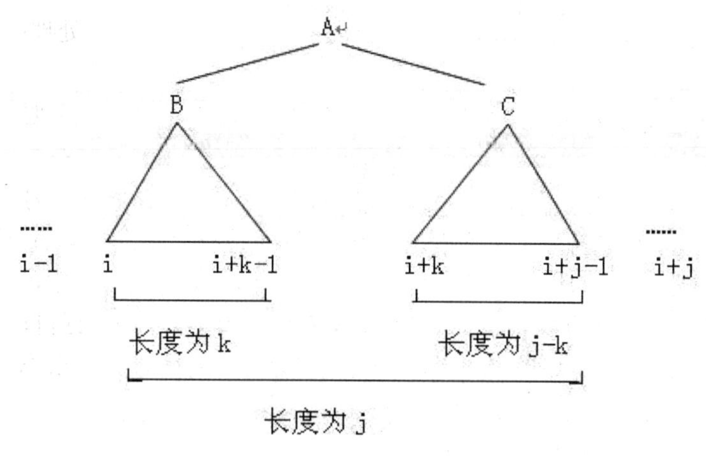

图 6 CYK 算法中的标号

例如，在上表的 $b_{1\,2}$ 中包含 NP，$b_{1\,1}$ 中包含 Det，$b_{2\,1}$ 中包含 N，这反映了文法规则 NP→Det N 的情况。这时，k=1, i=1, j=2。

CYK 算法就是顺次构造上述表的算法，当输入句子的长度为 n 时，CYK 算法可分为如下两步。

第一步：从 i=1 开始，对于长度为 n 的输入句子中的每一个单词 W_i，显然都有重写规则 A→W_i，因此，顺次给每一个单词 W_i 相应的非终极符号 A 记入框子 $b_{i\,1}$ 中。在我们的例句“the boy hits a dog”中，根据相应的重写规则，顺次把 Det 记入 $b_{1\,1}$ 中，把 N 记入 $b_{2\,1}$ 中，把 V 记入 $b_{3\,1}$ 中，把 Det 记入 $b_{4\,1}$ 中，把 N 记入 $b_{5\,1}$ 中。

第一步相当于确定输入句子中各个单词所属的词类，如果一个单词属于若干个词类，可以把它所属的词类都记入表中。

第二步：对于 $1\leq h<j$ 以及所有的 i，造出 $b_{i\,h}$，这时，包含 $B_{i\,j}$ 的非终极符号的集合定义

如下：

$b_{i\,j}$ = {A|对于 1≤k<j，B 包含在 $b_{i\,k}$ 中，C 包含在 $b_{i+k\,j-k}$ 中，并且，存在文法规则 A→BC}。

第二步相当于构造句子的句法结构。根据文法的重写规则，从句首开始，顺次由 1 到 n 取词构造框子 $b_{i\,j}$，如果框子 $b_{1\,n}$ 中包含开始符号 S，也就是说，$S \in b_{1\,n}$，那么，就说明输入句子是可以接受的。

例如，根据规则 NP→Det N 以及 det∈$b_{1\,1}$ 和 N∈b_{21}，可知此时 i=1,k=1,j=2,因此，NP 的框子的编号应为 $b_{1\,2}$；根据规则 NP→Det N 以及 Det∈$b_{4\,1}$ 和 N∈$b_{5\,1}$，可知此时 i=4,k=1,j=2,因此，这个 NP 的框子的编号应为 $b_{4\,2}$；根据规则 VP→V NP 以及 V∈$b_{3\,1}$ 和 NP∈$b_{4\,2}$,可知此时 i=3,k=1,j=3,因此，VP 的框子的编号应为 $b_{3\,3}$；根据规则 S→NP VP 以及 NP∈$b_{1\,2}$ 和 VP∈$b_{3\,3}$，可知此时 I=1,k=2,j=5,因此，S 的框子的编号 $b_{5\,1}$。由于句子长度 n=5，因此，有 S∈$b_{n\,1}$，所以输入句子被接受，分析成功。

由于基于Chomsky范式的CYK算法严格遵循了二分法，算法简单明快，效率较高。在自然语言处理中强制性地使用二分法，采用二叉树来描述自然语言的层次结构和线性顺序，可以提高自然语言处理系统的性能。基于Chomsky范式的二分法，在自然语言处理中受到了欢迎。

然而，自然语言处理的实践表明，这种二分法还是有缺陷的。我们认为，主要的缺陷有如下三方面：

第一，上下文无关文法的规则是 $A \rightarrow \omega$，其中规则右部的 ω 可以是终极符号，也可以是非终极符号，还可以是由终极符号和非终极符号混合组成的符号串，所以，ω 不一定总是二分的。如果上下文无关文法的规则不是严格二分的，那么，在 CYK 算法中，就必须首先把这些规则都转写成严格二分的 Chomsky 范式，才有可能用 CYK 算法进行自动分析。这样，在很多情况下，我们需要对于规则进行转换，CYK 算法使用起来就不是很方便，自动分析的效率也会降低。

例如，如果上下文无关语法具有如下的规则：

S → NP VP

NP → PrN

NP → DET N

NP → N WH VP

NP → DET N WH VP

VP → V

VP → V NP

VP → V that S

我们用这个语法来剖析句子‘the table that lacks a leg hits Jack”。

由于这些规则不全是二分的，首先我们需要把重写规则转换为 Chomsky 范式。这样，就需要做如下的转换工作，逐一地审查每一条规则是不是二分的：

S → NP VP 这个规则是二分的，是 Chomsky 范式，不需要转换。

NP → PrN 这个规则不是 Chomsky 范式，因此转换为如下的 Chomsky 范式：

NP → Jack

NP → John

NP → Maria

NP → DET N 这个规则是二分的，是 Chomsky 范式，不需要转换。

NP → N WH VP 这个规则不是 Chomsky 范式，因此转换为如下的 Chomsky 范式：

NP → N CL

CL → WH VP

NP → DET N WH VP 这个规则不是 Chomsky 范式，因此转换为如下的 Chomsky 范式：

NP → NP CL

NP → DET N

CL → WH VP

这里 CL 是一个 WH 从句（WH clause），它由 that 和 VP 组成。

VP → V 这个规则不是 Chomsky 范式，因此转换为如下的 Chomsky 范式：

VP → cough

VP → walk

VP → …

VP → V NP 这个规则是二分的，是 Chomsky 范式，不需要转换。

VP → V that S 这个规则不是 Chomsky 范式，因此转换为如下的 Chomsky 范式：

VP → V TH

TH → WH S

这里 TH 是一个 that 从句，它由 that 和 S 组成。

我们必须把全部规则转换成 Chomsky 范式之后，才能够根据 CYK 算法来计算非终极符号 b_{ij} 的列号和行号。例如，我们可以按照句子中的词序排列表示词类（POS）的非终极符号 b_{ij}，逐一地计算它们的列号和行号：

"The	table	that	lacks	a	leg	hits	Jack"
DET	N	WH	V	DET	N	V	NP
b_{11}	b_{21}	b_{31}	b_{41}	b_{51}	b_{61}	b_{71}	b_{81}

计算出表示短语的非终极符号 b_{ij} 的列号和行号之后，为我们得到如下的方框和表：

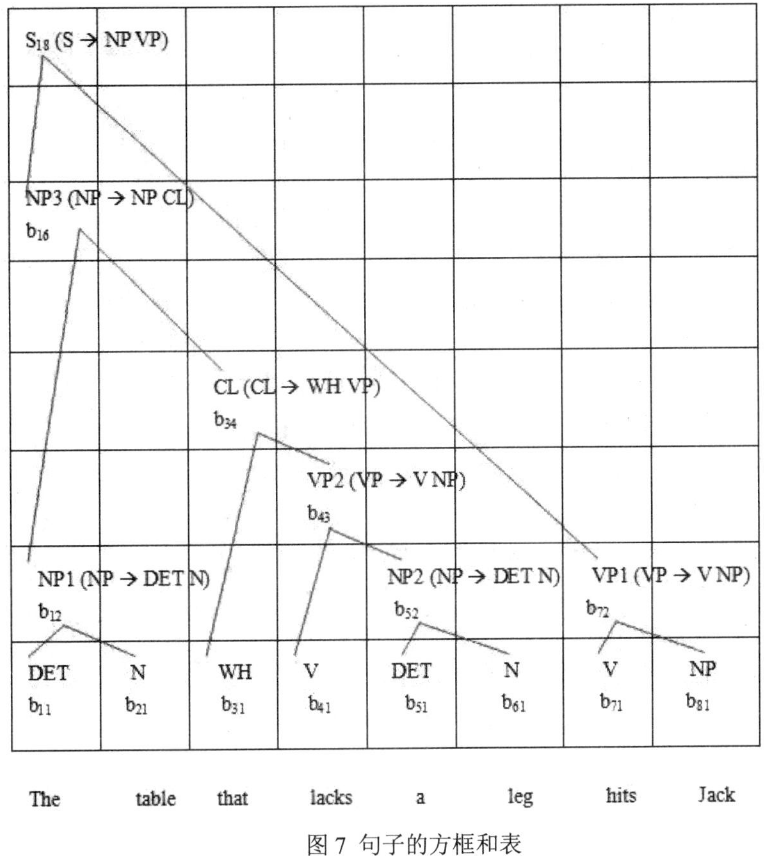

图 7 句子的方框和表

其中，各个方框中的 b_{ij} 计算详情如下：

b_{ij} (NP1): i=1. j=1+1=2

b_{ij} (NP2): i=5, j=1+1=2

b_{ij} (VP1): i=7, j=1+1=2

b_{ij} (VP2): i=4, j=1+2=3

b_{ij} (CL): i=3, j=1+3=4

b_{ij} (NP3): i=1, j=2+4=6

b_{ij} (S): i=1, j=2+6=8

这个句子的长度为 8，我们得到的 S 的方框中的行号也为 8，因此句子剖析成功。

我们使用 CYK 算法构造出图 7 中的表中的各个结点可以系连起来形成一个金字塔（pyramid)，这个金字塔也就是一个树形图，它可以表示句子的结构。为了得到这样的金字塔，我们首先必须把全部的规则转换为 Chomsky 范式，影响了自动分析的效率。

为了严格遵守二分的原则，在规则的转换的时候，有时要进行分解，有时要进行合并。在上面的例子中，我们是将规则分解为 Chomsky 范式；有时我们还需要把一些规则合并成二分的 Chomsky 范式。

如果我们使用 CYK 算法来剖析句子“book that flight”，就必须对规则进行合并。

用于分析这个句子的上下文无关文法规则是：

S → VP

VP → Verb NP

NP → Det Nominal

Nominal → Noun

由于第一条规则 S → VP 的右手边只包含一个单独的非终极符号 VP，这不是 Chomsky 范式，但第二条规则 VP → Verb NP 是 Chomsky 范式，因此，我们把第一条规则和第二条规则合并，形成如下的符合 Chomsky 范式要求的规则：

S → Verb NP

第四条规则 Nominal → Noun 的右手边也只包含一个单独的非终极符号，也不是 Chomsky 范式，但第三条规则 NP → Det Nominal 是 Chomsky 范式，因此，我们把第四条规则和第三条规则合并，形成如下的符合 Chomsky 范式要求的规则：

NP → Det Noun

经过规则合并之后的上下文无关语法的规则如下：

S → Verb NP

NP → Det Noun

这些规则都符合 Chomsky 范式的要求了。只有在规则合并之后，我们才可以根据这样符合 Chomsky 范式要求的规则，使用 CYK 算法分析上述句了。结果如下：

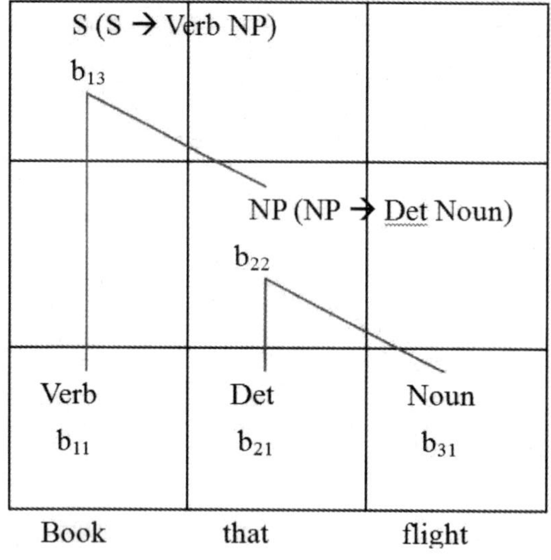

图 8 句子的方框和表

其中，各个方框中的 b_{ij} 计算详情如下：

b_{ij} (NP): i=2,. j=1+1=2

b_{ij} (S): i=1, j=1+2=3

用 CYK 算法造出的金字塔也就是表示句子结构的树形图。

由此可见，CYK 算法虽然是一种简单而有效的算法，但是，这种算法的前提是：所有的规则必须是 Chomsky 范式，否则，算法无法运行。这样，如果我们要使用 CYK 算法，首先必须进行规则的转换工作，对于不符合 Chomsky 范式要求的规则进行分解或合并，这样，就必然会影响到自动分析的效率。这是二分法的第一个严重缺陷。

第二，自然语言中的许多文法形式不便于用基于二分法的二叉树来描述，而应该采用多叉树（multiple-branching tree）来描述。这是二分法的第二个严重缺陷。

下面我们以汉语为例来说明。

二叉树难以描述汉语中的如下结构：

① 兼语式:

在“我们|请|他|做报告”中，“他”是“请”的宾语，又是“做报告”的主语，如用二叉树表示，就会前后交叠，而用多叉树就描述得很清楚。

② 状-述-宾式:

在“努力|学习|英语”中，如用二叉树来描述，是先二分为“努力|学习英语”呢，还是先二分为“努力学习|英语”呢？常常令人踌躇不决，举棋不定，而用多叉树将其切分为三部分：“努力|学习|英语”，就避免了用二叉树描述的困难。

③ 双宾语：

在“给|弟弟|一本书”中，由于动词“给”有两个宾语，难于用二叉树描述，而应该用多叉树描述。

④ 多项并列结构：

在“英语、法语、俄语、西班牙语和汉语都是联合国的工作语言”中，多项并列结构“英语、法语、俄语、西班牙语和汉语”如果采用二叉树来描述就显得很勉强，而且，层次太多，使人眼花缭乱，而如果采用多叉树来描述就简洁得多。

因此，汉语的特点说明了二分法在汉语描述中的局限性。对于上述汉语中的结构，如果勉强地把它们转换为二分形式，往往会削足适履，使我们陷入左右为难的困境。

其实，Chomsky 本人也注意到了二叉树的这个局限。

吴道平的文章告诉我们，早在 1957 年，Chomsky 在《句法结构》[①]中，谈到一种上下文有关的语言现象，他指出，英语中动词 hit 现在时第三人称加-s 时，这个动词前面的 NP 必须是单数的，因此，hit 现在时第三人称加-s 与上文的 NP 的数有关，Chomsky 主张用

$$NP_{sing} + Verb \rightarrow NP_{sing} + hits$$

来表达这种上下文有关现象，这里的 NP_{sing} 就是 Verb 的上文。对于这种上下文有关的现象，Chomsky 已经感觉到难以用二分法来加以描述了，因此，他只好给 NP 加下标来说明这种上下文有关现象，把 NP 改为 NP_{sing}。

英语中的非连续成分也难以用二分法来描述。

---

① Chomsky(1957), *Syntactic Structures*, Mouton.

例如，短语 *pick it up*(“把它拣起来”)，应当采用三分的结构来表达如下：

VP → V NP Part

如果使用 Chomsky 范式，把上述三分的规则改用两条二分的规则来代替它：

VP → VP Part
VP → V NP

这样虽然采用了二分法，但是与实际的语言现象有矛盾。因为VP → VP Part对应的语言符号系列是*pick it*, 而这个符号系列并不是英语中一个可以独立存在的结构，显然不宜于把这个符号序列叫做VP。

由此可见，不仅在汉语分析中有必要采用多叉树，就是在英语分析中，也有必要采用多叉树。

第三，一些长的句子，如采用二叉树来描述，其层次会多到十层八层，计算机处理在这里这样的多层次的二叉树时，需逐层进行，运算量很大。这是二分法的第三个严重缺陷。

而如果采用多叉树，就可以大大地减少层次，提高计算机处理自然语言的效率。因此，采用多叉树来代替基于二分法的二叉树可以减少在编制程序时的程序量。采用多叉树还有利于抓住句子的主干，把句子的格局清楚地显示出来，便于研究和检查。

基于如上理由，我在20世纪80年代初期提出了汉语句子的多叉多标记树形图分析法[①]，这种分析法又叫做“多叉多标记树形图模型”(Multiple-branched, Multiple-labeled Tree Model)，简称MMT模型；在1981年开发的汉-法/英/日/俄/德多语言机器翻译系统FAJRA中，我采用多叉树来描述汉、法、英、日、俄、德等6种语言，用“多分”(multiple-branching)来代替“二分”(binary-branching)，提高了机器翻译系统的功能。FAJRA系统是世界上第一个把汉语翻译成多种外语的机器翻译系统，开汉译外机器翻译的先河。可见，在自然语言处理中采用多分法是大有好处的。

其实，如果把我们多叉树形图看成一种普遍的树形图格式，那么，二叉树便是多叉树形图的一种特殊情况。所谓“多叉”，可以是“三叉”、“四叉”，也可以是“二叉”、“一叉”，它是一种更为一般的形式，而“二叉”只不过是当“多叉”的“多”等于“二”时的一种特殊情况罢了。

所以，我们认为，从本质上来说，Chomsky的上下文无关文法是多分法的。

Chomsky范式的重写规则形式为

A → BC
A → a

---

① 冯志伟，汉语句子的多叉多标记树形图分析法，《人工智能学报》，1983 年，第 2 期。

其中，A、B、C都是非终极符号，a是终极符号。Chomsky范式把单个的非终极符号重写为两个非终极符号B和C，便于在自然语言处理中用二叉树来表示自然语言的数据结构。显而易见，Chomsky范式的重写规则是上下文无关文法的重写规则 $A \rightarrow \omega$ 中，当ω=BC或者a时的一种特殊情况。由于任何符合Chomsky范式的上下文无关文法与重写规则为 $A \rightarrow \omega$ 的上下文无关文法都是等价的，因此，这样的限制并不失一般性。也就是说，在上下文无关文法的重写规则 $A \rightarrow \omega$ 中，当ω变成AB或者A的时候，就变成了Chomsky范式，因此，我们有理由认为，二分法应当看成多分法的一种特殊情况。

Richard S. Kayne 提出了“线性相应公理”(Linear Correspondence Axiom, LCA)，主张严格实行二分法，尽管Richard S. Kayne提出了严格实行二分法的动因和内在逻辑，但是，从自然语言处理的技术要求来考虑，我们认为，Richard S. Kayne的主张是站不住脚的。

吴道平在他的文章中也对于 Richard S. Kayne 的结论提出质疑。他说：“两分本身是否真的反映了语言结构的本质关系？照作者看来，认为两分就是短语结构的本质关系非常勉强，反证很多。”他还举出了汉语中多重并立结构句子“他的爸爸妈妈弟弟妹妹都住在上海”来证明二分法的弊病，指出，硬要把这个句子中做主语的并立结构“爸爸妈妈弟弟妹妹”首先两分，然后被两分的成分再次两分，实在说不出多少道理来。我们完全赞同吴道平的这种主张。

陆丙甫在 1983 年指出，如果把自然语言的句子以句法功能划分为“块”的话，那么任一句子“块”的数量只在四至七之间，最多不超过七块。陆丙甫提出：“处理句子的过程中每时每刻脑子中记住的离散结构块不会超过七块左右，也就是说，如果超过了七块左右，那么一定要及时组块以减少块数。而所谓组块就是按照结构模式把一些(通常是连续的)离散块组成一个大块。由此可推知，语流中出现的结构模式都不会超过七项左右的成分。”①

陆丙甫后来又指出，当脑子里记住的离散块超过了四块时，处理后面的材料时难度就急速增加。人们在分段记忆电话数码时，每段不能超过 3-4 个数字。他还注意到，4 左右的语段反映句子结构难度的一个敏感点：平均结构难度不到 4 和超过 4 的语段，在难度感觉上会有明显的差别②。

陆丙甫关于自然语言句子“块”的数量为四至七之间的限制，也为多分法在语言学理论上提供了有力的支持。

吴道平的文章还讨论了自然语言是否是上下文无关语言的问题。

吴道平介绍了美国计算语言学家 S. Shieber 在《上下文无关性质的反证实例》一文中对于这个问题的研究③。

S. Shieber 于 1983 年发现，在瑞士德语中存在着词序的交叉对应现象，也就是存在着如图 9 所示的如下的符号串：

---

① 陆丙甫，无限递归的条件和有限切分，《汉语学习》，Vol.3，1983。

② 陆丙甫，“组块”与语言结构难度，《世界汉语教学》， No.1，2009。

③ Shieber, Stuart M.(1985) “Evidence Against the Context-Freeness of Natural Language”, *Linguistic and Philosophy* 8: 333-343.

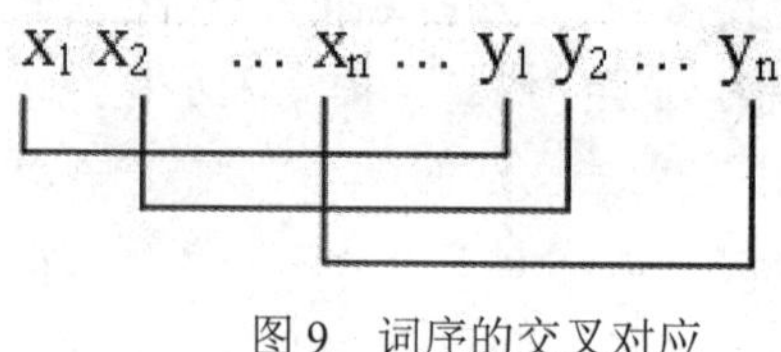

图 9　词序的交叉对应

在图 7 的符号串中，x_1 与 y_1 对应，x_2 与 y_2 对应，…，x_n 与 y_n对应，上下文无关语法描述不了这样的语言现象。

S. Shieber 指出，在瑞士德语中有这样的句子：

Jan　säid　das mer　d'chind em Hans es huus　lönd　hälfed　aastriiche
约翰　说　　我们　小孩　　汉斯　　房屋　让　　帮助　　粉刷
（约翰说，我们让小孩帮助汉斯粉刷房屋）

其中，d'chind（小孩）与动词 lönd（让）相对应，Hans（汉斯）与动词 hälfed（帮助）相对应，huus（房屋）与动词 aastriiche（粉刷）相对应。瑞士德语中这样的语言现象是不能用上下文无关语法来描述的。这样看来，自然语言并不是上下文无关的。

吴道平举出例子说明汉语中存在着非上下文无关的现象。其实，在汉语中，这样的非上下文无关的现象还不少。我们再举两个例子：

(1)　胡锦涛、温家宝、吴邦国、贾庆林分别担任国家主席、国务院总理、人大委员长、政协主席。

(2)　昆明、成都、长沙、长春、沈阳、哈尔滨、杭州分别是云南、四川、湖南、吉林、辽宁、黑龙江、浙江的省会。

在句子(1)中，“胡锦涛”与“国家主席”对应，“温家宝”与“国务院总理”对应，“吴邦国”与“人大委员长”对应，“贾庆林”与“政协主席”对应，上下文无关文法不能描述这样的对应关系。

在句子(20)中，“昆明”与“云南”对应，“成都”与“四川”对应，“长沙”与“湖南”对应，“长春”与“吉林”对应，“沈阳”与“辽宁”对应，“哈尔滨”与“黑龙江”对应，“杭州”与“浙江”对应，上下文无关文法也不能描述这样的对应关系。

尽管自然语言的大部分现象可以使用上下文无关文法来描述，上下文无关文法是生成语法的基础部分；但是，从总体上来看，自然语言还不能算上下文无关的，自然语言的性质似乎介于上下文无关与上下文有关之间。Chomsky 在《规则与表达》①中指出，自然语言可能比上下文有关语言还要复杂，它是 Chomsky 层级上最复杂 0 型语言，这是一种递归可枚举语言（recursive numerable language）。

① N. Chomsky, *Rules and Representations*, Columbia University Press, 1980/2005.

自然语言的这种性质反映了它的“计算复杂性”（computational complexity）。关于自然语言的计算复杂性的讨论是语言学理论中一个重要而饶有趣味的问题，我们应当关注这个问题。

参考文献

N. Chomsky. 1957. *Syntactic Structures*. Mouton.

C. C. Fries. 1964. 《英语结构——英语句子结构导论》 (中译本)，商务印书馆。

E. A. Nida，1949. *Morphology*. University of Michigan Press.

Kayne, Richard S., 1984. *Connectedness and Binary Branching*. Foris.

Shieber, Stuart M. 1985. Evidence Against the Context-Freeness of Natural Language, *Linguistic and Philosophy*, 8: 333-343.

冯志伟 1983 汉语句子的多叉多标记树形图分析法，《人工智能学报》，第 2 期。

冯志伟 2010 《自然语言处理的形式模型》，中国科学技术大学出版社。

陆丙甫 1983 无限递归的条件和有限切分，《汉语学习》，第 3 期。

陆丙甫 2009 “组块”与语言结构难度，《世界汉语教学》，第 1 期。

吴道平 2009 “两分法”浅析，《东方语言学》，第 3 辑，上海教育出版社。

≈≈

“记音与国际音标学术研讨会”在上海召开

国际音标在国内的应用日益广泛，中国有声语言数据库建设在全国各地展开，这都迫切需要建立国际音标和记音的规范与标准。为此，“记音与国际音标学术研讨会”于 2010 年 9 月 4 -5 日在上海师范大学召开， 此次会议的召集人为上海高校比较语言学 E-研究院首席研究员、上海师范大学语言研究所所长潘悟云教授。来自中国社会科学院、北京大学、复旦大学、中山大学、厦门大学、北京语言大学、中国人民大学、香港中文大学、香港科技大学、浙江大学等院校近 30 位专家学者出席本次研讨会，上海师范大学、复旦大学、浙江大学数十名师生列席旁听了会议。

会议围绕以下三个主要议题展开了热烈讨论，并取得了良好成效：1. 根据东亚语言的语音特点，讨论现有国际音标表的合理性与可完善性，并提出修订意见；2. 中国境内语言的记音规范及有关问题；3. 国际音标的计算机处理。

此次会议的讨论内容经过整理，将以各种通讯方式广泛征求意见，最终议定《国际音标修订意见》递交国际语音协会；议定《中国语言记音规范意见》，递交有关部门；撰写《“记音与国际音标研讨会”纪要》发表。

（龙国贻）

汉语个性研究与语言共性杂议*

日本明海大学　史有为

内容提要 寻秘汉语往往可以与寻秘语言相结合。观念与方法是实现的关键。本文认为汉语或语言是一种多质态事物，可以或需要采用柔性和相关性观点以及张力方法去处理。在处理汉语过程中可以发现制导汉语的机制里往往蕴含语言的共性。在此过程中作者主张用“对接”观念替代“接轨”观念。

关键词 汉语 对接 共性 柔性 张力方法 相关性

1 接轨与对接

语言学就是寻找语言的秘密。对于汉语之学也同样如此：它是什么，它怎么样，它从哪里来，又往哪里去，它如何成为如今的模样，又是什么在制导它、控制它？具体语言与理论语言学对象之间又是什么关系？在21世纪的今天，中国的语言学已经不再是幼儿期，我们应该为自己提出更高的什么样的目标呢？于是就有了以下之议。

回顾从1898年《马氏文通》至今112年，中国语言学基本上是跟随西方语言学的，中间还有短暂而浓重的苏联身影。我们在观念上、方法上基本上没有独立的创新。从马氏文通的词法/词类中心（被认为是词类本位），到黎锦熙《新著国语文法》的句子/句法中心（自称句本位），都是国外的引进。到朱德熙先生的词组基点/中心（也称为词组本位），有了自己非常重要的创造，但其基本观念仍可发现西方的影子。而三个平面理论也仍是西方已经存在的观念。当然这些接受大都是必要的。当我们面对汉语事实而提出词单位问题、词类问题、单复句和主宾语问题时，当我们进入句子分析法的争论时，我们明显受到西方理论的制约，不得不进一步又退一步。直到字本位的提出，使我们又一次重新审视以上这些具体问题。（参见史有为2009） 今天，我们又笼罩在生成语言学、功能语言学和认知语言学的影响下。我们正在追随语法化和词汇化的论述。我们依然被动。我们依然缺乏或缺少在观念、方法上的独立创新和本体层面上的独立发现。这样的国际接轨是否能提升中国语言学的地位，能否完成寻秘汉语与语言的任务，实在值得重新审视。

记得朱德熙先生曾经说过：“现代语言学的许多重要观点是以印欧语系的语言事实为根据逐渐形成的。采用这种观点来分析汉语，总有一些格格不入的地方。这是因为汉语和印

---

* 本文根据笔者2009年夏为超星数字图书馆准备的讲稿《寻秘汉语》改写。今次改写，改变了重点，观点有所发展，用例也有新的解读和修正。其间得到审稿人有益的意见，谨致谢意。

欧语[①]在某些方面（最明显的是语法）有根本性的不同。由此可见，如果我们不囿于成见，用独立的眼光去研究汉藏语系语言，就有可能对目前公认的一些语言学观念加以补充、修正甚至变革。”（朱德熙 1987）朱先生之意是承认这些现代语言学的观点，但须在此基础上“加以补充、修正甚至变革”，而并非排斥。这些研究成果可以也必须成为我们的借鉴。然而借鉴毕竟不是替代，不是未经论证就囫囵吞枣式的全盘接受或“接轨”。原因之一是为“独立之精神与自由之思想”所必需。原因之二是语言学的所有理论均属假说。假说必存在非真，应当允许怀疑，而且必须怀疑并持有保留，才能避免片面与错误。原因之三是中国的语言研究（如同西方的研究）本就在世界的研究大局之中。唯有坚持自己的独立而借鉴的研究才能补充、推动、提升国际的语言研究，才能寻得共性。原因之四是近世的中国语言学已经历百年（姑且不论中国古代语言学的辉煌），该当成熟，而唯有独立眼光的研究才能促成或证明成熟。原因之五是“接轨”意味着与对方完全相同，“接轨”只是被动的单向引进。因此五者，我们提倡“对接”的观念。当然，在某些观念或技术上可以创设与国外互相对话与理解的接口，也不排除借鉴以及一定程度上在观念、方法和术语上取得同一。唯有如此，我们才能保持一种进退可控的弹性，避免一下子就全盘接受一些尚待认识、证实或证伪的新颖理论，避免由此出现的种种被动和尴尬[②]。这与中国哲学、中医不必接轨西方似有某种相近之处。而中国传统声韵分析之能傲步国际，影响音系学（王洪君 1994），多亏国人坚持而未贸然接轨，由此也可佐证对接之必要与重要。

2 柔性与共性

2.1 柔性观念的提出

过去我们一直是在刚性观念下处理语言的，无论是词还是句，或是图解法、直接成分分析法，甚至支持这些理论的形式逻辑，都反映了一种非此即彼、唯一不二的刚性。有些学者甚至明确提出用“刚性构件”来处理句法。刚性是过去至当下语言研究的一种主导观念。现代语言学是受自然科学的影响发展的，西方自然科学的传统正是刚性处理。

但是，当最适用刚性的科技界提出并应用“柔性”的时候，语言学却还沉浸在刚性的模式中。我们不太重视其他学科对语言学的启发，太不关心自然科学和工程技术的发展。如果笔者能够早些看到科技界的发展，那么“柔性”观念的提出也许就会更早些[③]。柔性是针对刚性提出的。柔性并不就等于弹性。弹性只是描写/解释力度上多点少点，表述上严些

---

① 虽然在语言学中并无“印欧语”这一术语，但这却是中国学界的一个通常表达。从朱先生第一句用语看来，意思是明确的，指印欧语系语言，犹如说“汉藏语”，并无不妥。因此不必过于计较。笔者有时也这样使用。

② 记得吕叔湘先生在对《现代汉语八百词》编写人员谈话时语重心长地说过大意如下的话：现在外国新学说很多，我们不一定要用它们，信奉它们，但应该了解它们，弄懂它们，不要还没弄懂就贸然采用这些新学说。

③ 柔性观念是笔者在 1990 年第二届现代语言学现代汉语语法学研讨会上所做的专题发言中提出的（参见史有为 1990）。这是笔者独立思考的结果。几年之后因奇怪《现代汉语词典》中何以不收“柔性”一词时，才发现科技界早已运用此概念，因之多有感慨。

宽些的控制。文章认为柔性首先是一种观念，是对本体的概观，而且还可能发展为多种方法的上位概括。语言的柔性是由 5 个性质界定的：开放性，模糊性（包括连续渐变状态），混沌性，非系统性，多重性/多维性。柔性观就是整体性、相对性的观念。影响到方法，就会有：不同质采用不同质的方法；概率统计；模糊逻辑；“转域”[①]；多维综合。二十多年来，笔者认为这是本人最有创造性的一篇理论性论文，虽则文字很短。长时间以来，语词词典里根本找不到“柔性”一词[②]，而现在风行两岸三地的各个行业，报刊上什么柔性外交、柔性权力、柔性文化、柔性政党、柔性政变、柔性驱离、柔性机制、柔性词类、柔性自动化、柔性制版机，等等，纷至沓来。看来，柔性观念已经被人们所广泛接受。可见当初笔者提出的观念是有道理的。

当代语言学是依托心理学而产生并发展的，而心理和心理研究就具有更多的柔性。因此，柔性应该是当代语言学的一个特点，也应当是中国语言学研究在当下具有的特点。

2.2 语言为什么是柔性的

语言在其中某些方面可以是刚性的，因为语言是可分节的，这与动物语言完全不同。刚性只是柔性的一个极端情况。语言本质上是柔性的。这可以从几个方面去看：

第一，语言是心理的，是人在交际的促发下通过心理的创造，是一种藏于脑与脑活动中并形之于外的大系统。

第二，语言是一种多质态客体，是由多因素（尤其是心理和社会因素）交织、影响而成的社会-人文现象。

第三，语言呈现出多重性或多面性的表现。

第四，语言是动态的，每天每时都在因社会和人而发生规则程度不等的变化。

第五，因此语言的分析就是多可能性的，也即其分析具有程度不同的柔性。

从开始的语音层，到语词层，再到语法层，又到语义层、语用层，更到语境层、文化层，越来越显示出柔性。即使兼具自然属性的语音，也是如此。

2.3 汉语可能更具柔性

汉语的柔性可能比起别的语言来更有特色，有更浓重的柔性。因为汉语更依赖语义和语境，而语义是非常柔性的，语境其实也依赖人的习惯性理解，有不确定性。传统说的概念似乎是很确定的，但实际上大多数情况下是不够确定的。例如，“人、动物、政治、国家”如何理解并界定？二分的“白天”“黑夜”何时开始又何时结束？本文“柔性”的语义就是很难界定的。我们常把这种现象称为“模糊性”，其实这就是柔性的一种。在汉语语法上，什么是句子，怎么才能成句，你又提得出、说得清一条刚性的界限吗？例如，标题是句子

---

① 现在看来“转域”只是一种处理技巧。例如“民族团结”和“学术研究”二者作为杂志名称，都处于孤立语境，表层上前者是主谓关系还是偏正关系，后者是状中关系还是定中关系，并不清楚也难以弄清。此时语义层就凸显出来，前者的“施-动”，后者的“偏-正”，无疑都十分清楚。人们不会再纠缠表层而不理解其所指。（参见史有为 1995）

② 《现代汉语词典》直至 2005 年第五版才收入“柔性”。二十多年前，“柔性”只存在于工程界的辞书里。

吗？墙上贴的“*注意*”是句子吗？更不要说“小句”了。例如“我喜欢*打篮球*”，“*狗咬狗*是常事。”斜线部分是小句吗？“*哎哟*，你怎么啦？”斜线部分是小句还是句子，或是别的？“*枯树老藤昏鸦，古道西风瘦马*”中的每两个字又算什么单位？至于词类，更表现出汉语的特点。汉语是句法词类的语言，大不同于印欧语系语言的词法词类。后者根据建立在形态上的语法范畴对实词词类做一元判断，比较容易。而根据句法分布或句法位置区分词类，常常因分布或位置非单一、非普遍以及互相交叉的特点而显得力不从心，更不用说活用入他类位置了。因此汉语词类具有不确定性和模糊性或连续性。这样的柔性表现也就为如何分析词类、确定词类标准出了个大难题。这是一个严酷的挑战，当然，也给了我们一个创新的机会。

2.4 对语言的柔性认识有待深化

我们很高兴看到如今有更多的学者提及柔性，肯定柔性观的合理性，甚至将柔性作为一个正式术语[①]。我们以为，对柔性的探讨还不能局限于语言的表层，还需要在语言的深层、语言的机制上发现柔性的表现。需要使柔性观念进一步深化。这是又一种挑战。另外，从方法论上看，我们也必须认识到，定量就是柔性的一种表现，或者说**柔性实质上也是研究从定性发展到定量的一个表现**。笔者提及的概率统计和模糊逻辑就是一种定量方法。但如何把定量与心理、与可操作性结合也有待于开发。关键可能还是需要找到合适方法。柔性应该也有规则。如类型学中的蕴涵共性就是描写柔性的一种方法，不是绝对的有、无对立，而是相对的“如果有X，则必然有Y”。方法的开发实际上也是深化柔性认识的一个关键。

3 方法与共性

3.1 本体决定方法

本体是决定方法的最基础的因素[②]。柔性的本体，需要柔性的方法。早先的一些研究已经体现了某种柔性观念，比如音位就反映了语音层面上的柔性处理。而音位的多可能性[③]，又是柔性的另一种表现，是对音位处理的一种必要的柔性补足。因此柔性在某种意义上就包含着适度的选择论，而并非绝对的必然论。汉语的音位也是如此。例如，元辅音和声韵母就是两种可选择的系统。又如 zhi chi shi zi ci si 中的-i 是属于 i 音位，还是应另立新音位？r 是属于与 i、u、ü 有同样地位的韵母还是属于声母？能否将 r 与 zhi zi 等后面的-i 归并为一个如 i、u、ü 那样的音位？目前的拼音方案只是引入历时音系参照后的一种选择。

---

① 例如完权、沈家煊在 2010 年 3 月初的题为《跨语言词类比较的“阿姆斯特丹模型”》的报告中介绍 Simon Dik 在该模型中的柔性（flexible）和刚性（rigid）术语以及“柔性”和“刚性”的两种词类类型。

② 影响方法选择的还有研究目的、研究体系以及科学的发展水平和流行观点，传统的哲学观念，与性格、兴趣、识见等相关的个性因素。（参见史有为 1991）

③ 如果我们选择音节-声韵组合作为分析单位，那么这样的多可能性就大大降低了。可见选择正确的本体之重要。

3.2 学科决定方法

自然科学以基本认同和逐渐累加或补充的方式为主，辅以推倒重建方式（如大爆炸说）。自然科学的对象具有较强的稳定性以及周边条件或影响因素较单纯的特点，也容易被提纯。自然科学也因此容易实现实验或验证。以此而论，自然科学比较适合使用形式逻辑推导，比较适合一元架构，其假说也具有强实证性和强稳定性，容易被同行认可。但是，由于量子力学的产生，对自然物的了解愈益深入，目前引入多元架构作为辅助，已愈益显得必要。

社会-人文学科则不同，它以推倒、再建和形成核心区习惯共识的方式为主；辅以基本认同和累加方式。社会-人文学科的对象变动性大，个体性强，其条件或影响因素复杂，较难提纯，研究对象一般不具有可实验性。这类科学也因此不容易采用实证或实验的方法，而较容易掺入更多个人的想象或内省。以此而论，其假说的稳定性也弱，变动和更替是常态，更像是瞎子摸象，单纯的形式逻辑推导就不大适合，更需要引进多元架构。

语言是涉及物质到精神多方面的大型控制系统。语音学是最具自然科学特征的社会-人文学科；语义学和语用学是最不具有自然科学特点的；语法学介于二者之间。因此，它们所采用的方法必然也必须是社会-人文科学的，某些部分又是自然科学的，需要一元架构，更需要多元架构。而建基于多元架构的研究必然具有柔性特点。

3.3 目的决定方法

我们的研究是为谁的？为机器人？为自然人？为社会人？为母语者抑或为非母语者？如果是为机器，为电脑，我们尽可以繁复，因为它们没有心理的烦恼、承受、认知问题。我们可以类似电视屏幕的像素或类似 0/1 数字化去处理柔性事物，但这样做适合谁呢？比如汉语的句法词类，可以根据不同句法位置的集合分成上百个类。它们切分得越细小，越容易达到表现柔性的画面。我们可以使用非常精确的统计方法，或细微如尘的甚小切分，这些可适用于机器或电脑，但是却无法适用于人，因为人非机器，人受不了或无法接受甚小切分模式的处理。人处理语言首先是心理的，而非机械的。例如笔者也曾提出过统计方法作为柔性方法，也曾设想将分布统计引入词类判定，解决诸如“酸/痠”“疼”“痒”何者为动词、何者为形容词的问题。然而仔细想来，这样复杂繁琐的统计也只能为计算机接受，只能解决部分问题，而缺乏针对普通人的可操作性。语言毕竟首先是为人的，然后才是为电脑的。仅仅根据为电脑接受这一点，是不能宣称语言分析成功的。我们需要找到新的方法。

传统语法学的目的是寻找个体语言的规则，注意文化习惯的个性，因此方法必然是描写。当然其中也探索到一些共性，比如音位。当代崛起的语法学其目的是寻找所有语言的共性，欲以打造适合于所有语言的共同规则或原则，建立足以与自然科学相平行的语言学、语法学，因此选择解释性方法也是可理解的。

找到适合解释个性同时又可解释共性的内在机制，从而也就可以更深入地描写个性功能。这是我们的希望。这样的目的具有相当的合理性，然而困难。接下来寻求一种或多种合适的方法就成为关键之一。

3.4 关于共性-个性的假说及其相关方法

近几十年来关于个性和共性的争议很受人关注。其实它们都是建基于各自的假说。如果我们认识到语言可能并非共同起源，或者即使是共同起源，其初始语言也一定十分简单，经过几十万甚至几百万年的分化与磨损，又经而后的独自弥补以及各自独立或半独立的发展，其共性已几近于零，此时剩下的只是建基于人类这一物种共同心理上的那种共性，此外就是建立在信息与符号上的共同要求。那么，我们对个性和共性的关系就会有一种更超然的认识，也会意识到观念与方法可能是寻找二者关系的关键。今天，进入 21 世纪第二个十年代的时候，我们需要问问自己：能不能找到一些观念与方法，可以引导我们既发现个性机制也可发现共性机制，从而发现二者在不同程度上的结合？或者，能不能以个性为基础寻找共性，或以心理的共性为基础寻找个性，从而选择出或发展出一种新的方法呢？

我们注意到，十几年前一些中国学者已经不满足于仅仅用汉语作为西方理论语言学例证的做法，而是认真地从事沟通个性与共性的研究，以汉语事实来修正、补充西方传来的语言理论。例如王洪君以中西音系学的消长探求音系学中的共性与个性的蕴涵关系，指出汉语的声韵结构正是语言的共性。并以此为例认为“个性与共性不是矛盾的，共性比个性的层次高”，“较低层次的个性，到更高层次上就成了共性。”（王洪君 1994）

陆丙甫（2004）则进一步具体说明了共性和个性之间的关系：“个性往往是若干共性规律相互作用的结果。”可以“从个性中分解、提取出共同的基本因素。”陆文以“把”字宾语为例，指出：“‘把’字宾语和方式状语的分布形式相似，但是两者作为论元成分和非论元成分，在语义功能上差别甚大。仅从汉语来看，这个现象似乎违背了‘形式、功能一致性’的原则。”陆文通过跨语言的比较，证明这个现象在更深的层次，仍然是符合形式、功能一致性的两条共性互动的结果。由此证明“许多表面的个性现象，可以分析为若干共性规则互相作用的结果。表面个性，往往是更深一层的共性的反映。也就是说，从共性出发(以共性为背景)——发现所谓的个性——经过深入分析，找到更深一层的更抽象的共性。这就是我们把语言的个性研究跟共性研究相结合的道路”，“如果我们创立了具有中国特色的语言学，那也只能是用我们创立的方法去分析共性，即共性研究中的中国学派。条条大路通罗马，手段、方法可以不同，但发掘语言共性的目的是应该是一样的”。

笔者很同意陆丙甫“个性往往是若干共性规律相互作用的结果”的论断。因为这个论断坚持了科学理想，又保持了适当的柔性。借用王洪君的说法，如果再加上一个限定语，笔者将非常同意这样的假说：“较低层次的个性，往往到更高层次上就成了共性。”

笔者曾使用张力方法，对话题与主语背后的机制做了初步解析，结果似乎能较好地解释共性以及何以分化为各种个性的语言事实。看来以上的假说是可以证实的。（参见本文 4.2.2 的讨论）

3.5 方法取决于主观选择

以上种种都说明处理语言的方法必然是多样的，有刚性明显的，更应该有柔性突出的。它们的采用决定于人的主观选择。人的性格、偏好、局限，必然使这样的选择是充满不确定、充满偏向的。不同的主观处理，也许正说明语言的多质态和多面性或多维性。

4 张力方法与共性

4.1 张力方法[1]与东方哲学

语言是多质态的事物，是由多性质、多因素构成或控制，又表现为多种状态。根据什么性质的事物应该采取什么方法的原则，我们不主张采取单一因素处理，而提倡张力方法。所谓张力方法，即在两个或两个以上不同（相对或相反）控制力间寻求相互制约的适度饱满分析或求取最佳平衡、最大的可能效益。这样的观点可能并不符合类似哲学一元论的架构，但却含有东方哲学的意蕴。中国哲学的祸福相依相伏、阴阳相生相克，正是营养当代语言学的必需。也许人文科学更适合采用这样的方法论。一元架构是较具刚性的，适合形式逻辑的推理和演绎；而张力方法带有二元或多元的性质，是较具柔性的。对付语言这样多因素造成的隐于脑而形于外的大系统，显然不能简单地使用形式逻辑，而需要使用更高层级的方法。

4.2　张力方法的实践

4.2.1 试例一：层次性和向核性的整合

语言具有分节性、线性、层次性、向核性[2]、递归性、生成性、认知性、系统性等等多种共同的性质。它们各有自己的范围，也各有应用限制。比如递归性，看起来具有数学的无限重复的性质，但在应用中却不能无限制的递归。超过一定的限度就失去可易于认知的特点，变得不可交际，也就丧失了语言的功能。“我父亲的父亲的父亲的父亲的……”，你能接受几次这样的递归呢？显然认知性对递归性产生了制约作用。这些性质中的很大一部分都存在互相牵制、互相补充，不能无限制地应用。因此，在某种情况或条件下，一种性质会变得模糊窒碍，而另一种可能与之相对或不同的性质就可能会凸显并补入。

在句子分析法问题上笔者曾在 1981 年撰文讨论，主张以层次性和向核性两种性质作为句子构成的两种基本性质/力量，并建立层—核模型或层—核分析法[3]，这是对语言多重性的最初的张力实践，显得青涩，粗糙。（参见史有为 1984）尽管这只是一种表述方法，而并非对语言本体内在性质的根本性发掘方法，但依然值得记录。如今看来，当时的争论虽然在析句法上有革命性的作用，但遗憾的是存在把孩子连同脏水一起倒掉的缺点。中心词析句法实际上自发地建基于几乎万物都具有的“核心-非核心”这样的关系上，这是语言的一种比较根本的性质，它与层次性一样，是表现在汉语身上的语言共性，是不可或缺的。没有这样的性质，语言是不能建构的[4]。不但语句构造如此，音节构造也具有这样多维度的

---

① 笔者于 1995 年提出张力方法，但当时很稚嫩，至今也还粗疏，有待深化。可参见史有为（1995a）。

② “向核性”是笔者曾用的术语，该性质也可以有另外的表述或术语。

③ 陆丙甫于 1981 年提出“核心层次分析法”的主张（陆丙甫 1981）。之后陆丙甫（1993）进一步提出了一种兼顾核心和层次的“向心层次切分”分析法和有限多项式的“向心轨层”的语法结构观念，详细地分析了核心层次分析法的一些理论问题。

④ 幸而中学教学体系的主持人在接纳层次的同时依然坚持了某些层次上的中心词分析，使得析句法才保留了更多实用价值。当时曾批评这是折中，但折中恰恰就是一种柔性的处理。

性质，一方面具有层次，另一方面还具有核心。于是就形成上层：“声母-韵母（核心）”/中层：“韵头-韵基（核心）”/下层：“韵核（核心）-韵尾”这样的层-核构造，而且对所有语言都具有普遍性[①]。

4.2.2 试例二：话题、主语发展中的诸因素整合

笔者曾以初始“语法化[②]”状态的话题-说明（述题）结构作为出发点，在语法化过程中引入协同化因素和“势”的强/弱因素，观察话题化与主语化这一对控制力在发展中的相互消长，从而解释不同语言的不同语法类型产生的机制以及共性与个性关系。协同化+强势，就是话题/主语和谓语/动词之间出现一致性，此时的句子结构就语法化为主语-谓语结构；协同化+弱势，就依然维持话题结构，这种结构的特点就是松散，协同性低。于是就发展或演化出印欧语（拉丁语、法语、俄语、英语）、阿尔泰语（以及日语、朝鲜语）与汉语或汉藏语等等多种不同的语言类型。这样就可以解释语言的共性与不同个性。因此可以说，在语言最基本结构上具有三种参与因素：话题-说明这一信息传递需要是语法发展中的一种制约力；协同化是语法化的另一个制约力；“势”，作为集体心理和行为的一种反映则是另一个参与因素。这也许可以作为一种多控制要素的实践。（参见史有为 2005）这也证明陆丙甫“个性往往是若干共性规律相互作用的结果”的论断确非信口而来。

4.3 离合词上所体现的张力[③]与共性

4.3.1 离合词是理解汉语的关键之一

我们再以离合词作为一个例子来分析。离合词，是一个讨论得太多的题目。看重西方 word 的学者也许会倾向于称之为“可分离词”；而主张汉语特性的同行则往往把它看作“离合词组”、“粘连短语”或“离合字组”等等。在笔者看来，离合词无论怎么称呼都无法掩盖它在汉语中的重要性，因为它关系着对汉语本质的理解，因为它特别显示了汉语的性格或本质。

有些学者曾把离合词定位在“例外”上，这是不正确的。离合词初出现的时候可能是例外，因为是新事物，但现在已经不是。离合词在现代口语中已经是常见常用的常态，并非例外。我们应该将分析建立在这样的基础上。

早年间，陆志韦先生在《汉语的构词法》中为其“词”的身份有过很有趣的分析和讨论，并为此种违反西方的 word 理论的怪物而苦恼。然而，包括笔者在内，我们以往的研究大都没有跳出传统的模式，仍局限于辨明离合词是词还是短语，哪些可算离合词，以及有哪些分离形式这类题目。这些研究基本上仍然属于共时角度的描写，没有多少创新。至于

---

① 这在汉语声韵学或语音学中是个比较普遍认可的观点。笔者在授课中就如此表述。该观点也可参见王洪君（1994）、朱晓农（2008）。

② 笔者对“语法化”的理解与时下不同。由非语法层次转化为语法层次就是最重要的语法化。

③ 本节参见史有为（2008）。

动态的历时角度的描写以及深层角度的解释则几乎还未开始。与此同时，我们也没有提供太多确实证明有效的二语习得方法[①]。现在我们就来考察一番。

4.3.2 离合词的群体考察：主流之一

1）我们考察了《现代汉语词典》内8个字母打头的动宾式动词，它们的情况是：

	ABCD词数	比率1	WXYZ词数	比率2	8字母总词数	总比率
动宾式离合词	808	2.49	617	1.60	1425	2.01
动宾式非离合词	325	1	385	1	710	1

由上可见，在同样结构条件下，汉语动宾式离合词2倍于动宾式非离合词，占据了绝对优势。

如果加入语体条件，即按照口语体计算，则其优势比例更加上升：465个离合词占全部口语体词的94.5%； 28个非离合口语词仅占5.7%。汉语口语离合词17倍于口语非离合词。

可见离合词并非例外，而且是口语中动宾式动词的主流。

2）离合词到现代已达到了高峰，而且还正在进一步扩展延伸。实际语言中的可分离化情况远远大于词典所载，许多词典上不标离合符号的动宾式口语词，在实际口语中常常已经可分离化。表现如下：

a. 可分离化的语体扩展。有些书面语词正向口语转移，随之也发生"可分离化"。例如：务农→务过农；组团→组过团；植树→植过树

b.离合词的动宾化扩展。不少非动宾组合动词，甚至单纯复音词也套进了动宾离合的模式。例如：

游泳（联合式）→游过泳；　按摩（联合式）→按个摩；

退休（偏正式）→退了休；　高兴（偏正式）→高了兴；

慷慨（单纯词）→慷他人之慨；　幽默（单纯词）→幽了他一默

c. 离合词的动宾-动词化扩展。有些形容词，甚至名词、副词也陷入动宾离合模式，并转变为动词性。例如：奇怪（形）→奇了怪了（动）；废话（名）→废什么话（动）

当然，有些动宾式和非动宾式的分离形式还停留在个别人或临时变化的层面上。例如：

肃然起敬（偏正式）→我对英雄肃然起了敬。（电视剧《甲方乙方》）

下放（偏正式）→我下过放，吃过苦。（电视剧《王贵与安娜》）

反悔（偏正式）→为咱家，我反过悔吗？（电视剧《错爱2》）

演出（动补式）→演完出以后，来了一人查我们的演出证。（电视报道）

这说明，离合词确实已经成为一种非例外现象，而且也并不简单就是构成成分的分离。它带有动词化功能。同时也说明现代汉语词汇内存在一股很强的形式上动宾化的力量。

4.3.3 "睡觉"个体的历史考察之一：语义专指化

① 笔者与时下不同的一个观点是：既然离合词并非例外，在二语教学和教材中就应该早期纳入其真实表现，而不是采取回避的做法。因为早期最能培植起语感，最能植入异于母语的机制。

我们常常围绕有无“词”这一级单位争论，如果有，那传统的看法，离合词就是词或短语/词组之间的争议。我们以“睡觉”为例，该组合的语义发展轨迹如下：

睡觉$_1$（隋-清:动补关系）睡醒义→→睡觉$_2$（宋-明清-现代:关系不明→动宾关系）睡眠义

从睡觉$_1$到睡觉$_2$，是语素组合固化的过程，也是语义专指化的过程。我们不能不承认这样的组合是与 word 基本相当的单位。这样的单位也许可以借用已经生根流行的术语“词”来表示。不过还需要加上一个限定语“汉语式”，称之为“汉语式词”。它以语义专指为特点。而“睡觉”只是这种单位中比较典型的一类。

4.3.4 “睡觉”个体的历史考察之二：离合是“汉语式词”的存在形式之一

以睡眠义“睡觉”分离情况为例，根据笔者查询资料，睡觉从宋元开始到现代它们的可分离历史是这样的：

宋-元： 睡一觉

明： 睡觉了；睡了一觉；一觉睡了

清： 睡了觉(? 了)

民国/当代： 睡完觉；睡不成觉；觉也没睡；中午睡的觉

根据多个词的调整，真正的可分离化发轫于近代，可能开始于“了”的插入。其高峰在当代，而真正形成潮流应该在 14-19 世纪。例如：

他讲的是一样落了第，还得备手本送贽见去拜见荐卷老师，便同那结了胎，才欢喜得几日，依然化为乌有，还得坐草卧床，喝小米儿粥，吃忘本负恩，何不想想那房师的力量只能尽到这里，也就同给人作个丈夫，他的力量也不过尽到那里一个道理。你作了榜外举人，落了第，便不想着那老师的有心培植，难道你作了闺中少妇，满了月，也不想那丈夫的无心妙合不成？（《儿女英雄传》第三十五回）

从历史角度来看，分离是建立于动宾结构与动词基础上的；反过来，分离又可促进结构和词性的异化，使非动宾结构动宾化，使非动词动词化。可见，分离乃是 “汉语式词”的一种存在形式，也是一种有别于大部分语言的存在类型。它完全颠覆了传统的观念与模式。

4.3.5 离合词的柔性机制：词汇化的合力与短语化的分力

离合词是至今还在发育，还在扩展的语言现象。从上述实例分析中可以看到，在离合词发展过程中存在着这样的机制：

词汇化的合力与短语化的分力是汉语内部的两股势力，各在一个范围占据优势。语词分力占据口语，语词合力占据书面语。

合力成员之一是语义专指化造成的组合内部聚合需求的力量；合力成员之二是心理上“格式塔”的力量；合力成员之三是音位系统简化造成的为保证通信质量所需的制约力量。

分力成员之一是动词单音化力量；分力成员之二是动宾化力量；参与分力推动的还有一些助推力，主要是动态助词（“了、着、过”）的产生。

离合词正是在这样诸多加力造成的张力下推动、演化。因此，传统那种非词即短语的单一判断、单一分析已经不完全或完全不适合现代汉语。在这样的观念下，词还是短语的争论就显得无足轻重了。

考虑到藏语和傣语中也有离合词的情况①（见史有为 1983），我们不得不怀疑建立在自由形式基础上的西方 word 模式的合理性。如果采用合力和分力不同取“势”（即不同消长）的张力模型，也许会对更多语言有更合理的解释，从而也可得出更具普遍性的词汇单位理论。

五 相关性与共性

5.1 语言具有内部相关性②

5.1.1 器官相关律的启示

相关性，现在也流行称为关联性。相关度也可以称关联度。这是受到生物学的启发而提出的。生物学里有“器官相关律”，是由法国生物学家居维叶（1769-1832）提出的，在动物考古和复原方面起到很大的作用。动物的器官，主要是骨骼，受到力的制约，还受到功能需要因素和环境因素的制约。语言当然是非自然物。语言学本质上是人学的一种。语言内部彼此间也应有某种程度的相关性。我们认为：世界上万事万物内部都有一定的相关关系，相关性强或相关类型较一致的就会组合成一个集团甚至形成一个事物。生物如此，社会如此，语言也当如此。

5.1.2 检验 15 年前的假说

语音与语法之间的分野从来都非常严格。然而面对现实，我们对这样两个范畴的关系却产生了一些新的想法。本人曾在《汉语文化语音学虚实谈》（史有为 1992）中提出：“语言中最有关键意义的是音节构造，在汉语中尤其是音节的声调。音节构造是这个语言文化在形式上的生长点。……声调恰恰是音节中最有意义的部分。声调是条锁链，是个框箍，对音节起着锁固作用。声母、韵母、声调三部分都是作用区别意义的要素加入音节结构之中的。而由于声调的作用才使音质部分被锁固，从而只允许整个音节（而不是一个辅音或元音）成为语素的形式。在古代汉语，单音节语素基本上就是词。语句从一个角度看是由语素或词组成的，而从另一角度看则是受到音节的某种程度控制。这可以表现在短语的音节组配上。……而在口语中，这种节奏便逐渐表现为词汇中双音节化趋向（包括简称）；……”（史有为 1992，§2.1）这番话是否有点道理？通过下面的考察将得到初步的检验和修正。

---

① 陆丙甫认为，英语的 phrasal verbs（短语动词）实际上也是一种词汇单位，也可以分离（私人交流）。陆丙甫、谢天蔚（2002）认为动宾结构中有一方是没有独立意义的，比如：动+同源宾语，例如英语的 sleep a sleep（睡了一觉），sing a song（唱了个歌），都可属于离合词一类的。

② 相关研究可参见史有为（2008）。其中汉语儿化音节和轻音节暂排除在外，属另一层次的语音问题。

我们曾对中国境内 54 个以上的语言以及日语和英语作出初步考察。包括汉藏语系、南亚语系、南岛语系、阿尔泰语系、印欧语系。现以部分语言考察为例，验证内部的相关性。

5.1.3 藏语显示出音节结构与语法手段有明显的相关性

藏文初建于 7-9 世纪吐蕃时期，至今仍可保留当初创建时相当完整的中古藏语语音信息，从中可以看到 12-13 世纪中古藏语（也有人称古藏语）的语音和语法面貌。具体如下表：

表 1

藏语	中古藏语	现代卫藏方言(拉萨话)	现代康方言(德格话)	现代安多方言(拉卜楞话)
声母	206(单辅音 30 个；复辅音 176 个，一说 236，其中二合 105 个，三合 65 个，四合 6 个)	28(单辅音)	44(单辅音)	67(单辅音 37 个,复辅音 30 个)
韵母	约 90(单元音 5 个；辅尾 16 个，含二合 6 个，三合 1 个）	47(元音 19 个，带辅尾韵 28 个)	约 24(元音 8 个，鼻化元音 8 个，辅尾 1 个)	约 48(元音 6 个，辅尾 7 个)
声调	无	4	4	无
音节结构	[c][C][c][M]V[C][c]	[C]V[C]·T	[C]V[C]·T	[C]; [C][C]V[C]
音节数·词汇	可能在 5600- 12500 之间。大部分是单音节词	可能 3158—3500 之间	估计 2816	估计 2814
语法手段	主要使用辅音交替、元音屈折和前后缀表示语法范畴。	大量用孤立和黏着形式。主要采用助词。形态简化，处于形态消失最后阶段。也用语序表示。	时制等助词等，大都由句末助词表示，有少量动词形态。格助词定型化，趋于单音节。	动词形态趋于简化，分析手段日益发达，许多语法意义开始由句末助词承担，仅保留少数格助词。
语序	SOV			

与中古藏语相比，现代藏语卫藏方言（拉萨话）：音系大大简化，声母和韵尾部分的复辅音消失，浊塞音和浊擦音清化；消失的这些成分演变为声调作为补偿。声母均为单辅音。大量使用孤立和黏着形式。现代藏语安多方言（拉卜楞话）：保存古藏语语音较多，无声调，分析手段日益发达，动词形态已趋简化，屈折形态仍保留较多。现代藏语康方言（德格话）：在语音上介于卫藏和安多二方言之间，而语法形态也介于二者之间，语法比拉萨话更简化，

动词已经无变化，时制等主要语法意义已经由分析手段表示，仅保留少量的动词形态。变化减少，格助词定型化，并趋向于单音节。以上比较显示了语音和语法的相关性。例如：

1）从中古藏语到现代藏语的演变情况看，复辅音，尤其是作为音节末尾复辅音的多寡与语法手段的类型存在明显的相关性。

2）复辅音中的成分可以成为前后缀，但不是音节，因此成为孤立或分析手段的可能也就较小。复辅音的消失不但使得音节结构简化，音节数量减少，也使语言有可能改用孤立或分析性手段，包括成音节附加成分、助词和其他辅助词。

3）声调成为复辅音的替代手段之后，减少了音节的长度，更加有利于孤立或分析形式的发展。在相同时长内传达的信息量应该比较稳定。复辅音丰富，则音节时长变长。根据信息传输经济规则的要求，许多信息更需要附加在同一个音节上。这就是复辅音与屈折型手段相关性的信息论基础。而声调产生并丰富以后，音节的时长缩短，对语法化的词或成音节词缀的发展更为有利，于是在相同时间长度内就能传达出基本相同的信息量，而且更容易辨认。

4）屈折手段和分析手段并非截然对立，它们不但可以并存，而且有可能混合或融合。现代藏语诸方言（以及门巴语）就是一个例子。语言类型只能就其大略而言之。

5）音节数量达到相当数量时（如中古藏语）才有利于屈折手段的发展。而在一般数量的情况下，音节数量与语法类型没有特别关系。

5.1.4 对复辅音和声调认识的深化

根据我们的考察，壮侗语族声母有 20-70 多(多数有复辅音)，韵母 50-100 以上(带韵尾时大多分长短)，声调 3-9(大多 6 声调)，但依然多用词序和虚词，形态变化极少(如声调交替)。苗瑶语族有声母 18-111(只有少数语言有少量复辅音)，韵母 15-59，声调 3-12，主要用助词和附加成分，多用重叠，较少语音交替。它们一般都无词类形态。这使我们认识到不能简单化：缺乏复辅音的音节确实更适合分析形式，适合重叠；但复辅音又不是屈折形式的必然前提，只能说是一个重要促成要素，因为它们依然可以发展出分析或孤立形式。

这两个语族都有丰富的声调。因此，声调丰富提供了语音交替的另一类可能性，但也使音节更加被框固起来，使得音节和语义更加紧密，从而鼓励了孤立手段，鼓励了单音节语素，也鼓励了重叠。这说明声调与词汇、与语法手段的孤立类型之间存在较明显的正相关态势，而与屈折类型不存在很明显的正相关。

5.1.5 汉语音节的稳固、稳定与语法手段存在相关性

汉语（汉语支）的情况又是如何呢？请看下表：

表 2

	上古汉语[①]	中古汉语	现代汉语(北京话)
声母	32(可能有复辅音，如：sl)	36-41	21
韵母	156(主要元音 6 个，复合元音 3 个，介音 6 个)	106(介音 2 个，元/辅韵尾 8 个)	37(元音 9 个，后响复元音 4 个，介音 3 个，辅韵尾 2 个)
声调	4(平、上、长入、短入）	4	4
音节结构	[C][C][M]V[C]·T	[C][M]V[v][C]·T	[C][M]V[v][C]·T
音节数目	可能 5900-13000 之间	3800 左右	1335 左右
语法手段	以虚词和语序为主，但古汉语应有语音屈折和交替	以虚词和语序为主	以虚词和语序为主
语序	SVO(少量 SOV)	SVO	

上古汉语，各家在上古汉语音系的构拟都不尽相同。许多学者深信上古汉语应该有复辅音。例如高本汉认为有：ngl, xm, gl, tl, tn, dl, ml, sn, ml 等，董同龢、李方桂（1980）、周法高持有类似观点，但董和李持谨慎态度。根据现在对许多同语系语言/方言的了解，一些拟构的复辅音也可以用单辅音解释，例如 sl，可以用拉萨话或汉语某些方言的边擦音[ɬ]解释。根据极少的遗留信息透露，谐声时代的上古汉语也应该有元音屈折和辅音交替的形态，但可能远不如古藏语那么丰富。

中古汉语有比较确切的根据。《广韵》记录的中古汉语（六、七世纪）语音系统，其中声母 41、韵母 106（舒声调合一统计）和声调 4。根据五代宋初作、反映唐宋音的《韵镜》有 3848 个音节（校注本 3937），根据估计南宋时作、反映 11 世纪以后语音的《切韵指掌图》（四库全书本）有 3475 个音节。据此，中古汉语实际音节应有 3800 个左右。

现代汉语（北京话）的音位和音节已经简化很多。音节 1335 个，全部有意义。义项组约 10748 个。音节和意义的配置比率 1: 8.05，即平均一个音节配置了 8 个义项组。

从中古到现在一千多年的时间里，汉语居然没有接受一个外来音位，也不见一个外来的音位组合。这就说明，汉语是一种语音比较封闭的语言。从上可以有如下对汉语语音同语法间相关性的认识：

1）汉语在很长时期内音节一直存在着如下特点：

a.封闭性强。表现为：不大受邻接音节的影响；很难接受外来的音素和音素组合。

b.别义性强。汉语的声调是音节组成要素，也就是别义或表义的手段。重音大体上只是出于韵律要求，至多是低比率的对比手段，或者只是多音节词的词标记手段，而主要不是用来别义或表义。这二者在本质上很不相同。即使现代汉语每个音节所负担的义项已大大超过古代，也没有到达足以根本改变各音节强势负担意义的程度。

c.稳定性强。暂时撇开不甚清楚的上古汉语语音不说，从中古汉语到现代粤语的情况看，音节结构几乎完全没有变化，而语法手段也基本变化不大。由此可见汉语音节的稳定程度。

① 根据何九盈《上古音》（商务印书馆，1991），该书的古音是在对王力先生体系补正后形成的。

d.音长比较划一。这为分析手段和孤立型手段提供了另一有利条件。

2）从中古藏语和现代拉萨话的关系推测，上古汉语可能有形态，但不多。复辅音即使有，也不会多。从古汉语到现代北京话，音节结构并不像古藏语与现代拉萨话那样有根本性的变化。相应的，语法手段的类型也无根本变化。从上古到现代，汉语音节数量大大减少，促使虚词数量大大增加，并增加了黏着性手段。可见，决定语法手段的因素更多的还是音节结构的特点，尤其是复辅音的有无和多寡。音节数量不到相当高的程度不会起决定性的作用。

5.1.6 日语和英语[①]：音节与形态的相关性

日语和英语的大致情况如下表：

表 3

	日语	英语
辅音	14/20(音节尾辅音有N、?)	44-55(单 24/25 个，复 20-30 个； 音节尾辅音 30 个左右,单、复各 15 个左右)
元音	10(单元音 5 个，长元音 5 个)	36/28(单 20/12 个,长音 3 个,复元音二合 8 个/三合 5 个)
声调	无	无
音节结构	[C][M]V[C]; [C]V[:][C]	[c][C][c/M]V[v/:][C][c]
音节数目	100-110	3000-40000
语法手段	黏着语-主要用附加成分	?屈折/分析语[②]-屈折、分析形式与词序作为基础
语序	SOV	SVO

日语是系属未定的混合语，但其底层或核心明显是阿尔泰语。音节间容易出现合并等变化。语法关系主要依靠黏着成分表示。词虽然也有词尾变化，但主要表示语句间的停顿和连接以及命令，而不直接表示语法范畴。语法范畴还是用附加成分表示。英语属于印欧语系。有的说，英语有 3000 个以上的音节；有的说 10000；有的说有 8000-30000；还有的说是 40000 个。也有人估计英语声韵搭配形式不下于 5000 多种，甚至有 7000 种[③]。这说明，英语是一种音节很开放的语言。除了一些音位不能区别之外，其音位间的组合比较自由。几乎所有的外族语言的音节结构都可以按拉丁字母转写并进入英语，而且音节间很容易发生各种语音变化。

日、英这两种语言分处不同类型。日语音节极少，从推理上看，也是比较适合采用附加成分的手段。英语音节数量很大，音节比较多样，几乎有无限音素组合的可能。发展到

① 据王洪君（1994）分析，英语和日语也可采用声韵分析法，受资料所限，本文仍使用元辅音分析法。

② 有些学者指出现代英语已经担当不起屈折语这个称呼。（参见梅耶：历史语言学的比较方法，岑麒祥译，《国外语言学论文选译》1992，20 页）。有人认为英语更像汉语这样的孤立语。（参见克里斯特尔《剑桥语言百科全书》中译本，中国社会科学出版社，1993，455 页）有的学者更明确说“英、法、意、西、保、丹等语言属于分析型语言。”（见罗森塔尔等编《语言学术语词典》1976：24）的确，现代英语屈折形态已经大大退化，但与汉语相比，在类型上仍有较大差异。参见伍铁平（2008）。

③ 英语声韵搭配的提法与搭配形式的数字见于朱晓农（2008）。

现在也出现了一些分析型的手段。几乎无限可能的音节组合不但给形态变化提供了实际的可能，也给其他手段提供了一定的空间。这也说明，屈折、黏着、孤立/分析并非绝对地互相排斥，它们可以共处，可以合用，只是在某一语言中有无优势的问题。而且，随着语言音节类型发生大的变化以及语言接触，可能会导致语法类型的转化。对此，我们还需要进一步考察。

5.2 音节与语法相关性小结

5.2.1 结论 1：关于音节与语法间的关系

透过对多种语言的考察所得大量纷杂的信息，可以发现一些带有共性意义的关系：

1）我们考察的所有语音项目均不存在与语序（即 SVO、SOV 或 VSO）相关，也同词类多少、话题型还是主语型语言没有明显的相关性。这是共性的负值表现。

2）狭义音节结构（指不同音类组配所形成的格局，含声调分化所致不同音节，如 CVC、[C]V[C]·T）与音节数量有一般程度的关系。其中，音节首尾的复辅音与语法手段的类型明显存在一定的相关性，而与其他语法项目没有太多关系。中古藏语到现代拉萨话的演变过程，既是辅音简化、复辅音消失的过程，也是语法手段从屈折形态类型演变为孤立/分析类型的过程，其间有着太明显的相关性或平行关系。羌语支北部语言音素多音节多而屈折也复杂，南部语言音素减少音节减少同时屈折也简化，这也印证了上述音节与语法手段之间的相关性。

3）音节性强而且稳定，能促成一种成音节的形态，即重叠（也是特殊的屈折），而且与四字格密切相关。这些是汉藏语系语言的普遍现象，也是音节制约词汇和语法的反映。

4）当狭义音节数目很少时，就必然决定词汇是由多音节作基础，也决定屈折手段很难在此环境下生存、发展，而孤立、附加或黏着成分就成为首选，或者成为优势。其中的原因可能是与音节的别义率有关系。不同音节多，单音节担负语义的功能就强，单音节表意可能性越高，其语言的单音节语素的重要性也越高。反之，音节数目越少，单音节表意的比率就越低，单音节词也就一定较少，越需要依靠多音节。其语法手段也一定不可能是屈折型的。最好的例子就是日语。相反，音节数目特别大，那么以屈折作为主要手段也就不会奇怪。最典型的例子就是中古藏语。音节数在这二者之间的语言则有更宽的选择空间。

5）音节结构的内涵还可以扩大。略言之，除包括通常的音节结构外，可以扩大到音节的各个位置上可容纳音素的种类与数量，扩大到与邻接音节的关系，扩大到音节的紧张度、音节内部的活跃程度或封闭程度、音节在正常语流中的相对时长。它们可统称为“广义音节结构”。音节结构的内涵越扩大，它与语法就有越多的相关性。在这方面，尚待做开发性的研究。

5.2.2 结论 2：语言内部相关性是共性之一，是必然的，也是选择的

以上初步分析可见，语言内部相关性是语言最重要的共性之一。根据语言的实际情况，在音节结构（暂指狭义）和语法手段之间存在着某种程度的相关性，也可以说某种类型的音节结构可以采用的语法手段既有一定的选择空间，又有相当的限制。大多数语言的狭义

音节结构都允许出现屈折、黏着或孤立手段，问题只是哪一种成为优势手段，哪一种比较适合该语言发展。因此我们所论述的只是一种相对的倾向，是一种优势选择。这就是弱选择论和弱决定论的结合。就音节结构类型与语法手段类型之间的相关性而言，这是属于弱必然性命题，也就是共性的反映。而一种语言何以开始会选择某一手段则是偶然性命题，属于个性。多数音节结构，包括有无声调，对三种语法手段都并不完全排斥，而只有何者更方便，更有利，除非音节结构数量特别大或特别少。因此开始选择某种手段就往往并非必然，这就是语言的个性和文化性。当这个选择在另一些外加因素的支持下出现了优势倾向，就会加强或加速“势”的发展，这又会成为一种个性和文化性的表现。对此，我们现在还知之甚少。

5.2.3 结论 3：音节结构可以成为汉语内部相关性的最小解释核心之一

如果上述论断有理，那么语音就以音节结构为单位，同词汇以及语法建立一种相关性网络。音节结构就成为其中合理的一员。音节结构的含义越扩大，其相关性可能就越强。汉语在这些语言的相关性网络中有其特殊性：汉语因为发音时音节紧张度一般较高，绝大部分音节的界限特别清楚，因为上古时期音节数量比较大，造成了特别丰富的单音节词/语素，因为音节对内的稳定度和对外的封闭度都较高，因为音长比较划一（北京话产生轻声才打破了这种整齐划一），形成汉语的狭义音节结构的功能基本等同广义音节结构，并相关地衍生出下列语法特点：

1） 音节内部屈折的可能性很弱，而重叠的可能性得到加强。
2） 虚词化的需要得到加强。
3） 语素以及语素组合的自由度、独立度都比较高。这意味着单音词及其组合在成词以及成句方面的程度也较高。
4） 词类的形态也因此相应缺乏，形成了独特的词性的模糊状态和强连续状态的句法词类。
5） 许多句子缺乏一种固定的结束形态或标志，也即完句或成句标志，使单句和复句之间的界限不明显。
6） 缺乏形态，从而对语境的依赖度增高。

以上这些特点在汉语中都可以依靠音节结构得到比较合理的解释，并因使用了以音节为界限的汉字而得到放大。此外，也可以解释方块汉字何以能够产生、发展并长久不衰。因此，汉语的音节很适合作为语言相关性网络的最小解释核心，或解释起点。这一解释核心或起点并不排斥在语法的另一些层面上允许有另一类解释核心或起点的存在。而另一个最重要的起点或解释核心可能就是话题-说明结构。

以上研究尚待完善并深入，但已经可以证实：在研究中坚持独立的眼光，怀有寻秘汉语兼可寻秘语言的观点，持有对接的理念，是完全必要的。“有可能对目前公认的一些语言学观念加以补充、修正甚至变革。”而且，可以证实“个性往往是若干共性规律相互作用的结果”；“较低层次的个性，往往到更高层次上就成了共性”。如此，个体语言的研究就有可能成为发现语言共性的一个重要研究，而非仅仅用来作某理论的例证。

参考文献

陆丙甫 1984 对成分分析法和层次分析法相结合的一些看法，《中国语文》1981 年第 4 期；收入《汉语析句方法讨论集》，155-164 页，上海教育出版社，1984。

—— 1993 《核心推导语法》，上海教育出版社。

—— 2004 共性探索背景下的汉语句法研究——谈谈如何从个性中分解、提取共性规律，《语言学论丛》30: 74-90，商务印书馆。

陆丙甫、谢天蔚 2002 On broadening the scope of grammatical comparison between Chinese and English, *Journal of the Chinese Language Teachers Association* 37.1: 111-130.

史有为 1983 划分词的普遍性原则和系统性原则，《语法研究和探索》第 1 辑，北京大学出版社；也见于史有为（1992b：1-23）。

—— 1984 语言的多重性与层－核分析法，《汉语析句方法讨论集》，263-278 页，上海教育出版社；也见于史有为（1992b：268-282）。

—— 1990 语言研究中的柔性观念，《汉语学习》第 4 期；也见于史有为（1992b：311-317）。

—— 1991 语言研究方法的制约因素及非传统思考，《语法修辞方法论》，上海：复旦大学出版社；也见于史有为（1992b：298-310）。

—— 1992 汉语文化语音学虚实谈，《世界汉语教学》第 4 期；也见于史有为（1997：282-293）。

—— 1992a 《呼唤柔性——汉语语法探异》，海南出版社。

—— 1995a 转域和张力——语言分析的柔性控制方法，《语文研究》第 1 期；也见于史有为（1997：222-236）。

—— 1995b 效率单位：语素和短语之间，《大阪外国语大学论集》14 号，日本；；也见于史有为（1997：298-310）。

—— 1997 《汉语如是观》，北京语言文化大学。

—— 2005 话题、协同化及话题性，《语言科学》2: 3-22。

—— 2008 音节结构与语法手段的相关性考察——汉语音节在语法中的地位，《中国语言学》1: 38-60，山东教育出版社。

—— 2009 “本位”疏疑，《语言科学》4: 373-386。

—— 2010 离合词观复，《中国语言学》3: 108-129，山东教育出版社。

—— 2010 语词能力变异及其处置，《汉藏语学报》3: 108-129，商务印书馆。

王洪君 1994 汉语的特点与语言的普遍性——从语言研究的立足点看中西音系理论的发展，《缀玉二集——北京大学中文系青年教师学术论文选编》，303-314 页，北京大学出版社。

伍铁平 2008 同普通语言学有关的几个问题，《外语教学与研究》5: 380-384。

朱德熙 1987 《汉藏语概论》序，《汉藏语概论》（马学良主编），1-4 页，北京大学出版社，1991。

朱晓农 2008 音节与音节学，《东方语言学》4: 142-164，上海教育出版社。

有关《“两分法”浅析》一文的两个问题

美国联邦卫生及人类服务部　吴道平

内容提要 本文针对读者关于《“两分法”浅析》（2008）一文所提出的相关意见，拟就其中两个问题作进一步的探讨和说明。一个问题是该篇文章所用例子的解释不当；另一个问题是与该篇文章有关的证明方法的背景。

关键词 两分法 上下文无关语言 语言形式类的证明方法

拙文《“两分法”浅析》（刊登于《东方语言学》第3辑，第26-41页，以下称作“吴道平（2008）”）发表以来，作者所看到的评论文章不多。但这数量不多的反馈给了作者很大的教益。特别有些评论意见指出了拙文在语料运用和解释上的问题，使作者觉得有必要作进一步讨论以纠正拙文的错误。

为了读者方便，下面简单复述一下那篇文章的思路。

吴道平（2008）提出，生成学派自凯恩提出“线性相应公理”(Linear Correspondence Axiom, LCA)以来，在句法的X-界标(X-Bar)部分坚持严格两分。严格的两分只有在语言是上下文无关(context free)的条件下才能贯彻到底，而自然语言却非上下文无关。作者引用了Shieber(1985)有关瑞士德语中存在“交叉系列依存结构”(cross-serial dependencies，CSD)，无法用上下文无关语法(Context-Free Grammar, G_{CF}) 生成，因此是非上下文无关语言的证明。而Shieber(1985)的结论，至今无人怀疑。

因此，如果一定要坚持两分，那么在语法X-界标以后的部分，就必须要用其他操作，如移位等等，来重新调整句子内各短语的线性序列。但是，要靠移位来调整线性序列并非易事。如果为解决非上下文无关的现象，如CSD，非连续成分，等等，任意提出一些移位规则，很难避免不对语法的其他部分形成冲击，使得整个体系不能内洽。这个棘手的问题，生成学派至今没有讨论过。

其实，有一点在吴道平（2008）中还没有指出：LCA提出一句子内各个短语间的线性序列由其结构上的非对称C-统治决定。既然已经决定了，如果还需要移位之类的操作来重新调整那个序列的话，那么就说明非对称C-统治并没有最终决定句子的线性序列，LCA岂不是多余？还有什么意义？

进一步，汉语是否上下文无关呢？作者提出，汉语也同样非上下文无关，并提出两个CSD的例子来说明。然而在这部分，作者所用的例子和解释都不对。

下面讨论两个有关问题。

1 关于汉语是否上下文无关

吴道平（2008）提出，汉语中也有类似瑞士德语的 CSD 结构，现重复如下：

(1) a. 凡不属句法部分的语音、语义、语用问题，应该分别放到语音、语义、语用部分去解决。
b. *凡不属句法部分的语音、语义、语用问题，应该分别放到语用、语音、语义部分去解决。
c. *凡不属句法部分的语音、语义、语用问题，应该分别放到语音、语义部分去解决。
d. *凡不属句法部分的语音、语义、语用问题，应该分别放到语音、语用部分去解决。
e. *凡不属句法部分的语音、语义、语用问题，应该分别放到语音、生物、哲学部分去解决。

并分析说：

“这样的句子有如下特征：首先，句子有并立的几个 VP 或 NP，其数量在句法中无限制。这些 VP 或 NP 在句子后面重复。其次，重复的 VP 或 NP 其数量不能减少或增加，其相对位置不能改变……。最后，应重复的 VP 或者 NP 不能改为其他 VP 或 NP……。也就是说，句子前面部分的 VP 或 NP(我们用 VP_{PRE}，NP_{PRE} 表示)决定了句子后面 VP 或 NP(我们用 VP_{POST}，NP_{POST} 表示)是什么，以及其数量及相对位置。因此，VP_{PRE} 或 NP_{PRE} 是 VP_{POST} 或 NP_{POST} 的上文。这种句子无法用 G_{CF} 生成，是非上下文无关的句子。”（吴道平 2008：37）

然而，北京语言大学王欣博士（王欣 2010）指出，上文的分析错了。她指出，“根据语感，前后两组 NP 或 VP 的顺序不能更改不是绝对的，NP 和 VP 的数目不能改变也不是绝对的。下面这些句子都成立：

(2) 他们分别来自英国、美国和加拿大。
(3) 一号、二号和三号选手分别来自美国和加拿大。

另外还可以设想在未来某个语法模型里语用完全形式化了，语义和语用的区别消失，语法里只有句法、语音和意义三个部分，在此情景中我们似乎可以说：

(4) 凡不属句法部分的语音、语义、语用问题，应该分别放到语音和意义部分去解决。

这样看来相关问题似乎是语义和语用介入的结果，不是句法问题，单从句法角度看‘前后两组 NP 或 VP 的顺序不能更改’和‘NP 和 VP 的数目不能改变’都不是必然的，而是偶然的。”

我们认为，虽然王欣（2010）提出的例子和拙文原有的句子结构上不尽相同，但她提出句(1)中“前后两组 NP 或 VP 的顺序不能更改”和“NP 和 VP 的数量不能改变”不是(句法)必然，因此不是句法问题，而是语义和语用介入的结果，完全正确。事实上，作者还能举出汉语中前后两组 NP 的顺序必须更改的例子：

(5) a. 各位的译稿互校。汪教授、方女士、刘先生、秦老师的译稿，请分别由方女士，秦老师、汪教授、刘先生校。
　b. *各位的译稿互校。汪教授、方女士、刘先生、秦老师的译稿，请分别由汪教授、方女士、刘先生、秦老师校。

为什么句(1)中重复的 NP 次序不能更改，而(5)中必须更改？明显是因为语义的缘故：在(1)中，分清语言分析层次或称分析平面，是语言学的常识。句(1)中 NP 的次序如果更改了，就违反了学科的常识。而句(5)中，既然说过“译稿互校”，则校者不能是本人，必须是他人，因此(5b)是错句。显然，这两个句子中 NP 次序是否要强制性地更动，是由语义、语用因素决定的。因此吴道平（2008）中的第(27)(28)两个例子，以及对两个例子的分析错了！

那么，是否由于两例错了，认为汉语非上下文无关也就错了呢？

作者认为不是如此，因为汉语中还存在其他非上下文无关的子集。这里提出一类。请看下面的例子：

(6) a. 下班之后她就喜欢唱歌、跳舞、打麻将。
　b. 下班之后她就喜欢唱唱歌、跳跳舞、打打麻将。
　c. *下班之后她就喜欢唱唱歌、跳舞、打麻将。
　d. *下班之后她就喜欢唱唱歌、跳跳舞、打麻将。
　e. *下班之后她就喜欢唱歌、跳跳舞、打打麻将。
　f. *下班之后她就喜欢唱唱歌、跳舞、打打麻将。

观察上面的句子，可以看出以下特点：

这组句子中都有三个并立的 V-NP 结构，唱歌、跳舞、打麻将，等等，其中的 V 可以重复。不过，这个 V 只能重复一次。当并立的三个 V-NP 中有一个重复的时候，其他的 V 一定也要重复，因此有以下句法规则：

(7) 汉语句子中有结构 $a^ixb^iyc^iz$，其中 $a, b, c \in \mathrm{V}$，$x, y, z \in \mathrm{NP}, 0 < i \leq 2$

非形式地说，一旦句子中的有一个 V 重复，后面的 V 必须和第一个 V 一样重复。这是一种典型的非上下文无关结构，无法用一种上下文无关语法生成。

然而，仅是上文的说明远不足以使读者相信这个结论，即汉语中存在非上下文无关集。下面，作者将力图站在有疑问的读者的立场上来提出各种问题，看看是否能做出合理的解答。

首先是对语言现象的判断，汉语中是否真有 $a^ixb^iyc^iz$ 结构。其次，$a^ixb^iyc^iz$ 成立的话，是否 G_{CF} 就真的无法生成。第一个问题涉及语感，我们首先讨论第一个问题。

我个人的语感是，这组句子中带星号*均为不合语法的句子。但是，个人的语感不能作充分证据，因为个人的语感有可能(当然不是必然)和使用汉语的多数人的语感相异。要检验作者本人的语感是否正确，就得将这类句子公之于众，以求得公众的语感。

作者这么做了，结果是没有出现和作者相反的判断。下面是具体讨论。

显然，(6)中带星号的句子完全可以理解。也就是说，从其句法结构到 LF 的映射，从 LF 到语义解释都不存在问题。对非语言专业的人士来说，这一点有可能成为这些句子“合格”的理由，从而认为这些句子仅仅是听上去不好而已，并非不合语法。而对语言专业人士来说，恰恰就是这一点有力地显示，这些句子问题的本身并不是语义问题，因为从这些句子，可以得到完整的、合理的也合乎常识的语义解释。因此，句子的问题必须在语言的其他层面上来追究。

那么，这些句子是否因为语用的原因而不合格呢？比如说，(6c)不合格是不是因为节律的原因：在并立多个 V-NP 结构中，有一个 V 重复了，节律上要求其他 V 也重复？

对本文的判断来说，这是个很有力的挑战，因为乍一看来，重复 V 显然造成句子节律上的改变，这是无可回避的事实。

问题在于，节律因 V 的重复而改变，进而就要问改变节律是不是使用重复 V 的动因。作者可以证明，产生如(6)中句子的动因并不是要改变句子的节律，而是表达上的要求。

试比较(6a)和(6b)，就可以看出两句的语义解释并不相同。“唱歌”和“唱唱歌”，“散步”和“散散步”在语义解释上并不等同，这无可否认。比较起来，以重复 V 的办法来构成 V^2-NP 结构如“唱唱歌”，就不像非重复的结构“唱歌”那样，表示较为正式、经常、受到重视的行为，就带有非正式、未必经常、未必必不可少的意思；重复 V 有“减量”的作用。因此，使用重复的 V 在这里并不是语用手段(例如达到某种节律上的效果)，而是表达的需要。无法否认，句子(6a)和(6b)所表达的语义内容不等同，而这一不等同就来自于 V 的重复。节律上出现的变化仅仅是一副产品。也就是说，我们不能认为是语用的要求驱使说话者使用 V^2-NP 结构。使用 V^2-NP 结构的动因是意义表达上的要求。

在“东方语言学”网站上讨论这类句子的时候，参与讨论的陆丙甫教授排除了音节的因素①。

或许还有读者要问：上文不是已经排除了出现 V^2-NP 结构是语义问题了吗？怎么作者又提出使用 V^2-NP 结构是出于语义表达的需要？这岂不是自相矛盾吗？

其实这两个命题一点没有矛盾。为清楚起见，我们把两个命题重复如下，并调整一下两个命题的先后次序：

---

① 可参看以下网页 http://www.eastling.org/discuz/showtopic-3454.aspx。

(8) a. 汉语中使用 V^2-NP 结构是出于意义表达的要求；

b. 汉语中并立 V-NP 中的 V 必须同时重复的原因不是语义。

第一个命题(8a)说明的是使用 V^2-NP 的动因，第二个命题(8b)说明的是并立结构必须同时重复 V 的原因，两个命题之间并不构成逆命题，不是一个是 *a*, 另一个是-*a*, 因此同时肯定两者并不构成矛盾。

试想一下，如果我们要表达下面的意思，应当怎样说。比如有个人下班之后，有时唱唱歌，跳跳舞，但很认真、很有规律地去打麻将，我们该怎样表达？这时语义上的要求是唱歌跳舞要“减量”而打麻将时用常量。

作者发现(6)中任何一句都不足以表达上面的意义。用(6a)，对“唱歌”，“跳舞”这两个行为的表达过强；用(6b)则对“打麻将”的意义表达过弱。用(6d)，语义表达准确但句子本身却不合格。这就表明语义上的要求尽管存在，但按语义要求“凑合”出来的句子却是不合格的句子！要准确表达上述意义，我们只有说诸如“下班之后她就喜欢唱唱歌、跳跳舞，不过天天打麻将”，“下班之后她一般就喜欢唱唱歌、跳跳舞，不过嗜赌如命，天天打麻将”，在重复的 V-NP 和非重复的 V-NP 之间，语义上明显有个转折。由此证明，单纯用并立的 V-NP 结构，无论重复不重复 V，无法表达上文的意义，虽然表达的需要无可置疑地存在。

参与讨论的刘辉博士提出一种有趣的解释。他认为 V-NP 是无界的(*atelic*)①，相应的 V^2-NP 却是有界的(*telic*)，这是减量意义的来源。有界的事件可以相继接替，但无界的事件就不能满足这个要求，因此 V^2-NP 不能和 V-NP 并立。

但他自己很快发现反例：V-个-NP 也是有界形式，却也不能和 V^2-NP 混用：

(9) a. ??退休以后，他每天就下下棋，打个牌，跑跑步。

b. 退休以后，他每天就下个棋，打个牌，跑个步。

c. 退休以后，他每天就下个棋，打个牌，要么就跑跑步。

(9a)中，“打个牌”同样是有界形式却不能和“下下棋”、“跑跑步”并列，而(9c)用了“要么”来作一转折，句子就可接受了。因此，有界-无界的对立还不足以解释为什么 V^2-NP 不能和 V-NP 并立②。

参加讨论的杨小文先生则提出可以用“同构”来解释上述现象③。他虽然没有明确说明，但在讨论中却隐含了下面的想法：汉语中类似(6b)那样包含有列举结构的句子，其被列举

---

① 有界可以定义如下：一 V 或者 VP 如果表示一行为，其行为或是有终点(endpoint)，或是趋向一目标(tend toward a goal)，或是量化的、积累性的(quantization and cumulativity)，否则为无界的。

② 请参看以下网页：http://www.eastling.org/discuz/showtopic-3454.aspx。

③ 这里的“同构”可以简单理解为“同类结构”，如同为 NP，同为 VP，同为 VV 等等，不必理解为数学上严格定义“同构”，虽然作者认为用数学上严格定义的“同构”来定义杨小文所说的“同构”是有可能的。这个证明不困难，但占用篇幅过多，且证明是否与杨小文或本文的讨论无关系，故不作进一步证明。

的成分必须是同构[①]。这一想法很具启发性，和作者的解释没有实质区别。只是“同构”解释更加一般化，而本章讨论的 V^2-NP 结构，可以看作“同构”解释的一种特例。

在“东方网”上讨论这几组句子的时候，参加讨论的各方对句子有基本一致的判断。但是，大家倾向于把如(6c-f)的句子看作“别扭”而不直截了当地说是“不合语法”。之所以产生这一判断的原因，作者认为是从这组句子可以得到合格的语义解释，而相当多的不合语法的句子得不到合格的语义解释。这就像下面的英语句子，语义解释毫无问题，但句法仍为错误：

(10) **Last Sunday he went fishing and to visit a friend.*
上 星期天 他 去 钓鱼 并且 访问 一 朋友
“上个星期天他出去钓鱼，又去看了一个朋友。”

英语中的这个句子其实也是听起来“别扭”而意义可解，错就错在将 V-ing 形式 *fishing* 和不定式 *to visit* 并立了，而英语句法不允许不同结构的并立。因此(10)是句法错误。TOFEL 考试就有大量与此相关的试题。同理，听起来“别扭”的汉语句子(6c-f)等，问题也出在句法上。

以上的讨论，已经可以排除掉语用、语义的解释。因此，汉语中存在非上下文无关的子集，这个结论成立。

2 数学证明

吴道平（2008）已经指出，一种语言如果仅存在非上下文无关的子集，并不足以认定那种语言就是非上下文无关语言。我们还得证明。这种证明方法在吴道平（2008）中已经用过，这里再次用在汉语 $a^ixb^iyc^iz$ 结构句子的子集上，来证明汉语是非上下文无关语言：

(11) 证明

设有一语言集 L_1，其形式为“她经常 V^i-NP， V^m-NP，V^n-NP……。”，其中 $0 < i, m, n \le 2$， V={打，跑，下，踢……}, NP={球，棋，牌……}。因为存在 $i \ne m \ne n$，L_1 将生成与(6a-e)结构相似的符号串，[②]如：

她经常打球、下棋、打牌
她经常打打球、下下棋、打打牌
她经常打球、下下棋、打打牌
她经常打打球、下棋、打打牌
她经常打球、下棋、打打牌

① 同上页注③。
② 请特别注意，这一语言 L_1 不是汉语，只是利用了汉语的一些语词和结构。

……

L_1可由一正则语法(Regular Grammar, G_R) 生成，如生成式

NP → 她 VP

VP → 经常 VP

VP → V 球 | V 牌 | V 棋……

V → 打 | 打 V | 下 | 下 V……①

因此 L_1 为正则语言(Regular language，L_R)。

现在，将 L 和汉语 H 相交得出集合 A：

$H \cap L_1 = A$，结果 A=“她经常 V^i-NP，V^m-NP，V^n-NP……”，其中 V、NP 定义如 L_1，但 $i=m=n$，A 已知为非上下文无关语言。有定理如下：

$L_R \cap L_{CF}$ 为上下文无关。

然而 $H \cap L_1 = A$ 却不是上下文无关，因此 H 不可能是 L_{CF}。

关于上面的证明，还需要些说明。

读者在读到吴道平（2008、2009）有关这一证明的解释时，可能会感到奇怪。在这两篇文章中，有关这种证明的说明都很含糊，不符合学术文献应当列出具体来源的要求：

“方法早就存在，作者在下面就是一尝试。”（吴道平 2008：38）

“作者自己有关汉语形式复杂性的研究是循着他们开拓的道路进行的，得出了汉语是非上下文无关语言的结论。不过作者并没有理论上或方法上的突破，仅仅是将以上各家的研究方法用到汉语上而已。”（吴道平 2009：27）

为什么不直截了当地指出这一方法在语言学上应用的最初来源呢？

原因是，无法说明。这种以正则集和另一集相交来检验另一集是否上下文无关的方法，是形式语言学理论的标准方法。但究竟是谁第一个用到自然语言研究上来的？在哪篇文献中首先出现的？至今语言学界却无法确定，以致 Higginbotham(1984) 在有关英语为非上下文有关的证明中用了这一方法，同样也无法指出最初的来源。只有 Levelt(1974, Vol II: 31) 曾提到，是 Brandt Corstis 在和他的个人通讯中首先提出了在语言学上应用这一论证方法。也就是说，最初运用在语言学上的建议并没有最后形成文献。这里略加说明，给这一证明方法提供一些背景信息。

王欣（2010）还指出吴道平（2008）多处需要勘误的地方，例如：

吴道平（2008）第 29 页第 13 行 **rewritten rules** 应为 **rewriting rules**；同页第 13 行的“……组成”后面的句号应改为逗号；同页倒 2 行“在第四节”应为“在第五节”； 35 页倒第 8 行“从 bc 中取出 **b**”应为“从 bc 中取出 **c**”；36 页第 9 行“主张自然语言不是 $\mathbf{L_{CS}}$”应为“主张自然语言不是 $\mathbf{L_{CF}}$”；37 页第 8 行“在弱的意义上上下文无关”应为“在弱的意义上**非**上下文无关”；38 页第 14 行“那语言就**不可能不是** L_{CF} 了？”应为“那语言就**不可能是** L_{CF} 了？”王欣博士的仔细和我的粗疏恰成对照，在此特致谢意。这里列出勘误，以

① 显然这一 G_R 还能生成如“她经常打棋、下牌、下球”这样从汉语角度来看是根本不知所云的符号串。但 L_1 不是汉语，不能用汉语语法来衡量。

免贻误读者。又，这里所列出的错误，全是原稿本来就有的，与编辑排版无关，应当由作者负责。

参考文献

Bresnan, Joan, Ronald M.Kaplan, Stanley Peters, and Annie Zaenen. 1982. Cross-Serial Dependencies in Dutch. *Linguistic Inquiry* 13.4: 613-635.

Chomsky, Noam. 1956. Three Models for the Description of Language. *SIAM Journal on Computing* 6: 113-124.

—— 1959a. On Certain Formal Properties of Grammars. *Information and Control* 2.2: 137-167

—— 1959b. A Note On Phrase Structure Grammars, *Information and Control* 2.2: 393-395

—— 1962. Context-Free Grammars and Pushdown Storage. In *MIT Electronics Research Laboratory Quarterly Progress Reports* 65: 187-194

—— 1963. Formal Properties of Grammars. In D. Luce, R. Bush and E. Galanter eds. *Handbook of Mathematical Psychology*. Vol. II. 323-418. New York: John Wiley & Sons.

—— 1967. The Formal Nature of Language. In Eric Lenneberg eds. *Biological Foundations of Language*. 397-442. Harcourt.

—— 1990. On Formalization and Formal Linguistics, *Natural Language & Linguistic Theory* 8: 143-147

—— 2000. *New Horizons in the Study of Language and Mind*. Cambridge: Cambridge University Press.

Chomsky, Noam and G. A. Miller. 1958. Finite State Languages. *Information and Control* 2.2: 91–112.

Culy, Christopher. 1985. The Complexity of the Vocabulary of Bambara. *Linguistics and Philosophy* 8: 345-351.

Higginbotham, James. 1984. English Is Not A Context-Free Language. *Linguistic Inquiry* 15.2: 225-234.

Levelt, W.J.M. 1974. *Formal Grammars In Linguistics and Psycholinguistics*. Vol. I-III. Hague: Mouton.

Linz, Peter. 1997. *An Introduction to Formal Languages and Automata*. Jones & Bartlett Publishers.

Shieber, Stuart M. 1985. Evidence Against the Context-Freeness of Natural Language. *Linguistic and Philosophy* 8: 333-343.

王 欣 2010 关于《两分法浅析》一文的几点意见，私人通信。

吴道平 2008 两分法浅析，《东方语言学》3: 26-41，上海教育出版社。

吴道平 2009 作为极大类的自然语言，《东方语言学》5: 26-47，上海教育出版社。

可能性述补结构“V(得/不)了”的语义分析

日本高千穗大学 安本真弓

内容提要 本文对可能性述补结构“V(得/不)了”的内在语义进行了分析。先行研究认为，有一部分“V(得/不)了”结构可以用“(不)能V”结构替换，所以其语义可以二分或者三分。根据语义学理论，我们认为有一部分“V(得/不)了”可以用“(不)能V”替换的原因在于，在一些句子里受前后文的支持，这两种结构的部分语义有重合的可能性。这种语义是由“V(得/不)了”结构在句子中起的作用而形成的，是一种解释语义。我们主张“V(得/不)了”结构的实质语义，即它的内在语义只有一个，具体是“某个动作发出后，此动作完了这一结果能否出现”。

关键词 内在语义 解释语义 动作完了 结果

1 引言

现代汉语的可能补语，刘月华（1980）把它分为三类。A类：“V(得/不)C”；B类：“V(得/不)了”；C类：“V得/不得”。对于B类“V(得/不)了”[①]语义的分析有二分说和三分说，下面分别加以说明。

1.1 二分说

最初的二分说见于刘月华（1980：324），可以总结如下（例句从原文摘取）。

Ⅰ.“了”的本义是“完、结束”，用在某些动词后，“了”有时仍表示“完、掉”一类结果意义。

(1) 这个西瓜太大，咱们俩<u>吃不了</u>。(=吃不完)

(2) 咱们俩的事，一条绳拴着俩蚂蚱，谁也<u>跑不了</u>。(=跑不掉)（老舍）

这一类的“不了”[②]属于A类可能补语。

---

① 本文“V得/不了”结构中的“V”，既指动词，也指形容词。

② 刘月华（1980）把可能性述补结构进行了二分，“得”字归属于后面的“了”，所以整个“得了”结构算作可能补语。而朱德熙（1982：125）说到：“表示可能性的述补结构里的‘得’是一个独立的助词，它出现在述语和补语之间，既不属前，也不属后。”由此可以断定朱德熙（1982）认为“V得/不了”结构应该三分。对于此述补结构应该怎样去分的争议，刘勋宁（2008：111-116）利用清涧方言“得”字

Ⅱ."了"一般不表示"完"等意义的结构"得／不了"，则属于B类可能补语。

(3) 你呀，看不起我，怕我给不了房租！（老舍）
(4) 我看这群浑蛋都有点回光返照，长不了。（老舍）

其后，李宗江（1994：375-381）在此研究基础之上又加上了语义指向，大致是这样认为的（例句从原文摘取）。

Ⅰ."V得了$_1$"

(5) 做一件连衣裙哪用得了这么多布料呢？
(6) 钱多了花不了。

"了"是实义动词，表示"完、尽"等意义，在结构中其语义指向V的受事，整个结构表示动作V实现"了"这一结果的可能性。

Ⅱ."V得了$_2$"

(7) 二十七？二十八也不去磕头，看谁怎样得了祥子！
(8) 在酒席筵上建立不了真正的信任和友谊。

"了"意义虚化，其语义指向动作V，整个结构表示动作V实现的可能性。

1.2 三分说

关于"V不了"有三分说（黄文龙 1998：85-86），其观点大致可归纳如下（例句从原文摘取）。

Ⅰ."（V不了）$_1$"

对"V"行为本身的发生或实现的否定，其意为"不能V"或"不可能V"。

(9) 他给她带来两盒高级月饼，说中秋节可能要去深圳，来不了。

"来不了"意即"不能来"。

Ⅱ."（V不了）$_2$"

对"V"的结果或趋向的实现的否定。这种情况下，"V不了"一般意思为"V不C"，其中C代表V后相应的表示结果或趋向的词语。

(10) 这么一大桌酒席，我吃不了。

的使用情况，指出可能性述补结构应该二分，令人信服。具体分析请参阅刘勋宁（2008）。

“吃不了”是“吃不完”之意。

III.“（V不了）$_3$”

当“V不了”后面跟着表示量度的补语时，其否定焦点转移到量度补语上，即否定量度补语的达到。“V不了”相当于“V不到”，“了”即“达到”的意思。

(11) 陈刚没大没小地跟这个比他大不了七八岁的老姑逗：“嚯，我老姑……。”

“大不了七八岁”意思是“大不到七八岁”。

概括以上的二分说和三分说，可以看出它们有一个共同认识，就是似乎认为“V(得/不)了”的一个语义是由补语“了”来承载(三分说把这时的“了”又分成两种情况)，而另外一个语义是由述语“V”来承载，其补语“了”的语义虚化。但是，我们不禁要问，对于同一种形式的“V(得/不)了”，为何会出现一个语义指向补语，一个语义却是指向述语呢？并且为何其中一个语义中的补语“了”会产生虚化现象呢？它虚化的条件是什么呢？以往的研究或者是做了结构替换的分析，或者是针对语言事实做了一些说明，我们还没有看到有哪篇论文究其原因或给出过令人信服的解释。

2 一个语义之说

直至最近，才有荒川（2008：117-132）提出的“V(得/不)了”只有一个语义的说法。荒川（2008）认为以前的二分说和三分说都是由具体句子所产生的语境造成的，语义的多重理解的真正原因是由和“V(得/不)了”搭配的动词或形容词的词汇意义引起的。

对于形容词，荒川（2008：128）援引吕叔湘（1980）的说法：

(12) 这病好得(不)了/衣服干得(不)了/半小时内饭熟得(不)了

以上例子是“对性状的变化作出估计”，被称为动态形容词[①]。

(13) 这箱子轻不了/小河的水深不了/真的假不了，假的真不了/走大路远不了多少/这样的衣料还便宜得了?

这是“对性状的程度作出估计”，被称为性质形容词。

由此，荒川（2008）认为(12)和(13)仅仅是形容词的词汇义的变化而引起了“～不了”的语义变化，“～不了”的语义应该只有一个。

关于动词，荒川（2008：130）举了李宗江（1984）中的例子：

① 关于动态形容词的具体定义及说明，请参看张国宪（1995）。

(14) 这瓶酒他喝不了$_1$。("这瓶酒"是定指的)。

(15) 他喝不了$_{1or2}$一斤酒。

(16) 他喝不了$_2$酒。("酒"是不定指的)

对李宗江(1984)说的(14)是"V不了$_1$",(16)是"V不了$_2$",(15)二者皆有的论点提出质疑,认为这三例的区别在于,和相关联的对象"酒"的关系各异而已,这并不能说明"~不了"本身有两个语义。

以上解释具有一定的说服力,给了我们一个从全新的角度去老虑"V(得/不)了"语义的问题。本文同意荒川(2008)的"V(得/不)了"只有一个语义的说法,拟依据柴谷•影山•田守(1982:19-136)的语义学基本理论来进一步补充和说明这个比较棘手的问题,首先是把此结构和助动词可能表达形式进行比较来分析它们的不同之处,然后具体地给出"V(得/不)了"结构的内在语义,从而佐证"V(得/不)了"结构只有一个语义。

3 "不能V"和"V不了"

我们先来看否定形式的比较。根据安本(2007a)对"不能V"[①]和"V不了"的研究结果,可以知道在表示"动作不能执行"或"动作执行会产生负面影响"时,一般只能用"不能V",而表示"动作完了这一结果没有出现"或"后续表示动作结果程度的词语"时,一般只能用"V不了"[②]。同时举了以下例句。

(17) 重庆规定外来人员<u>不能买</u>"月票"。

"不能买"是说"买"这个动作不能做,即"动作不能执行"[③]。

(18) 还有,你<u>不能吃</u>鱼,见鱼就吐,究竟是个什么毛病?

---

① 本文研究的是黏着结构的"不能 V",像"这篇论文不能这么写",在"不能"和"写"之间有其他成分的句子不在讨论范围之内。

② 对于一些比较中性的例子,动作做出后没有负面影响或者后面没有表示结果程度的词语等因素时,用"不能V"或用"V不了"都是可以的。例如:

(1) 孔乙己等了许久,很恳切地说道,"不能写罢?……我教给你……。"

(2) 他穿不了一没那么大号的。

当然,这只是从现有的句子做出的判断,如果补充语义,使它不是中性,而是倾向某一方,则会发生只能用其中一种结构的情况。

③ 这里的"不能"表示的是禁止义或许可义。

含有“不能吃”结构的句子之后，有“见鱼就吐”这句话，这不是说“吃”这个动作本身不能做，而是指如果“吃鱼”这个动作做出后，它的后果就是“吐”，这是负面影响。即“动作执行会产生负面影响。”

(19) 这馒头好，吃不了放在冰箱里，过几天要吃时热热，一点儿不变味。

“吃不了”是指“吃馒头”这个动作没有完了，因为后续句中接有“过几天要吃时热热……”，即“动作完了没有出现”。这里的“动作完了没有出现”不是指“吃”这个动作在没完没了地继续下去，而是指针对馒头还有剩余这种情况，“吃”这个动作还有必要再做。

(20) 我们很多人都是一天睡不了几个小时。

这句中的“睡不了”后接“几个小时”，它是表示结果程度的词语。这说明“睡”这个动作不是不能做，而是由于一些原因，使“我们很多人”没法睡到自然醒，只能睡几个小时，即没法完成“睡”这个动作的全部过程。

从以上的分析可以看出，“不能Ｖ”表示的是动作从一开始就不能做，而“Ｖ不了”表示的是动作做了，可是中途由于什么原因最后没有做完，也就是说“Ｖ不了”结构中的“了”是实义，表“完了”义。

4 “能Ｖ”和“Ｖ得了”

下面我们来看肯定形式的比较。安本（2007b）对“能Ｖ”和“Ｖ得了”进行考察后，得出两条原则。

第一，在受事提前的句子里，当受事强调的是“量”时，一般只能用“Ｖ得了”；而受事强调的是“质”时，一般用“能Ｖ”。同时举例如下。

(21) 因此，我的讲演就来研究持久战。和持久战这个题目有关的问题，我都准备说到；但是不能一切都说到，因为一切的东西，不是在一个讲演中完全说得了的。(能说)

句中“说得了”的宾语“一切的东西”提前，构成受事成分。这个宾语强调的是“量”，则“说得了”不能替换成“能说”。

(22) 他要说他的菜既不新鲜也不便宜，你还能买吗？（买得了）

句中“能买”的宾语“他要说他的菜既不新鲜也不便宜”，也是提前而构成受事成分，它的主要要表达的意思，换句话说是“他的不新鲜也不便宜的菜”，这是强调某种东西的“质”，则“能买”不能替换成“买得了”。

第二，受事在后的句子里，不论受事强调的是"量"还是"质"，"能Ｖ"和"Ｖ得了"都可以成立。同时举例如下。

(23) "好啊，你讲得很好，你能看外文资料吗?（看得了）

句中"能看"的宾语在后，是"外文资料"，它表示的是"质"，在这种情况下，"能看"可以被"看得了"替换。

(24) 他说他写得很慢，如果一天写得了一千字就算是个丰收日，写个六七百字也已满足了。（能写）

句中"写得了"的宾语也在后，是"一千字"，它表示的是某种事物的"量"，在这种情况下，"写得了"可以被"能写"替换。

由此说明"能Ｖ"表示某个动作可以执行；而"Ｖ得了"既可以表示动作完了，也可以表示某个动作对所有受事的作用完了，即"Ｖ得了"的"了"也是实义，表"完了"。不过，这里存在一个问题，在第二个原则中，"能Ｖ"和"Ｖ得了"是可以互相替换的，这是什么原因造成的呢？请看下文的分析。

5 "Ｖ(得／不)了"的语义

在分析"Ｖ(得／不)了"的语义之前，我们有必要先来看看"了"的语法意义。王力（1954：283）中说："在语言里，对于动作的表现，不着重在过去现在或将来，而又和时间性有关系者，叫做情貌"，并把六种情貌画成下面的示意图。

图1 王力（1954）的情貌示意图

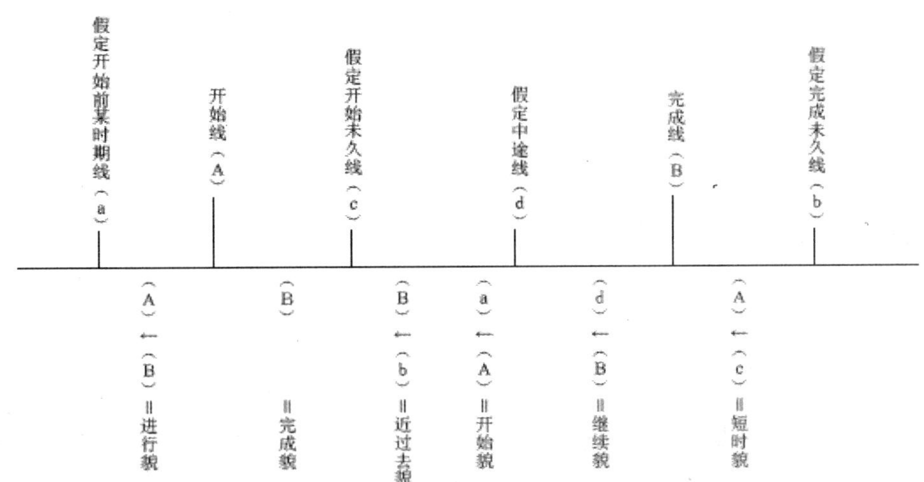

一个动作的内在变化经由〈开始·继续·结束〉这一连串的时间历程。王力（1954）把(B)点当作完成貌，并举例“凤姐洗了手”、“想了半天”等例子，意为“了”表示完成貌。而木村（1997：158）中，首先引经据典地说明:①作为内在于动作·作用的这种内部时间相（「内的時間相」）的终结相，和“了”所表达的时态（「アスペクト」）在层次上是不同的；②表达终结相的时态形式不是“了”，而是“完”，这是已经很清楚的事情，同时指出汉语中的“了”表示“变化完了”(「变化の完了」）之义。

上面的分析是把“V(得／不)了”中的“了”看做动词后缀，其实查看《现代汉语词典》可以知道，当“了”的发音不念作 le，而念成 liao3 时是动词，其语义是“完毕，结束”，比如有“了结”、“一了百了”等用法。我们认为似乎把此时的“了”看作实义动词也没有什么不妥，它和木村（1997）中指出的表示“变化完了”并无区别。

对于“了”的语义，一直是汉语语法界讨论的热门话题，本文不准备讨论它，并且对于“V(得／不)了”结构中“了”的出处，本文也不准备讨论它。本文只采用木村（1997）的“了”表示“变化完了”这一语义和王力（1954）的情貌示意图来对“V(得／不)了”结构进行分析。

5.1 肯定形式“V得了”

对于肯定形式，把“能V”拿来对比着来分析。图 2 为它们的时间历程示意图。“能V”表示(a)-(d)之间的历程，即“从动作开始到动作中途”，描述某一动作能够执行（本文中的“执行”是指动作做了，但不包含动作完成这个阶段）。而“V得了”表示(d)之后的历程，即“从动作中途到动作完了”，可是从图 2 可以看出，这必须以(a)-(d)作铺垫，也就是说在其内在语义里蕴含着动作执行这个阶段已经结束，但只作为陪衬，已经背景化了，所以“V得了”描述动作发出以后，动作结果的“完了”能出现。请看图 2。

图 2 “能V“和“V得了”的时间历程示意图

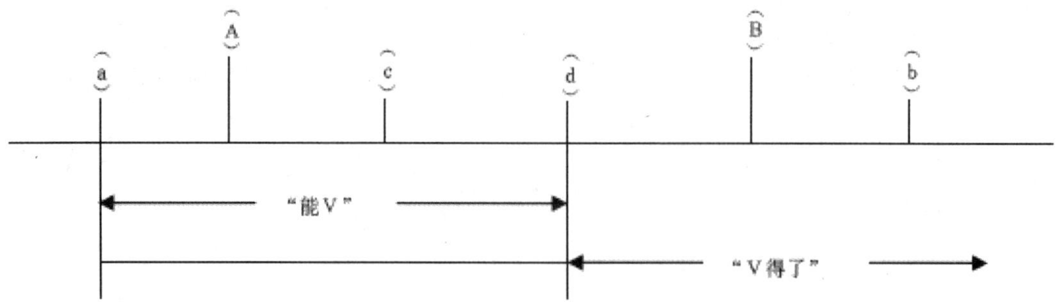

注：点线表示背景化的“动作执行阶段”

由图 2 可以很直观地知道，“V得了”结构的内在语义里蕴涵背景化了的动作执行阶段，因此有一部分的“V得了”是可以替换成“能V”的，所以会有刘月华 1980 和李宗江 1994 的二分法之说。下面举例说明。

(23) 好啊，你讲得很好，你能看外文资料吗？（前文安本 2007b 例句）

句中的“能看”只表示“看”这个动作能不能做，而能不能做完这个情况并不涉及。

(7) 二十七？二十八也不去磕头，看谁怎样得了样子！（前文李宗江 1994 例句）

句中的“怎样得了”蕴涵了“怎样”这个动作能做，而突出表示的是“怎样”这个动作的结果“完了”能出现。因为这里的前一层意思是蕴涵的，所以在前后文的支持下，“怎样得了”可以替换成“能怎样”，因此，李宗江 1994 认为替换后的“能怎样”结构中没有“了”的存在，所以说“了”已经虚化。并且还有一些“V得了”不能得到前后文的支持，所以不可以替换成“能V”，刘月华 1980、李宗江 1994 认为这时的“了”还表示“完、掉”等实义。

我们认为，上面的刘月华 1980、李宗江 1994 的分析有其可取之处，因为通过替换，使我们可以知道“V得了”在文中的作用是不同的，要区别对待。但是根据柴谷等 1982:45-65 的语义理论，两个不同的形态可以表达同一种概念意义的一部分。我们可以指出这种替换只说明“V得了”结构的一部分语义和“能V”重合，它说明“V得了”有时可以解释成“能V”，由此并不能推出“V得了”结构的语义有两个或者三个。“V得了”的实质意义或者说其结构的内在语义应该是只有一个。

5.2 否定形式“V不了”

和肯定形式一样，我们把“不能V”拿来对比着分析。图 3 为它们的时间历程示意图。“不能V”表示把(A)之前的历程全盘否定，描述动作不能执行。而“V不了”否定的是(A)之后的历程。“V不了”具体描述的是动作发出以后，动作“完了”这一结果不能出现。这里有这样一层逻辑关系在内，就是说动作“完了”结果的不出现，是基于三个前提的：

①动作从一开始就不能做，就不会有动作“完了”的结果出现了；

②动作可以做，但在中途由于某种原因或条件不具备，结果做不完，这也不会出现动作“完了”这一结果；

③动作可以做，但动作做的程度不够，这也可以说是动作“完了”这一结果没有出现。请看图 3。

图 3 “不能Ｖ“和“Ｖ不了”的时间历程示意图

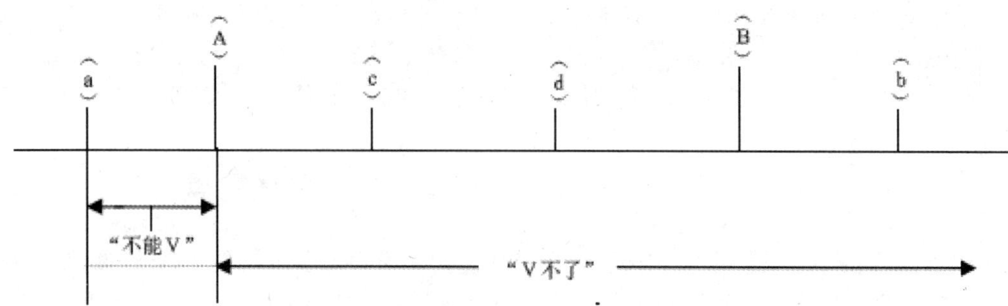

注：点线表示背景化的“动作将要开始阶段”

由图 3 可知，“不能Ｖ”指动作从一开始就不能做((a)-(A))，即前提①；而“Ｖ不了”即包含动作可以做而不能继续下去（(A)-(d)），即前提②；又包含动作可以执行，并且可以继续下去，但动作结果的程度不够((d)-)，即前提③。由此出现了黄文龙（1998）的三分说。

现举例说明。

(17) 重庆规定外来人员<u>不能买</u>“月票”。（前文安本 2007a 例句）

句中的“不能买”是禁止义，表示“买”这个动作从一开始就不能做，即((a)-(A))无法执行，是前提①的情况。

(8) 在酒席筵上<u>建立不了</u>真正的信任和友谊。（前文李宗江 1994 例句）

句中“建立不了”，不是指在酒席筵上“建立”这个动作不能做，而是指“建立”这个动作发出以后，所期望的“真正的信任和友谊建立完了”这样的结果是不能出现的，即动作可做而不能继续下去（(A)-(d)），是前提②的情况。在例(8)中，受到前后文的支持，“建立不了”可以替换成“不能建立”。因此，李宗江（1994）认为，替换后的“不能建立”结构中没有“了”，所以“了”虚化了。当然还有一些“Ｖ不了”不能受到前后文的支持，所以不可以替换成“不能Ｖ”(包括上面分析的禁止义例(17))。刘月华（1980)、李宗江（1994）在此基础上认为“Ｖ不了”可以二分。

除此以外，黄文龙（1998）的三分说还有下面这种情况。

(11) 陈刚没大没小地跟这个比他<u>大不了</u>七八岁的老姑逗：“嚯，我老姑……。”（前文黄文龙 1998 例句）

句中“大不了”，首先“大”是形容词，这和以前的分析的例子有所不同。其次，这句话中老姑比陈刚“大”已经是无法争辩的事实，即前提①和前提②已经被满足。问题是到底大多少？即动作的程度问题，“大不了七八岁”，即“大”的程度还不够多。这是前提③的情况。

指出“V不了”[①]有以上三种情况是很有价值的。但是我们应该看出这只是“V不了”结构在句中起的作用，它在一些句子里可以和“不能V”的语义重合，只是一种解释语义。而“V不了”的实质意义或者说其结构的内在语义应该是只有一个。

6 结语

归根结底，先行研究指出的“V(得/不)了”有两种或三种语义，是这种结构在句中受到前后文的影响而产生的，它和助动词可能表达在语义上有一部分是重合的，这只是一种解释语义。而“V(得/不)了”结构的内在语义都可以归结为一个语义。“V（得/不）了$_1$”表示对于有量度存在的受事成分，施事的某个动作做（得/不）完；“V（得/不）了$_2$”表示对于其他的受事成分，施事的某个动作做（得/不）完。也就是说其结构的内在语义都可以归结为“表示某个动作发出(或执行)以后，此动作完了这一结果能否出现”。在这种内在语义的基础之上，我们说其中的“了”并没有虚化，它始终表示的是“完了、终了”这一语义。

对于“V(得/不)了”的上述语义，可能会有如果是瞬间动词，这种语义就解释不通等疑问。我们这里简单地以瞬间动词“死”为例来解说这个疑问。

(25) 再倒霉我也不能死。
(26) 怎么死来死去死不了。

上述(25)句的意思是，碰上什么样的倒霉事，我都不会去做“死”这个动作，也就是“死”这个动作根本没有发出；而(26)句的意思是，某人做了很多次“死”的尝试，也就是“死”这个动作做了很多次，但是通过做“死”这个动作并没有出现“死了”这个结果。并且(25)句中的“不能死”不能替换为“死不了”，(26)句中的“死不了”也不能替换为“不能死”，这说明两种结构显然有截然不同的分工。

对于其中“V”是形容词的情况，本文只简单地分析了一例，没有做深入地讨论。但根据木村（1997），能进入“ __十了”这种动词最常用句法平面的是动态形容词，其用法相当于一种变化动词的说法，我们认为前面所下“V(得/不)了”结构的内在语义的定义是完全可以适用的。

---

① 关于“V不了”（“V”包括形容词和动词）结构的语法化方面的详细考察，请参看柯理思(2000)。

参考文献

安本真弓 2007a 「可能表現の否定形に関する一考察——日本語との比較から——」，『日中言語対照研究論集』第 9 号：177-188 頁。東京：白帝社。

—— 2007b 「可能補語の肯定形に関する一考察」，『対照言語学研究』：51-62 頁。東京：海山文化研究所。

柴谷方良 影山太郎 田守育啓 1982 『言語の構造—理論と分析—意味・統語篇』，19-136 頁，東京：くろしお出版。

荒川清秀 2008 「"～不了"は二つか」，日中対照言語学会編『日本語と中国語の可能表現』，111-116 頁，東京：白帝社。

木村英樹 1997 「動詞接尾辞"了"の意味と表現機能」，『大河内康憲教授退官記念中国語学論文集』，157-179 頁，東京：東方書店。

黄文龙 1998 "V 不了"的否定焦点与语法意义浅析，《湘潭师范学院学报》(社会科学版)5：85-86。

柯理思 2000 论表示说话者的主观判断的［V不了］格式及其语法化过程，『現代中国語研究』第 1 期：70-78 頁。京都：朋友書店。

李宗江 1994 "V得(不得)"与"V得了(不了)"，《中国语文》5：375-381。

刘勋宁 2008 可能性述补结构应该二分还是三分？，『日本語と中国語の可能表現』：111-116 頁。東京：白帝社。

刘月华 1980 可能补语用法的研究，北京语言学院语言教学研究所编《现代汉语补语研究资料》，313-342 页，北京：北京语言学院出版社。

吕叔湘 1980 《现代汉语八百词》，北京：商务印书馆。

王 力 1954 《中国语法理论》，北京：中华书局。

张国宪 1995 现代汉语的动态形容词，《中国语文》3：221-229。

朱德熙 1982 《语法讲义》，北京：商务印书馆。

西双版纳老傣文五十六字母考(上)*

云南民族大学　王敬骝 陈相木

内容提要 作为中国历史上首次受命为佤族创制文字的学者，我们长期研究的是佤语以及其他孟高棉语。在研究中我们发现佤语（以及其他孟高棉语）中有许多傣语（以及其他侗台语）音义相同或相近的词。因此，在考释西双版纳老傣文五十六个字母的原始读音时，我们采取了将傣（侗台）语与佤（孟高棉）语中音义相同或相近的词，按字母逐组进行比较的方法，从而证明了属于巴利文字母系统的老傣文字母的读音与巴利文字母的读音是完全一致的——巴利文字母没有、傣文新创的字母，同样可以从字形与读音的分析中得到合理的解释。这样，就不但解决了仅从傣语或侗台语研究中无法解决的西双版纳老傣文字母原始读音的难题，而且，也对傣（侗台）、佤（孟高棉）两种语言的系属问题提出了新的思考。

关键词 傣文　巴利文　佤语　字母读音　语言系属

对于我国西双版纳的傣文，人们习惯于把1949年以后经过改进的称为新傣文，而把改进以前的称为老傣文。

据傣族史籍记载，西双版纳老傣文创制于傣历639年，即公元1277年。它是一种属于巴利文字母系统的拼音文字。作为一种拼音文字，老傣文反映的无疑地应是当时西双版纳傣语的实际读音。但是，时至今日，字母的读音已经有了不少变化。这样，考究老傣文字母的原始读音，探讨其历史演变的情况，也就成了傣语乃至侗台语研究的一个重要方面。

在此以前，已经有一些同志，从字母的源流，以及与有关语言的比较上，对老傣文字母进行了一些考释，取得了一些成绩。但是，由于老傣文字母中所反映出来的某些语音现象和音变情况，在傣语和其他侗台语中，都已较难见到，因此，全面的考释尚在进行之中。

我们主要是研究孟高棉语的。但是由于我们长期在云南边疆民族地区工作，自然也接触到了一些侗台语。从我们学习这些民族语言的直觉中，我们认为孟高棉语跟侗台语是非常接近的。以西双版纳老傣文来说，字母中所反映的语音现象，都可在孟高棉语中得到印证；许多在侗台语中较难找到解释的音变现象，也可在孟高棉语材料的启发下找到解释。

---

* 《东方语言学》编辑部按：本文是作者提交给第十五届国际汉藏语会议（1982年8月，北京）的论文原始稿，1981年曾在内部刊物上发表。为了能使更多的学者了解这篇重要文献，推动南亚语、侗台语、汉藏历史语言学等相关学科的发展，在此公开发表。限于篇幅，本期只刊登该文的一部分，其余将在本刊下期刊登。

这样，我们就愿意把对老傣文字母的考释，作为我们认为孟高棉语与侗台语有着亲近关系的一个组成部分，先提交给语言学界的学者批评。

一

傣语称字母或文字方案为 ʔăk$_{55}$ xă$_{55}$ lă$_{33}$。老傣文的 ʔăk$_{55}$ xă$_{55}$ lă$_{33}$包括两个部分：to$_{55}$和 mǎi$_{11}$。to$_{55}$一般称为字母，列入字母表，mǎi$_{11}$一般称为符号，不列入字母表。因此，当人们说到老傣文字母或 ʔăk$_{55}$ xă$_{55}$ lă$_{33}$时，通常指的都是 to$_{55}$ ，本文考释的也就是这些 to$_{55}$。

老傣文的字母表如下：

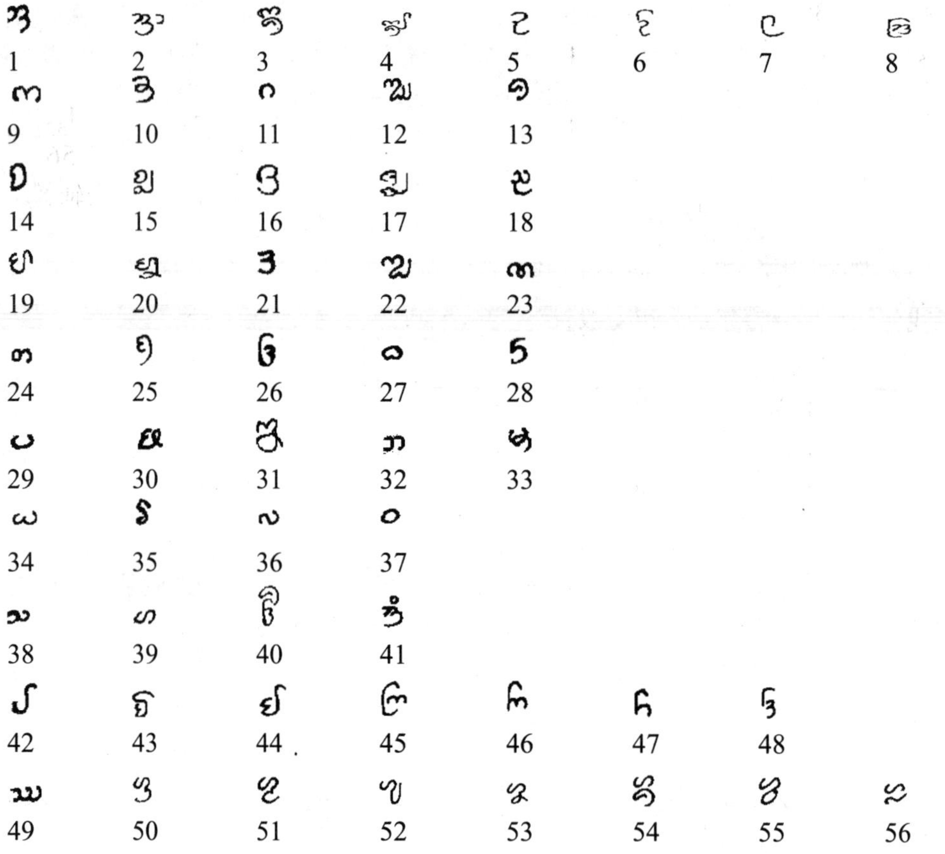

ᩋ	ᩋᩣ	ᩍ	ᩎ	ᩏ	ᩐ	ᩑ	ᩒ
1	2	3	4	5	6	7	8
ᨠ	ᨡ	ᨣ	ᨥ	ᨦ			
9	10	11	12	13			
ᨧ	ᨨ	ᨩ	ᨫ	ᨬ			
14	15	16	17	18			
ᨭ	ᨮ	ᨯ	ᨰ	ᨱ			
19	20	21	22	23			
ᨲ	ᨳ	ᨴ	ᨵ	ᨶ			
24	25	26	27	28			
ᨷ	ᨹ	ᨻ	ᨽ	ᨾ			
29	30	31	32	33			
ᨿ	ᩁ	ᩃ	ᩅ				
34	35	36	37				
ᩈ	ᩉ	ᩊ	ᩋ				
38	39	40	41				
ᨸ	ᨺ	ᨼ	[illegible]	[illegible]	[illegible]	[illegible]	
42	43	44	45	46	47	48	
[illegible]	[illegible]	[illegible]	[illegible]	[illegible]	[illegible]	[illegible]	[illegible]
49	50	51	52	53	54	55	56

因其数为五十六，所以人们习惯称之为西双版纳老傣文五十六字母。

它现在的读音是这样的：

ʔă$^{ʔ}_{55}$	ʔa$_{41}$	ʔĭ$^{ʔ}_{55}$	ʔi$_{41}$	ʔŭ$^{ʔ}_{55}$	ʔu$_{41}$	ʔe$_{13}$	ʔo$_{13}$
1	2	3	4	5	6	7	8
k$_{55}$	x$_{55}$	k$_{11}$	x$_{11}$	ŋ$_{11}$			
9	10	11	12	13			

ts_{55}	s_{55}	ts_{11}	s_{11}	j_{11}			
14	15	16	17	18			
t_{55}	th_{55}	d_{55}	th_{11}	n_{11}			
19	20	21	22	23			
t_{55}	th_{55}	t_{11}	th_{11}	n_{11}			
24	25	26	27	28			
b_{55}	ph_{55}	p_{11}	ph_{11}	m_{11}			
29	30	31	32	33			
j_{11}	h_{11}	l_{11}	w_{11}				
34	35	36	37				
s_{55}	h_{55}	l_{11}	ʔăŋ$_{41}$				
38	39	40	41				
p_{55}	f_{55}	j_{55}	ph_{33}	f_{11}	$\acute{x}_{11}$	s_{11}	
42	43	44	45	46	47	48	
s_{55}	n_{55}	m_{55}	j_{55}	h_{11}	ŋ$_{55}$	w_{55}	l_{55}
49	50	51	52	53	54	55	56

字母右下角的数字表示念读时的声调，除了第一行字母和字母 41 外，其余辅音字母念读时，标有 11 调的习惯拼上 a；标有 55 或 33 调的，习惯拼上 ă。

为了说清楚上述字母，需要对有关方面作些介绍：

如我们所知，西双版纳傣语一般音节的声母有：

p	ph	b	m	f	w
pl	phl	bl	ml		
pj	phj		mj		
t	th	d	n		l
tl	thl				
-	-				
tw	thw				
ts				s	j
tsl				sl	
-				sj	
-				sw	
k			ŋ	x	
kl				xl	
kj				xj	
kw				xw	
ʔ				h	

声调按照本民族传统有六个：

高组	第一调	55	低组	第一调	41
高组	第二调	35	低组	第二调	33

高组　第三调　13　　低组　第三调　11

一般研究侗台语的学者则把它分为九个，即把带 p、t、k 等塞音尾的三个促声调，从高组第一、二调和低组第二调中分出，并且按照与汉语声调的对当关系，把相当于汉语阴平、阴上、阴去、阴入的定为奇数调：1、3、5、7s（短入）、7L（长入）。把相当于汉语阳平、阳上、阳去、阳入的定为偶数调：2、4、6、8，则与上述传统调类的关系为：

比较调类		传统调类	比较调类		传统调类
奇数调或阴调类		高　组	偶数调或阳调类		低　组
1	阴平	第一调	2	阳平	第一调
3	阴上	第三调	4	阳上	第三调
5	阴去	第二调	6	阳去	第二调
7s	阴短入	第一调	8	阳入	第二调
7_L	阴长入	第二调			

韵母因与本文关系不大，此不赘述。

上述字母表的第一行，一般称为元音字母，通常单用，实际上相当于以 ʔ 为声母的音节字母；也可与其他字母结合，构成以 ʔ 为声母，以这些字母所表示的元音为韵头或韵腹的音节。

傣语中的元音，通常是用不列入字母表的 mǎi_{11}，即符号来表示的。

第二行以后的，一般称为辅音字母。

字母 41，实际上是作 ʔ- 用的，由于 ʔ- 不好发音，头上加个读音为 ǎŋ 的小圆圈，以便念读。

这些辅音字母，按照与声调的结合关系，分为两组：高音组和低音组。高音组字母用来拼写高组三个调的字，低音组字母用来拼写低组三个调的字。它们与现在傣语辅音音位的关系如下：

音位	字母			
	高音组		低音组	
p	[illegible]		[illegible]	
ph	[illegible]		[illegible]	[illegible]
b	[illegible]			
m	[illegible]		[illegible]	
f	[illegible]		[illegible]	
w	[illegible]		[illegible]	
t	[illegible]	[illegible]	[illegible]	
th	[illegible]	[illegible]	[illegible]	[illegible]
d	[illegible]			
n	[illegible]		[illegible]	[illegible]

音位	字母				
	高音组			低音组	
l	[illegible]			[illegible]	[illegible]
ts	[illegible]			[illegible]	
s	[illegible]	[illegible]	[illegible]	[illegible]	[illegible]
j	[illegible]	[illegible]		[illegible]	[illegible]
k	[illegible]			[illegible]	
x	[illegible]			[illegible]	[illegible]
ŋ	[illegible]			[illegible]	
ʔ	[illegible]				
h	[illegible]			[illegible]	[illegible]

声母中的复辅音一般用合体字表示。

声调的表示法则为：

高、低组第一调，不标；

高、低组第二调，标 ˈ；

高、低组第三调，标 ˈˊ。

这样使人感到问题就是：

一、最奇特的是声调与声调关系的这种表示法。

西双版纳傣语按照传统的说法，有六个声调，照一般字母设计的做法，每个辅音音位设计上一个字母，另外设计上五个区别声调的符号就可以了。可是，老傣文字母却不是这样，它把声调分为两组，只用了两个区分声调的符号；而每个辅音音位却都依组用不同的字母表示，这样，节省了两个调号，却使辅音字母增加了一倍！

从字母设计的角度来看，它显然是虽巧妙却不经济的。

但是，它难道仅仅是设计方法上的问题吗？

联系到上述研究侗台语的同志，把傣语的声调分为奇数调与偶数调，与汉语的阴调类相当的奇数调，恰恰与老傣文的高组相合，与汉语的阳调类相当偶数调，恰恰与老傣文的低组相合。这样的巧合，就不能不使人想到它可能不只是一个字母设计方法的问题，而可能还有其他的实际问题，如：汉语及其他许多汉藏语系语言调类的阴阳常与声母的清浊有关，老傣文的这种高、低组之分，是否也与这些字母的实际读音不同有关呢？

二、撇开高、低组的问题，一个辅音音位在同一音组，也有用二个至三个字母表示的。如果这些字母的读音，原来也就是像今天读的一样，这显然是不可理解的。

三、从字母排列的地位上来看，字母 21 与字母 29 的读音是颇为特殊的：

字母 21 处于第二至第六行中的第五行、每行五字、整整齐齐二十五个字的第三列。这一列的字母，上下都是低音组的清塞音或塞擦音，独有这一字母是高音组的浊塞音。

字母 29 处于第五行的第一列。这一列的字母，其余都是高音组的清塞音或塞擦音，独有这一字母是高音组的浊塞音。

四、从字形上看，第九行的字母，即字母 42—48，都有个向上的长尾巴；第十行的字母，除开头一个外，即字母 50—56，上面都有个 h，字母的这种设计，里面是否有什么意思？

五、字母 50—56，即字形上都有个 h 的那几个，其余的均为高音组，独有字母 53 却是低音组，这是什么道理？

如此等等，这都是需要我们作出回答，说出道理的。

二

如前所述，在我们之前，已经有一些同志对老傣文字母作过研究，因此介绍一下前人的研究成果是很必要的。

就我们所知，对老傣文字母较有研究的有刀世勋、童玮、巫凌云等同志。

据刀、童二位的考证，老傣文跟泰文、老挝文、缅文、柬埔寨文以及其他还有一些信仰南传佛教的民族的文字一样，它们的字母都来自巴利文字母。为了便于拼写巴利文佛经，这些文字的字母或文字方案通常遵循以下的共同原则：

1.凡巴利语与本语中都有的或相近的音，采用巴利文字母，并按巴利文字母的传统的排列次序排列；

2.巴利语有而本语没有的音，原有的巴利文字母照样列上；

3.本语有而巴利语没有的音，仿照巴利文字母的形式创制新字母，列于巴利文字母的传统排列次序之后。

这样，经过比较，就可以看到：

一、老傣文字母表上的一至八行是与巴利文字母一致的。

第一行为巴利文的元音字母：第二至八行为巴利文的辅音字母。在辅音字母中，第二至六行是巴利文的所谓“有品”字母，第七、八两行是巴利文的所谓“非品”字母。

二、老傣文字母表上的末两行是巴利文所无的，亦即老傣文设计者根据本民族语言的语音特点加上去的。

相当于老傣文字母表上一至八行的巴利文字母，巴利文的读音如下：

ă	a	ĭ	i	ŭ	u	e	o
1	2	3	4	5	6	7	8
k	kh	q	qh	ṅ			
9	10	11	12	13			
c	ch	j	jh	ñ			
14	15	16	17	18			
ṭ	ṭh	ḍ	ḍh	ṇ			
19	20	21	22	23			
t	th	d	dh	n			
24	25	26	27	28			
p	ph	b	bh	m			
29	30	31	32	33			
y	r	l	v				
34	35	36	37				
s	h	ḷ	ʔ				
38	39	40	41				

以上读音据通行的巴利文转写，它与本文所用的国际音标略有不同，说明如下：

1.表中的第二行，巴利文称为“k 品”，为舌根音；第三行“c 品”，为舌面后音；第四行“ṭ 品”， 为舌面前音；第五行“t 品”，为舌尖后音；第六行“p 品”，为双唇音。这五行中，每行的前四个为塞音，第五个则为同部位的鼻音。

2.字母 34，即 y，相当于本文的 j。字母 40，即 ḷ ，为与第四行同部位的边音。

不但如此，他们还从老傣文之巴利语借词的写法中证实了，两种字母之间，除了较晚期的老傣文抄本，有“个别应当看作是误写的”之外，基本上是严谨地对当的。下面是童玮同志所选的例字：

	字母	巴利文	老傣文	词义
k	k_9	kāya	$–k_9āj_{34}a$	身体
kh	x_{10}	bhikkhu	$ph_{32}ik_9x_{10}u$	比丘
g	k_{11}	gāthā	$k_{11}āth_{25}ā$	偈颂
gh	x_{12}	buddhaghosa	$p_{31}ut_{26}th_{27}ax_{12}os_{38}a$	佛音（人名）
ṅ	$ŋ_{13}$	saṅgha	$s_{38}aŋ_{13}x_{12}a$	僧伽
c	ts_{14}	cūla	$ts_{14}ūl_{36}a$	小
ch	s_{15}	chatta	$s_{15}at_{24}t_{24}a$	华盖
j	ts_{16}	jāttaka	$ts_{16}āt_{24}ak_9a$	本生经
jh	s_{17}	majjhima	$m_{33}as_{17}im_{33}a$	中等的
ñ	j_{18}	paññā	$p_{29}an_{28}j_{18}a$	智慧
ṭ	t_{19}	piṭaka	$p_{29}it_{19}ak_9a$	藏经
ṭh	th_{20}	paṭhma	$p_{29}ath_{20}am_{33}a$	第一
ḍ	d_{21}	maṇḍala	$m_{33}an_{28}d_{21}al_{36}a$	版纳
ḍh	$–_{22}$	–	–	
ṇ	n_{23}	suvaṇṇa	$s_{38}uv_{37}an_{23}n_{23}a$	金子
t	t_{24}	sutanta	$s_{38}ut_{24}an_{28}t_{24}a$	经
th	th_{25}	thera	$th_{25}er_{35}a$	长老
d	t_{26}	apadāna	$ap_{29}at_{26}an_{28}a$	譬喻经
dh	th_{27}	dhamma	$th_{27}am_{33}m_{33}a$	法、教义
n	n_{28}	niddesa	$n_{28}it_{26}t_{26}es_{38}a$	说示（经名）
p	b_{29}	pita	$p_{29}it_{24}a$	父亲
ph	ph_{30}	phala	$ph_{30}al_{36}a$	果子
b	p_{31}	buddha	$p_{31}ut_{26}th_{27}a$	佛陀
bh	ph_{32}	bhagavato	$ph_{32}ak_{11}av_{37}at_{24}o$	世尊
m	m_{33}	mahā	$m_{33}ah_{39}a$	大
y	j_{34}	yamaka	$j_{34}am_{33}ak_9a$	双对（论藏之一）
r	h_{35}	rāja	$h_{35}āts_{16}a$	王公
l	l_{36}	maṅgala	$m_{33}aŋ_{13}k_{11}al_{36}a$	吉祥
v	w_{37}	vimāna	$w_{37}im_{33}ān_{28}a$	天宫
s	s_{38}	sāsana	$s_{38}ās_{38}an_{28}a$	教义

h	h_{39}	hatthi	$h_{39}at_{24}th_{25}i$	象
ḷ	l_{40}	pāḷi	$p_{29}\bar{a}l_{40}i$	巴利语
ʔ	$ʔ_{41}$			

元音字母全同，例略。

关于这些与巴利文字母读法“严谨对当”的老傣文字母，具体读法如何？童玮同志与巫凌云同志各有其说。

童玮同志的说法是：

可以有两种情况：一种是如第二至六行“有品”字母的三、四两列，巴利语为不吐气和吐气的浊塞音或塞擦音，傣语中没有这些浊音，老傣文采用相对的读为清音，但用来拼写“阳调类”的低音组字母来与之对当，作了“一个十分巧妙而又非常恰当的安排”，这也就是说：这些字母也是跟现在一样，读为清音的老傣文字母，采取了巧妙而恰当的方法，把巴利语中有而傣语没有的浊音，在字母设计上加以改造，纳入了自己的语音系统。其他如字母 18、字母 23 也是如此，傣语中无舌面后和舌面前的鼻音，所以用舌面后擦音和舌尖后鼻音“来代替”。还有一种情况是如字母 35，巴利文读 r，傣文读 h，h 应是傣语固有的读法，现在有些受过寺院教育的人读为 r，也有人把它读为 hr 或 l，乃是受巴利语影响所致。至于如字母 40 之类，巴利语有，而傣语没有的音，老傣文字母仍保留了这个音，并设计了一个字母表示这个音，则如前所述，是这些信奉南传佛教的民族，在设计其本民族字母或文字方案时所共同遵循的一条原则，这与老傣文字母的原始读法如何，无甚关系，可以不必管它。

巫凌云同志考究了二至六行中的几个塞音字母，他的看法是老傣文中的这些字母读法，应该是与巴利文一致的，即如字母 11、12、26、27、31、32 等，应像巴利文一样，也是读为 g、gh、d、dh、b、bh 的。

另外，他俩对巴利文字母所无的末两行字母中的一些字母，也有一些考释，如童玮同志认为字母 49 是一个合体字，即两个字母 38 的重合，它是用来拼写巴利语借词中重叠的 ss之用的。巫凌云同志认为字母 42 应读 pl，字母 47 应读 gr，等等。

除了以上直接的研究，我们还应简要地叙述一下李方桂教授以及其他一些同志对原始台语的构拟工作，因为这与本文也是有着密切关系的。

在《台语比较手册》（Li 1977）一书[①]中，李方桂教授对于原始台语的语音进行了全面构拟。他所构拟的声母如下所列：

*p	*ph	*b	*ʔb	*m	*hm	*f	*v	*w	*hw
*pl	*phl/r	*bl	*ʔbl/r	*ml/r					
*pr		*br							
*t	*th	*d	*ʔd	*n	*hn	*s	*z	*l *r	*hl *hr
*tl	*thl	*dl	*ʔdl/r	*nl/r					
*tr	*thr	*dr							

① Li Fang-kuei. 1977. *A handbook of comparative Tai.* Honulolo.

*č	*čh	*ǰ	–	*ň	*hň	–	–	*j	*hj	*ʔj
*k	*kh	*g	–	*ŋ	*hŋ	*x	*ɣ	–	–	–
*kl	*khl	*gl		*ŋl/r						
*kr	*khr	*gr				*xr				
*kw	khw*	*gw		*ŋw		*xw	*ɣw			
*ʔ	*h									

从该书所举的泰语例字中，可以推知它们跟西双版纳老傣文字母的一些关系：

原始读音	泰文字母	现在读音	音组	老傣文字母	现在读音	音组	调类	
*p	ป	p	M	ᨸ	p	H	奇	
*ph	ผ	ph	H	ᨹ	ph	H	奇	
*b	พ	ph	L	ᨻ	p	L		偶
*ʔb	บ	b	M	ᨷ	b	H	奇	
*m	ม	m	L	ᨾ	m	L		偶
*hm	หม	m	H	ᩉ᩠ᨾ	m	H	奇	
*f	ฝ	f	H	ᨺ	f	H	奇	
*v	ฟ	f	L	ᨼ	f	L		偶
*w	ว	w	L	ᩅ	w	L		偶
*hw	หว	w	H	ᩉ᩠ᩅ	w	H	奇	
*t	ต	t	M	ᨲ	t	H	奇	
*th	ถ	th	H	ᨳ	th	H	奇	
*d	ท	th	L	ᨴ	t	L		偶
*ʔd	ด	d	M	ᨯ	d	H	奇	
*n	น	n	L	ᨶ	n	L		偶
*hn	หน	n	H	ᩉ᩠ᨶ	n	H	奇	
*s	ส	s	H	ᩈ	s	H	奇	
*z	ซ	s	L	ᨪ	s	L		偶
*l	ล	l	L	ᩃ	l	L		偶
*hl	หล	l	H	ᩉ᩠ᩃ	l	H	奇	
*r	ร	r	L	ᩁ	h	L		偶
*hr	ห	h	H	ᩉ	h	H	奇	
*č	จ	č	M	ᨧ	ts	H	奇	
*čh	ฉ	čh	H	ᨨ	s	H	奇	
*ǰ	ช	čh	L	ᨩ	ts	L		偶
*ň	ญ	j	L	ᨬ	j	L		偶
*hň	หญ	j	H	ᩉ᩠ᨿ	j	H	奇	
*j	ย	j	L	ᨿ	j	L		偶

*hj	หย	j	H	ᩀ	j	H	奇	
*ʔj	อย	j	M	-	-	-		
*k	ก	k	M	ᨠ	k	H	奇	
*kh	ข	kh	H	ᨡ	x	H	奇	
*g	ค	kh	L	ᨣ	k	L		偶
*ŋ	ง	ŋ	L	ᨦ	ŋ	L		偶
*hŋ	หง	ŋ	H	ᩉ᩠ᨦ	ŋ	H	奇	
*x	ฃ	kh	H	ᨡ	x	H	奇	
*ɣ	ฅ	kh	L	ᨤ	x	L		偶
*ʔ	อ	ʔ	M	ᩋ	ʔ	H	奇	
*h	ห	h	H	ᩉ	h	H	奇	

注：泰文字母分高、中、低三个音组，H 为高音组、M 为中音组、L 为低音组。其列入字母表的四十四个字母及其读音如下：

音位	字母								
读音	高音组			中音组		低音组			
p				ป					
ph	ผ					พ	ภ		
b	บ								
m						ม			
f	ฝ					ฟ			
w						ว			
t				ต	ฏ				
th	ถ	ฐ				ท	ฑ	ฒ	ธ
d				ด	ฎ				
n						น	ณ		
l						ล	ฬ		
r						ร			
s	ศ	ษ	ส			ซ			
ts				จ					
tsh	ฉ					ช	ฌ		
ŋ						ง			
j						ย	ญ		
k				ก					
kh	ข	ฃ				ค	ฅ	ฆ	
ʔ				อ					
h	ห					ฮ			

ม、น、ญ、ง、ว、ล、ร 等低音组字母加上前引字 **ห**（少数用**อ**），则成为高音组，但不列入字母表。

现在泰语有五个声调：33、22、41、55、24。

泰文传统的声调符号有四个：่、้、๊、๋。่、้ 相当于老傣文的 ່、້。๊、๋ 是老傣文所无的，使用于中音组。像老傣文一样，泰文高、中、低音组传统的第一调，不标调。高、中、低音组传统的第二调，标 ่ 。高、中、低音组传统的第三调，标้。现在五个声调与传统调类的关系如下：

H、H่、H้ 表高音组一、二、三调。

M、M่、M้、M๊、M๋ 表中音组一、二、三、四、五调。

L、L่、L้ 表低音组一、二、三调。

Hs、H_L 表高音组带塞音尾的短调和长调。

Ms、M_L 表中音组带塞音尾的短调和长调。

Ls、L_L 表低音组带塞音尾的短调和长调。

则：

33	22		41	55	24
M	M่		M้	M	M
	H่		H้		
L			L่	L	H
	Ms	M_L			
	Hs	H_L			
			L_L	Ls	

张均如同志在《原始台语声母类别探索》[①]一文中，把原始台语的声母分为六类。所列声母如下：

1. *ʔ、*ʔb、*ʔd、*ʔj、*ʔm、*ʔn、*ʔȵ、*ʔŋ（带 l、r、w 等的复辅音声母略，下同）；
2. *p、*t、*k、*ts；
3. *ph、*th、*kh、（*tsh）；
4. *m̥、*n̥、*ȵ̥、*ŋ̊、*l̥、*r̥、*f、*s、*h；
5. *b、*d、*g、*dz；
6. *m、*n、*ȵ、*ŋ、*l、*r、*z、*ɦ、*j、*w。

值得注意的是她在第一类中列举了一系列以喉塞音起头的声母。

除此，她还指出了第三类声母“在壮语的文麻土语中，它们还保留古声母的特点，读作不送气的浊塞音 b、d、g……在广西钦州话以及南部泰语博他伦、素叻他尼、萨木伊岛的话中，都读作清塞音带浊送气的声母 pɦ、tɦ、kɦ…”。

以上这些见解和论述，都使我们受到教益，本文就是在前人已经有了这样的一些研究成果的基础上着手进行的。

---

① 该文刊登于《民族语文》，1980 年第 2 期。

三

由于本文是从孟高棉语比较的材料着眼进行考释的，因此有必要对本文涉及的孟高棉语作些介绍。

本文用以比较和论证的孟高棉语，主要为佤语，除此，还将引用到布朗语、崩龙语、克慕语。这里介绍的只是与本文有关的方面：

国外的研究者通常把孟高棉语的音节分为两种：主要音节和次要音节。主要音节就是本文所说的一般音节。次要音节我们称之为附加音节，它通常是一个弱化音节，由于它在各种具体语言中情况略有不同，因此，根据各种语言的具体情况，有的语言我们倾向于把其中的弱化音标出来，有的语言则仅标出其辅音。本文提到这些孟高棉语，其次要音节，一般相当于一个词的前缀。

佤语一般音节的声母有：

p	ph	b	bh	m	mh	f	v	vh
pl	phl	bl	bhl					
pr	phr	br	bhr					
t	th	d	dh	n	nh	s	l r	hl hr
tɕ	tɕh	dʑ	dʑh	ȵ	ȵh		j	jh
k	kh	g	gh	ŋ	ŋh			
kl	khl	gl	ghl					
kr	khr	gr	ghr					
ʔ	h							

布朗语稍有不同的是：

1．有更多的复辅音，即除了佤语中所有的 16 个复辅音外，尚有 tr、thr、dr、dhr、sr、tʃr、tʃhr、dʒr、dʒhr 等；

2．鼻音、边音、擦音等，除了与佤语吐气、不吐气相当的清化、不清化两套外，尚有一套是前面带有喉塞音的，即：

m	m̥	ʔm	v	f	ʔv
n	n̥	ʔn	l r	l̥ r̥	ʔl ʔr
ȵ	ȵ̥	ʔȵ	j	ʃ	–
ŋ	ŋ̊	ʔŋ			

注：布朗语中的ʃ 与 s 是对立的音位，ʃ 是跟 ʧ、ʧh、ʤ、ʤh 同部位的擦音。在佤语中，ʨ、ʨh、ʥ、ʥh 有些人亦读作 ʧ 、ʧh、ʤ、ʤh。

这两种语言的前缀均不发达，较常见的只有 si、ta、ra 等，其中的元音为弱化音，为了便于比较，本文一律标作 s'、l'、r'，以与其后的一般音节隔开。

佤语没有声调，但喉头肌肉紧缩与否，有着区分意义的作用。松紧的对立，一般只出现在以不吐气辅音为声母的音节中。我们习惯于在韵母的元音之下加一短横，以表示紧音。布朗语有四个声调：31、51、55、214。

崩龙语：

其一般音节的声母有：

ʔp	ph	b	m	m̥		v	f
ʔpl	phl	bl					
pr	phr	br					
ʔt	th	d	n	n̥	s	l r	l̥ r̥
tɕ	tɕh	dʑ	ȵ	ȵ̥		ʑ	ɕ
k	kh	g	ŋ	ŋ̊			
kl	khl	gl					
kr	khr	gr					

注：崩龙语中相当于我国其他孟高棉语中的 p 的，单独作声母，或与 l 结合成为复辅音声母时，一般念ʔp，但与 r 结合成复辅音声母时，则念 p，它们是同一音位的变体。在一般情况下，我们只标作 p；这里则按实际读音标出。ʔt 也这样，它相当于其他孟高棉语中的 t，但习惯读作 ʔt。浊的塞音和塞擦音，只有一套，念时习惯带有轻微的吐气成分，可记为 bʻ、dʻ、dʑʻ、gʻ。

崩龙语的前缀较佤语、布朗语丰富，但为数也不多。

克慕语：

其一般音节的声母大体跟崩龙语一样，但有 b（或ʔm）、d（或ʔn）。

其前缀则相当丰富，有如下列：

h	r	l	m	n	ŋ
p	pr	pl	-	pn	pŋ
t	tr	tl	tm	tn	tN
tɕ	tɕ r	tɕl	tɕm	tɕn	tɕŋ
k	kr	kl	km	kn	-
s	sr	sl	sm	sn	sŋ
			rm	rn	rŋ
			lm	ln	lŋ

另外，国外的资料中提到克慕语的一些方言中，还有一套受其后面“主要音节”同化作用形成的“次要音节”，在我们所调查的材料中，也是有的，如：rop kop“一把”；rap tɕap“一小把”；它们是与 kop“抓”、 tɕap“撮”等动词相对的名词或量词，其原形应为 r'kop、r'tɕap。这些，我们视之为因前缀受同化作用而形成的“叠韵”联绵词。

崩龙语和克慕语都没有声调，也没有松紧。

下面，对本文所将引用的各种语言材料来源及其代号作些说明：

一、傣语：

1.西双版纳傣语 XD：

西双版纳傣族自治州词典编纂组：《傣（西双版纳方言）汉词典》油印本；

刀世勋：《西双版纳老傣文音位系统初探》，未刊稿；

2.德宏傣语 DD：

中央民族学院民族语文系：《傣（德宏方言）汉词典》油印本；

3.金平傣语 JD。

二、泰语 T：

《泰华大辞典》；

《泰英中大辞典》；

三、老挝语 L：

巫凌云：《老挝语、傣语同源词研究》，未刊稿；

四、佤语 W：沧源岩帅话；

五、布朗语 Bu：双江碰丙话；

六、崩龙语 Bo：潞西引欠话

七、克慕语 Km：勐腊王四龙话

八、克蔑语 Kmi：景洪曼咪话。

以上除注明的外，均为我们自己调查的材料。

四

在进入考释之前，我们希望说明的是，利用孟高棉语的材料来考释属于侗台语系统的老傣文，这并不是我们的什么“异想天开”：

早在 1957 年，先师罗季光教授就已注意到了属于孟高棉语系统的佤语，它的语音与语音结构，“在很大程度上跟汉语以及我国西南的许多少数民族语言有相似处”。最近，我们注意到了邢公畹教授也有属于孟高棉语族的崩龙语跟傣语很相近的说法。

我们以为，两位先生的看法是符合这些语言的实际的：

首先，以词汇来说，在我们于 1957 年写的佤语调查报告中，就已提到，佤语中与傣语相同的词，约在 30%以上——现在看来，这是偏低了的。

其次，语法上的相似，这是许多国外的研究者也都注意到了的。

至于语音，我们现在可以用来充实罗季光先生的看法的是：以西双版纳老傣文来说，它的字母所反映的辅音系统，可以说与佤语现在的辅音系统是完全一致的。下面是我们根据佤语和傣语这两种语言中的同源词，并参考其他资料推绎出来的两者之间的对当关系：

老傣文	高音组	佤语	老傣文	低音组	佤语

字母号			字母号		
9	ᨠ	k	11	ᨣ	g
10	ᨡ	kh	12	ᨥ	gh
45	ᨢ	kl/r（x）	47	ᨤ	gl/r（ɣ）
54	ᩉ᩠ᨦ	ŋh	13	ᨦ	ŋ
14	ᨧ	tɕ	16	ᨩ	dʑ
15	ᨨ	tɕh	17	ᨫ	dʑh
52	ᩉ᩠ᨬ	ȵh	18	ᨬ	ȵ
44	ᩀ	jh	34	ᨿ	J
24	ᨲ	t	26	ᨴ	d
25	ᨳ	th	27	ᨵ	dh
21	ᨯ	pre'd		–	
50	ᩉ᩠ᨶ	nh	28	ᨶ	n
56	ᩉ᩠ᩃ	lh	36	ᩃ	l
	(ᩂ)	rh	35	ᩁ	r
	(ᩉ)	rh	53	ᩂ	r
38	ᩈ	s	48	ᩆ	khr（dr）
29	ᨷ	pre'p	31	ᨻ	b
42	ᨸ	pl	32	ᨽ	bh
30	ᨹ	ph	33	ᨾ	m
51	ᩉ᩠ᨾ	mh	46	ᨼ	kr（v）
43	ᨺ	pre（f）	37	ᩅ	v
55	ᩉ᩠ᩅ	vh			
39	ᩉ	h			
41	ᩋ	ʔ			

注：老傣文加括弧，表示重出。佤语中，加括弧表示不是佤语的读法，而是参考其他语言的读法，pre'表示前缀。

字母 19、20、22、23、40、49，如上所述，是巴利语的保留字母。老傣文元音字母的读法，亦与佤语吻合的。不再赘述。

下面，让我们从这样的一种对应关系出发，来论证老傣文字母的原始读音。为了论述的方便，我们把它分为几组：

一、字母 9、10、11、12；14、15、16、17；24、25、26、27；29、30、31、32

这些都是巴利文字母中的有品字母塞音。9、10；14、15；24、25；29、30 为清音，在老傣文字母中为高音组；其他为浊音，老傣文为低音组。

先看高音组。它们与泰语、佤语中的对应关系如下：

1. k^H：

T	XD	DD	W	词义
k-	k-	k-	k-	
无调号	无调号			
kon$_1$	–	–	kɔ̱n	子、儿女
kɔ̆n$_1$	–	–	kɔ̱n	小的、幼的
–	ka$_1$ kɛ$_1$	ka$_6$ke$_6$	ku̱ kɛ̱	鸽子
–	kui$_1$	kui$_6$	–	纤维、棉
–	kɯi$_1$	kui$_6$	kɯ̱i	麻、线
klɔŋ$_1$	kɔŋ$_1$	kɔŋ$_6$	klɔ̱ŋ	鼓
kh(m)ɔŋ$_4$	kɔŋ$_4$	mɔŋ$_2$	klɔ̱ŋ mɔŋ$_1$	铓锣
kroi$_1$	kɔi$_1$	–	kre̱	背后、尻
kɛu$_1$	kɛu$_1$	–	kia̱u̱	交趾、越南
–	–	kɔi$_6$	klɔ̱i̱	老幺、在后的
–	kɯ$_1$	kɯ$_6$	kɯ̱	笼头、缰绳
–	koi$_1$	koi$_6$	klo̱i̱	囤箩
kliau$_1$	kiu$_1$	kiu$_6$	klia̱	绞、扭、一小股、一支
kŭi$_1$	–	–	kui̱	桂家
kăŋ$_1$	–	–	kla̱ŋ	鹰、鹞
–	–	kɤn$_6$	ka̱t	荆
–	–	kɤn$_6$	kɤ̱n	剑麻
klua$_1$	–	ko$_6$	–	怕
klɔn$_1$	–	–	kla̱	杈、秤锤；卵子、睾丸
–	–	kum$_6$	ku̱m	聊天
–	–	kum$_6$ kɔŋ$_6$	ku̱m kɔ̱ŋ	磋商
kla$_3$	ka$_3$	ka$_3$	kla̱	秧苗
–	–	ka$_3$	klɛ̱h	耍、舞、玩
kɛ$_3$	kɛ$_3$	ke$_3$	ka̱h	解开
kău$_3$	kău$_3$	kău$_3$	kau、kau̱	九
kɛm$_3$	kɛm$_3$	kɛm$_3$	ka̱p	颊
kŭŋ$_3$	kŭŋ$_3$	koŋ$_3$	ko̱ŋ	虾
–	–	kɔŋ$_3$	kɔ̱ŋ	枪、土炮
–	kɔŋ$_3$	–	kɔ̱ŋ	瓶子
kɔŋ$_3$	kɔŋ$_3$	kɔŋ$_3$	rɔ̱ŋ	回响

klăn$_3$	kăn$_3$	kăn$_3$	ka̱n	忍
–	kɔm$_5$	kɔm$_5$	klɔ̱m	棺材
klĭŋ$_3$	–	–	kli̱ŋ	转动
luk$_{8L}$ klĭŋ$_3$	–	–	li̱ŋ	纺锤
ku$_3$	ku$_3$	ku$_3$	ku̱	借
–	ku$_3$	–	ko̱h	收、征收
ku$_3$	ku$_3$	ku$_3$	kau̲h	起来、升起、抬起
kɔ$_5$	kɔ$_5$	ko$_5$	kɔ̱	发起、营造、创设
kɔn$_5$	kɔn$_5$	kɔn$_5$	ka̱	先、前
kɛ$_5$	kɛ$_5$	ke$_5$	kɛ̱	老、头人
kɛ$_5$	–	–	kɛ̱	熟的
kɛn$_5$	kɛn$_5$	kɛn$_5$	ki̲a̲n	硬
–	–	ku$_5$	ku̱	床
–	kiu$_5$	kiu$_5$	kiu̲	垭口
ka$_1$	ka$_5$	ka$_5$	ka̱	癸、天干之十
–	kɔi$_5$	–	kɔ̲i̲h	抠、掏
krɔŋ$_1$	koŋ	–	ko̱ŋ	圈、项圈
–	kɯŋ$_5$	kɯŋ$_5$	kɯ̲ŋ	配、值
–	kɔm$_5$	kɔm$_5$	klɔ̱m	棺材
trʼʔom$_5$ 无调号	–	kɔm$_5$	kɔ̱m	搂
krɔt$_{7L}$	–	–	krɔʔ	孱瘦
krat$_{7L}$	–	kɛt$_8$、tɕɛt$_8$	kri̲a̲t	细小、矮小、瘦小
krap$_{7L}$	–	–	krup	拜、礼拜
krĭp$_{7s}$	kip$_{7L}$	kip$_{7s}$	ki̱p	剪、裁
kɔk$_{7L}$	–	kɔk$_{7L}$	kɔ̱k	拔火罐、以拔火罐治病
kɔk$_{7L}$	mak$_{7L}$kɔk$_{7L}$	–	ma̱k kɔk	酸多衣、馀甘子
kăt$_{7s}$	kɛt$_{7s}$	kăt$_{7s}$	kiat	咬
kăt$_{7s}$	–	kăt$_{7s}$	ka̱t	己，天干之六
kap$_{7L}$	–	kap$_{7L}$	ka̱p	甲，天干之一
klɯak$_{7L}$	–	kɤk$_{7L}$	klɤ̱k	混合、并拢、加
kɤt$_{7L}$	kɤt$_{7L}$	kɤt$_{7L}$	kɤ̱t	生、投胎转世

kɤp$_{7L}$	kɤp$_{7L}$、xɛp$_{7s}$	kɛp$_{7L}$	kia̱p̱	鞋
kǎi	–	kǎɯ$_{4}$	kaɯ	亥，地支之一
–	kǎp$_{7s}$	kǎp$_{7s}$	kap、kạp	嫁接
–	–	kap$_{7L}$	–	配对
tlat$_{7L}$	kat$_{7L}$	kat$_{7L}$	la̱i̱h	街
–	kat$_{7s}$	kǎt$_{7s}$	ku̱a̱t	冷
–	kut$_{7L}$	kut$_{7s}$	ku̱a̱ʔ	蕨
–	–	kak$_{7L}$	kạk	勺子
–	–	kǎk$_{7s}$、kɔk$_{7s}$	klọk	敲
–	kɔk$_{7s}$	kɔk$_{7s}$	kọk	盒子
–	kuk$_{7L}$	–	kọk	唤

2. x^{H}：

T	XD	DD	W	词义
kh	x	x	kh	
无调号	无调号			
khaŋ$_{1}$	xaŋ$_{1}$	xaŋ$_{1}$	khạŋ	生铁、铸铁
khɔ$_{1}$	xɔ$_{1}$	–	–	铁勺、铁锅
–	xɔ$_{1}$	xo$_{1}$	khọ	锄头
khɔ$_{1}$	xɔ$_{1}$	–	khio̱ khọ	恳求
khɔn$_{1}$	xɔn$_{1}$	xɔn$_{1}$	khọn	只、成对中之一
khum$_{1}$	xin$_{1}$	–	khịn	执拗、强为
khǔn$_{1}$	xǔn$_{1}$	xun$_{1}$	khụn	君、对男子美称
khei$_{1}$	xɤi$_{1}$	xoi$_{1}$	khɤ̱i̱	婿、姑爷
–	–	xa$_{1}$	khạn	摆、设
–	xi$_{1}$	xi$_{1}$	khị	忧愁
–trɔm$_{1}$	–	xi$_{1}$xom$_{1}$	khị khọm	焦愁、忧虑
–	xɔi$_{1}$	xɔi$_{1}$	khọi̱	羡妒
–	xǎm$_{1}$	xǎm$_{1}$	khạm	卡住
–	–	xǎn$_{1}$	khạn	四市两
–	xa$_{1}$	–	khạ	折磨
–	mak$_{7L}$xɤ$_{1}$	mak$_{7L}$ xɤ$_{1}$	mhạk khɤ	茄子
–	xaŋ$_{1}$	xaŋ$_{1}$	khạŋ	景颇族
khɔŋ$_{1}$	xɔŋ$_{1}$	xɔŋ$_{1}$	khọŋ	财物

khwaŋ$_{3}$	–	xaŋ$_{1}$	khua̱ŋ̱	投掷
khău$_{3}$	xău$_{3}$	xău$_{3}$	khau̱	混合
khău$_{3}$	xău$_{3}$	xău$_{3}$	khau̱	进入
–	–	xo$_{3}$	khɔ̱	对合
khau$_{3}$sɔi$_{2}$	xău$_{3}$sɔi$_{2}$	xău$_{3}$sɔi$_{2}$	khau̱ sɔi，k’sɔi	饵丝、卷粉
khau$_{3}$sen$_{3}$	–	xău$_{3}$sen$_{3}$	khau̱ sen，k’sen	米线
khau$_{3}$phɔŋ$_{2}$	xău$_{3}$pɔŋ$_{2}$	xău$_{3}$pɔŋ$_{2}$	khau̱ pɔŋ	米花、米花糖
–	–	xău$_{3}$puk$_{1}$	khau̱ pu̱k，k’puk	粑粑
–	xăn$_{3}$、xɛn$_{3}$	xăn$_{3}$	kha̱n	阻隔
–	–	xa$_{5}$	kha̱	熔、炼
–	xɛn$_{5}$	xɛn$_{5}$	khia̱n	烈、浓
无调号				
khiat$_{7L}$	xet$_{7L}$	xet$_{7L}$	khia̱t	蛙
–	xɛp$_{7L}$	–	khia̱p̱	镶边
khuap$_{7L}$	xop$_{7L}$	xop$_{7L}$	kho̱p̱	周岁
khɔt$_{7L}$	xɔ̆ʔ$_{7s}$	xɔt$_{8}$	khɔ̱t	刮尽
khŏt$_{7s}$	–	xot$_{7L}$	khua̱t	庚，天干之七
khut$_{7L}$	xut$_{7L}$	xut$_{7s}$	khu̱t	刮

3. ts^{H}：

T	XD	DD	W	词义
ts	ts	ts	tɕ	
无调号	无调号			
tsĭm$_{3}$	tsim$_{1}$	tsim$_{6}$	tɕi̱m	楔入
–	lim$_{3}$	lim$_{3}$	dʑi̱m	楔子
tsŏm$_{1}$	tsŭm$_{1}$	tsɤm$_{6}$	tɕo̱m	沉没
tson$_{1}$	tso$_{1}$ lo$_{2}$、tson$_{1}$	tson$_{6}$	tɕo̱n	盗匪
tsaŋ$_{1}$	tsaŋ$_{1}$	tsaŋ$_{6}$	tsa̱ŋ	淡，色、香味减退
tsiaŋ$_{1}$	tseŋ$_{1}$	tseŋ$_{6}$	lɣ̱n tɕe̱ŋ	正月
–	–	tsɛŋ$_{6}$	tɕe̱ŋ	链条

tsɔ$_{1}$tsɛ$_{1}$	–	–	tsu̱ tsi̱、tsu̱ tsa̱	嘈杂、闹哄哄
–	tse$_{3}$	tse$_{3}$	tçe̱	纸、薄膜
–	tsɔ$_{3}$	tsɔ$_{3}$	tçɔ	着、该、轮到、对、合、中
tsăi$_{3}$	tsăɯ$_{3}$	tsăɯ$_{3}$	tçaɯ̱	子，地支之一
tsău$_{3}$	tsău$_{3}$	tsău$_{3}$	tçau̱	主、官
tsaŋ$_{3}$	tsaŋ$_{3}$	tsaŋ$_{3}$	tça̱ŋ	帮工
–	tsŭŋ$_{6}$	tsuŋ$_{3}$	tçu̱ŋ	蛊
tsɔŋ$_{3}$	tsɔŋ$_{3}$	tsɔŋ$_{3}$	tçɔ̱ŋ	伞
tsak$_{7s}$ tsan$_{5}$	tsa$_{3}$	–	tça̱	蝉
tsɛ$_{3}$	tsɛ$_{3}$	–	tçɛ̱	小种、器类中个体小些的
–	tsum$_{3}$	tsum$_{3}$	tçu̱m	大印、关防
–	–	tsa$_{5}$	tça̱	遮阴
–	–	tsa$_{5}$	dʑa̱	阴架、阴棚
tsai$_{5}$	tsai$_{5}$	tsai$_{5}$	tçai̱	支出、用
–	–	tsai$_{5}$	tçai̱	再、又
tsum$_{5}$	tsum$_{5}$	tsum$_{5}$	–	浸沾
–	–	tsan$_{5}$	tçɯt	淬火
–	tsan$_{5}$	tsan$_{5}$	tça̱ʔ	占据、侵占
–	tsi$_{5}$	tsi$_{5}$	tçi̱	烧、炙
无调号				
–	tsăp$_{7s}$	tsăp$_{7s}$	tça̱p	着、燃着
–	tsăp$_{7s}$	tsăp$_{7s}$	tça̱p	沾、连、染着
tshit$_{7L}$	sit$_{7s}$	tsit$_{7s}$	tçi̱t、tçhi̱t	注、喷射
–	tsik$_{7s}$	tsik$_{7s}$	tçi̱k	顶端、冠、峰
–	tsok$_{7L}$	tsɔk$_{7L}$	tçɔ̱k	掏
tsăk$_{7s}$	tsăk$_{7s}$、tsak$_{8}$	tsak$_{8}$	tçak	机器
tshik$_{7L}$	tsik$_{7L}$、sik$_{7L}$	–	tçia̱h、ria̱h	撕、使破、使裂开
tsɛk$_{7L}$、tsρɛk$_{7L}$	tsăk$_{7s}$	tsak$_{7L}$、tsɛk$_{7L}$	gria̱h	破、撕造成的状态
tsŭt$_{7s}$	tsut$_{7L}$	–	tçu̱ʔ	触、燃

tsět$_{7s}$	tset$_{7s}$	tset$_{7L}$	tɕi̱at	七
	tsok$_{7L}$	tsok$_{7s}$	tɕɔ̱k	抓、抓吃
tsɯt$_{7L}$、tshɯt$_{8L}$	tsɯt$_{7L}$	–	tɕɯ̱t	淡、瘠薄
–	tsup$_{7s}$	tsum$_{5}$	kup	够
tsŏp$_{7s}$	tsup$_{7s}$	tsum$_{5}$	grum	齐全
tsŏk$_{7s}$	–	tsik$_{8}$、tsɯk$_{8}$	tɕɤk	董棕

4. s^{H}：

T	XD	DD	W	词义
tsh	s	σ	tɕh	
无调号	无调号			
tshĭn(ฉินท์)	sin$_{1}$	sin$_{1}$	si̱t、si̱n	切、截、断
			kit	砍断、截
tshɔ$_{3}$	-	-	tɕhɔ̱ʔ	诈骗
tshi$_{5}$	–	si$_{6}$	tɕhi̱	油炸物声、用油炸
tshɛp$_{7L}$	sɛm$_{5}$	sɛm$_{5}$	tɕha̱ŋ tɕha̱i	钹
tshĭŋ$_{5}$	–	–	tɕhi̱ŋ	磬
tsheŋ$_{5}$	–	–	–	锣之类
–	–	se$_{5}$	–tɕi̱h	剔、挑出
无调号				
tshit$_{7L}$	sit$_{7s}$	sen$_{1}$	tɕhi̱t	喷射、注射
	sin$_{1}$ 溅	tsit$_{7s}$	tɕi̱t	
tshik$_{7L}$	sik$_{7L}$	sik$_{7L}$	tɕi̱ah	撕
tshlɛt$_{7L}$	–	sat$_{8}$	tɕha̱t	擦过、掠过
tshlɛp$_{7L}$	–	–	khi̱ap	闪烁、闪开
tshlok$_{7L}$	tsok$_{8}$	–	–	运气、福命、机会
tshap$_{7L}$	–	sap$_{7L}$	–	镀、镶
-	sup$_{7s}$	sup$_{7s}$	tɕhu̱p	穿、套上
tsăk$_{7s}$	–	săk$_{7s}$		清楚、明了
–	–	sik$_{8}$	khi̱k	块、片、丫
–	son$_{3}$	sok$_{8}$	tɕhɯ̱ik	唆使

5. t^{H}：

T	XD	DD	W	词义

t	t	t	t	
无调号	无调号			
–	–	ti$_1$	t̠ik	丢、抛弃
tua$_1$	to$_1$	to$_6$	to̠	身子、身体
–	–	to$_6$săt$_{7s}$	to̠ sa̠t	牲畜、动物
tɤi$_1$	tɤi$_1$	toi$_6$	tɯ̠i̠	檀扇
tĕm$_1$	tim$_1$	tem$_6$	te̠m	盈、满
tɔm$_1$	tŭm$_1$	tum$_6$	tu̠m	集中、麕集
tăn$_1$	tăn$_1$、tɛn$_1$	tăn$_6$	ta̠n	实心的
taŋ$_5$	taŋ$_1$	taŋ$_6$	ta̠ŋ	替代、为之
tɛŋ$_1$–	–	tɛŋ$_6$tău$_6$	te̠ŋ ta̠u	香瓜
–	tɛŋ$_1$lai$_2$	tɛŋ$_6$lai$_2$	te̠ŋ lai	花的香瓜
tuaŋ$_1$	–	toŋ$_6$	to̠ŋ	量容量
–	–	–	do̠ŋ	量容量的器具
–	–	tɯŋ$_1$	tɯ̠ŋ	凝结
tău$_1$	tău$_1$	–	r'ta̠u̠、ru ta̠u̠	炉灶
–	toŋ$_1$、tŭŋ$_2$	tuŋ$_2$	tauŋ、tuŋ	承接
tăi$_3$	tăi$_3$	tăɯ$_3$	ta̠ɯ̠	下面
–	tɛm$_3$	tɛm$_3$	ti̠a̠m	写
tăŋ$_3$	tăŋ$_3$	tăŋ$_3$	ta̠ŋ	设、设置
tɔ$_5$	tɔ$_5$	to$_5$	tɔ̠	对、斗、抗衡
–	–	te$_5$	tɛʔ	发誓、赌咒
–	–	tɤ$_5$	tɤk	篾盒
-	tɔi$_5$	tɔi$_5$	tɔ̠i̠	芦子、蒟
tɔi$_5$	tɔi$_5$	tɔi$_5$	tɔ̠i̠	敲、槌
tău$_5$	tău$_5$	tău$_5$	ta̠u̠	壬，天干之九
tăm$_5$	tăm$_5$、tɛm$_5$	tăm$_5$、tɛm$_5$	tia̠m	低、矮
tŭm	–	tɔm$_5$	tɔ̠m	罐子
taŋ$_5$	taŋ$_5$	taŋ$_5$	ta̠ŋ	放置、搁
taŋ$_5$	taŋ$_5$	taŋ$_5$	ta̠ŋ	载、驮
taŋ$_5$	taŋ$_5$	taŋ$_5$	ta̠ŋ	别的、不同的
-	tiŋ$_5$	tiŋ$_5$	ti̠ŋ	弦琴

tr'ŋɔŋ$_{5}$	tɔŋ$_{2}$	tɔŋ$_{5}$	tɔ̲ŋ	照射、注视
–	–	tɤŋ$_{5}$	tɯ̲ŋ	祈祷、作法
tăi$_{5}$	tăi$_{5}$	tăi$_{5}$	ta̲i	沿、循、顺藤寻根
–	tɤm$_{5}$	–	tɯm	帮助
–	tɤm$_{5}$tsɔi$_{5}$	–	tɯm tɕɔi	帮助
tɔm$_{5}$	–	–	tɔ̲m	腺细胞
无调号				
top$_{7s}$	top$_{7L}$	top$_{7L}$	tup	拍、打
–	–	tɯk$_{7s}$	tɯk	受阻、闭塞
tɔk$_{7L}$	tɔk$_{7L}$	tɔk$_{7L}$	tɔ̲k	敲、打、揍
-	tut$_{7s}$	tut$_{7s}$	tɯ̲t	号角
tăt$_{7s}$	tăt$_{7s}$	tăt$_{7s}$	ta̲t	剪、裁、截
tɔt$_{7L}$	tɔt$_{7L}$	tɔt$_{7L}$	to̲t	咬、啄、噬
tăp$_{7s}$	tăp$_{7s}$	tăp$_{7s}$	tɔ̲m	肝
–	tap$_{7L}$	tap$_{7L}$	ta̲p	掴、打
–	tip$_{7L}$	tip$_{7s}$	–	密
tăp$_{7s}$	tɛp$_{7s}$	tɛp$_{7L}$	tia̲p	草片
–	–	–	tia̲p	编草片
tuak$_{7s}$	voi	moi$_{6}$	tɔk	椰壳勺、杓、木碗
tɛk$_{7L}$	tɛk$_{7L}$	tɛk$_{7L}$	–	裂开
tɔk$_{7L}$	–	–	tauh	炸开、胀大而裂开
			s'duah	爆
tăp$_{7s}$	–	–	tɔ̲p	一排、庹
tip$_{7L}$	–	–	ti̲p	瘪的

6. th^{H}：

T	XD	DD	W	词义
th	th	th	th	
无调号	无调号			
thăi$_{1}$	thăi$_{1}$	thăi$_{1}$	tha̲i	犁、耕；犁头
–	–	thun$_{1}$	thu̲n	石灰
thiaŋ$_{1}$	theŋ$_{1}$	theŋ$_{1}$	thia̲ŋ	辩、驳、争论
–	thaŋ$_{1}$	–	tha̲ŋ	坑
thɛm$_{1}$	thɛm$_{1}$	–	thɛ̲ thia̲m	添
thɛm$_{1}$	thɛm$_{1}$	–	tha̲i thia̲m	再加、又

tha$_6$(ṁ)	tha$_3$	tha$_3$	tha̱	等候
-	the$_3$	the$_3$	the̱	一钱
thɔ$_3$、thɔ$_5$(ท่อ)	–	tho$_3$	tɔ̱	对答
thăm$_3$	thăm$_3$	thăm$_3$	tha̱m	岩洞
thuam$_6$(ท่วม)	thom$_3$	thŭm$_3$、thom$_3$	tho̱m	淹没
thuan$_3$	thon$_3$	thon$_3$	tho̱n	足、透、充分的
–	thɛ$_3$	–	thɛ̱	添、增加
thɔi$_5$	–	–	thɔ̱i	下贱的、恶劣的
–	tho$_5$pɯ$_2$	tho$_5$tɤ$_4$	t'tɤ、tu tɤ	蚕豆
pɛp$_{7L}$	tho$_5$pɛp$_{7L}$	tho$_5$tɛp$_{7L}$	tu tiap	扁豆
–	tho$_5$xwaŋ$_6$	tho$_5$faŋ$_1$	t'kuaŋ	豇豆
–	thăi$_5$、thai$_5$	thăi$_5$	thai̱	更替
–	thɔŋ$_5$	thɔŋ$_5$	thɔ̱ŋ	照射
–	–	thɔŋ$_5$	thɔ̱ŋ	监狱
–	thui$_5$	thui$_6$	thui̱	推刨、刨
无调号				
thŏk$_{7s}$	–	–	tɔ̱h	剥、揭下
thɔk$_{7L}$	thok$_{7s}$	–	dɔ̱h	脱落、剥落
thlŏk$_{7s}$	–	–	klɔ̱h	剥、揭下
thlɔk$_{7L}$	–	–	glɔ̱h	剥落、脱落
–	thĕʔ	–	tha̱h	劈

7. p^H：

T	XD	DD	W	词义
p	p	p	p	
无调号	无调号			
pla$_1$	pa$_1$	pa$_6$	pa̱；ka̱ʔ	鱼
–	–	pa$_6$tsi$_3$	p'tɕi̱、pa tɕi̱	泥鳅
–	pa$_1$jen$_5$	pa$_6$jen$_5$	p'je̱n、pa je̱n	鳝鱼
plai$_1$	pai$_1$	pai$_6$	pai̱、mai̱	零、多、余数
–	–	paŋ$_6$	paŋ	场地
–	–	paŋ$_6$huŋ$_2$	paŋ ruŋ	班洪（地名）
–	–	paŋ$_6$hai$_2$	paŋ rai；	班海，即大蛮海

			ma̠n rai	（地名）
pĭŋ$_1$	piŋ$_1$	piŋ$_6$	pli̠ŋ、kli̠ŋ	水蛭
–	–	puɯŋ$_6$	puiŋ	投掷、射击
puɯn$_1$	puɯn$_1$	–	–	枪、箭
păŋ$_1$	–	–	pa̠ŋ	“砰”(形容枪声)
prăm$_1$pra$_1$	–	–	pri̠m	古老的、旧的
proi$_1$	–	–	po̠i̠、pro̠i̠	播散、飘散
–	–	–	s'bro̠i̠	浮尘
pɔ$_1$	pɔ$_1$	–	s'ba̠u̠ʔ、s'pa̠u̠ʔ	野麻、椰榆
–	pe$_1$	pɛ$_2$、pɛ$_4$	plɛ̠h、klɛ̠h	舞、耍、玩
–	paŋ$_1$kɔn$_5$	–	pa̠ŋ ka̠	先前、以前
–	paŋ$_1$	–	pa̠ŋ	兴建
plak$_{7L}$、plăk$_{7s}$	–	pa$_3$、phak$_{7L}$	pla̠k	边、方面
păk$_{7s}$	pak$_{7L}$	pa$_3$	pla̠k	半
–	pi$_3$	pi$_3$	pi̠ʔ	笔
–	–	pe$_3$	pɛ̠	容量为二升
prau$_1$、pău$_3$	–	pău$_3$	plau	丑，地支之一
păn$_3$	păn$_3$	păn$_3$	lua	捏
păn$_3$	–	păn$_3$	glua	一团
km'păn$_3$	–	–	–	拳头
–	–	–	pin	抓
–	–	–	bin	一把
–	–	pan$_3$	ta̠n、 pla̠k ʔa̠n	那边
–	–	pɔn$_3$	pɔ̠h、pɛ̠h	采摘
puai$_3$	pɤ$_3$pɤ$_3$	pɤ$_3$	pɤ̠	白白、徒劳的
paŋ$_3$	paŋ$_3$	paŋ$_3$	pa̠ŋ	痞块
piŋ$_3$	piŋ$_3$	piŋ$_3$	pi̠ŋ	烤、炙
pɛŋ$_3$	pɛŋ$_3$	pɛŋ$_3$	-	酒曲
plɔŋ$_3$、pɔŋ$_5$	pɔŋ$_3$	pɔŋ$_3$	plɔ̠ŋ	一筒、一节
–	–	pɔŋ$_3$kau$_5$	plɔ̠ŋ tɕauŋ	脚杆
pa$_5$	pa$_5$	pa$_5$	pa̠、pa̠k	坝、场地
pi$_5$	pi$_5$	pi$_5$	pi̠	短笛、管

pli$_{1}$	pi$_{1}$	pi$_{5}$	pli̱ʔ	鼓起的、似果子的
–	–	–	pli̱ʔ	果子
–	–	pai$_{5}$	pa̱i	火镰、火柴、打火
plɔi$_{5}$	pɔi$_{5}$	pɔi$_{5}$	plɔ̱i	放释、发射
puan$_{5}$、pǎn$_{5}$	pǎn$_{5}$	pǎn$_{5}$	plɛ̱	转动
–	–	pǎn$_{5}$	blɛ̱	一转
puan$_{3}$pian$_{3}$	–	–	plu̱ plɛ̱	转来转去
paŋ$_{1}$	–	paŋ$_{5}$	pa̱k	坪、广场
poŋ$_{5}$	pǔŋ$_{5}$	puŋ$_{5}$	pu̱ŋ	热水塘，硝泉
–	pǔŋ$_{5}$	poŋ$_{5}$	pla̱ɯ̱ŋ	发芽
plaŋ$_{5}$	–	–	pla̱ŋ	晶莹的、呈光泽的
puan$_{5}$	–	–	pu̱a̱	卷
			bu̱a̱	卷儿、一卷
pɔŋ$_{5}$	–	pɔŋ$_{2}$	pɔŋ	膨胀的
无调号				
–	–	pat$_{7L}$	plap	甩糊
pǎt$_{7s}$	pǎt$_{7s}$	pǎt$_{7s}$	pi̱h	扫
			bi̱n	扫帚
–	pat$_{7L}$	pat$_{7L}$	pat	割、裁剪、开刀
plǐt$_{7s}$	pit$_{7s}$、bit$_{7s}$	pit$_{7s}$	pe̱h	采摘
–	det$_{7s}$	pit$_{7s}$	pi̱t	短、断的
pět$_{7s}$	pet$_{7s}$	pet$_{7L}$	pe̱t	鸥、鸭
pɛt$_{7L}$	pɛt$_{7L}$	pɛt$_{7L}$	pɛ̱t	八
pɤt$_{7L}$	pɯt$_{7L}$	pɯt$_{7s}$	pla̱ɯ̱h	开发、开辟
pɤt$_{7L}$	pɯt$_{7L}$	pɯt$_{7s}$	pa̱u̱h	开、打开
			ba̱u̱h	敞开、自开
pǎk$_{7s}$	pǎk$_{7s}$	pǎk$_{7s}$	pa̱k	别、插戴
–	pɤŋ$_{1}$	pǎk$_{7s}$pɤŋ$_{6}$	pa̱k pɤ̱ŋ	形式、样子
–	pǎk$_{7s}$	pǎk$_{7s}$	pa̱k	幅面
–	pak$_{7L}$	pak$_{7L}$	pa̱k	百
–	–	pǎk$_{7s}$mǎn$_{3}$	pa̱k ma̱n	布幅
pǎk$_{7s}$、pik$_{7L}$	pik$_{7L}$	pik$_{7L}$	pru̱i̱k	翅、翼
–	pɛk$_{7L}$	pɛk$_{7L}$	pɛ̱k	松
–	pɛk$_{7L}$vǎn$_{2}$	–	pɛ̱k van	柏

–	–	–	pɛ̱k	火把节
–	pɛk$_8$	pɛk$_8$	pɛ̱k、pi̱a̱k	铜元
–	–	pɛk$_8$	pi̱a̱k	一文
–	–	pɛk$_8$san$_5$	pi̱a̱k sa̱n	铜钱
pluak$_{7L}$	pok$_{7L}$	pok$_{7L}$	–	白蚁
–	pɤk$_{7s}$	pɤk$_{7L}$	plɯ̱k	戊，天干之五
plɔk$_{7L}$	pɔk$_{7L}$	pɔk$_{7L}$	–	箍
plɔt$_{7L}$	–	–	lɔ̱t	摆脱
pɔp$_{7L}$	pɔp$_{7L}$	–	pɔ̱p	炭疽之类的病疫
kat$_{7L}$	–	–	ka̱t	量满后刮平
pit$_{7L}$	–	–	pit	黏
			bit	黏性物
–	pot$_{7s}$	po$_4$	pu̱ih	弹棉絮
–	pot$_{7s}$	pɯŋ$_6$	pu̱iŋ	射击、投掷
plot$_{7L}$	pot$_{7s}$	pot$_{7L}$	pu̱ik	脱、卸、解
–	pot$_{7s}$	pɔt$_{7L}$	po̱t	断
–	pŭt$_{7s}$	–	dut	断
–	pɔt$_{7s}$lɔt$_{7s}$	–	dɔt	短
–	pɛt$_{7s}$	–	peh	吐出
–	–	–	baik	吐、唾

8. ph^H：

T	XD	DD	W	词义
ph	ph	ph	ph	
无调号	无调号			
pha$_1$	pha$_1$	pha$_1$	phra̱、pha̱	岩
phi$_1$	phi$_1$	phi$_1$	phi̱	鬼
			Kmi：kvǐʔ$_{35}$	鬼
–	–	phɤ$_1$	phɤ̱	耙子
–	–	phɤ$_1$	phɤ̱	耙
–	phai$_1$	phai$_1$	pha̱i̱	快
phĭu$_1$	–	phiu$_1$	phru̱、phlu̱	吹
phiu$_1$	phiu$_1$、pheu$_1$	phiu$_1$	phi̱u̱	皮子、表层
–	–	–	pruʔ	被子
phɯn$_1$	phun$_1$	phɯn$_1$ phun$_1$	phɯ̱n	床、张、件

–	phɤn$_1$	phɤn$_1$	phɯn	桌子
–	phaŋ$_1$	phaŋ$_1$	phak	秤盘、灯盏之类
phŏŋ$_1$	phɔŋ$_1$	phɔŋ$_1$	mhɔk	粉末
–	–	–	phɔŋ	粉碎
–	phɤi$_1$	–	pruih	开放
pham$_1$	–	–	man	脾
pha$_3$	pha$_3$	pha$_3$	phruʔ	布、被子
phai$_1$、r'bai$_1$	–	phai$_3$	phrai	解小便、排泄
–	–	phɛu$_4$	phiauʔ	瓢
pha$_5$	pha$_5$	pha$_5$	pha	平分、伙种
pha$_5$	pha$_5$	pha$_5$	pha	掺、兑
–	–	phău$_5$	phau	现在
–	phau$_5$	phau$_5$	phrau	撒、播
phɛn$_1$	–	phan$_5$	phan	创造、经营
pho$_1$	pho$_5$	–	phuih	飞跃、扑
phon$_1$	phŭt$_{7s}$	–	–	
–	phŭt$_{7s}$	–	–	涌出、冒出
–	phan$_5$	–	–	经过
无调号				
–	–	phăt$_{7s}$	phat	念、读
phit$_{7s}$	phit$_{7s}$	phit$_{7s}$	phit	犯错误
phĕt$_{7s}$	phet$_{7s}$	phet$_{7L}$	praiʔ；phet	辣
–	phɔk$_{7s}$	phɔk$_{7L}$	phruah	洒、撒
–	phŭk$_{7s}$	–	phluah	洒、撒
–	phɛt$_{7s}$	phɛt$_{7L}$	phruah	洒泼、甩
phăk$_{7s}$	phăk$_{7s}$lɤn$_2$	phăk$_{7s}$lɤn$_2$	phak lɤn	水香菜
phuk$_{7L}$	phuk$_{7L}$	phuk$_{7s}$	phiɔk	捆、缚、束
phuk$_{7L}$	phuk$_{7L}$	puk$_8$	phuk	一部、一册
phat$_{7L}$	–	–	phlat	掠过、迅速而过
–	–	–	phat	驾驶
k'phrip$_{8s}$	phɛp$_8$	phɛp$_8$	khiap	眨眼、霎眼、一霎那

可以看到，现在傣语中高音组的 k、x、ts、s、t、th、p、ph，在泰语和佤语中相应地读为 k、kh、ts（或 tɕ、ʧ）、tsh（或 tɕh 、ʧh）、t、th、p、ph。傣语和泰语中为奇数调，佤

语中则为紧音。这种对应规律十分整齐，也十分明显，它和按巴利文字母排列次序，各语字母所应读的音也是一致的。

这些音，除了以后由于语音变化，所用少数字母，如字母 10 与 45，字母 15 与 38、49，字母 29 与 42 即 kh 与x、tsh 与 s、p 与ʔb，有所混淆之外，一般是应以字母 9、10；14、15、24、25；29、30 表示的，因此，我们认为，李方桂教授所作的构拟是对的：它们应为 k、kh；č（ʦ 或 ʨ、ʧ）、čh（ʦh 或 ʨh 、ʧh）、t、th；p、ph。

关于 kh 与 x，tsh 与 s、p 与ʔb，的问题，我们将在后面适当的地方加以详论。

下面，再看低音组。

由于这里碰到的问题稍为复杂一些，我们再把它们分为两组来加以讨论：一组是上述李、张二位已经有精当论述的字母 11、16、26、31，即不吐气的浊塞音（或塞擦音）；另一组是尚无详考的字母 12、17、27、32，即吐气的浊塞音（或塞擦音）。

先看不吐气的，它们与泰语、佤语中的对应关系如下：

9. k^L：

T	XD	DD	W	词义
kh	k	k	g	
无调号	无调号			
$khlai_2$	$kăi_2$	$kăi_2$	gai	苔藓
$k'la_2$、$kh'la_2$	$k'la_2$	ka_2la_2	ka la	洋人
–	–	ko_2	kɛ	裹、包
–	–	–	gɛ	包儿、包裹
$khap_8$	$ʔŭm_2$	$ʔom_6tsup_{7s}$	kum	含、衔
$khăm_2$	$kăm_2$	$kăm_2$	gum	语句
$khăm_2$	$kăm_2$	$kăm_2$	gum	一口、一句
–	kip_{7L}	kip_{7L}	ki̲p、rhi̲p	剪
–	–	kim_2	gi̲p	剪子
$khim_2$	kim_2	kim_2	s'giap	钳子
$khip_{8L}$	kip_8	kip_8	kiap	钳
–	$kɔŋ_2$	$kɔŋ_2$	gɔŋ	丘、山
–	–	$kɔŋ_2$	gɔŋ	佣钱、买卖成交用以作证的开支
–	$dɔi_1kɔŋ_2$	$kɔŋ_2lɔi_6$	gɔŋ lɔi	山峦
–	–	–	gɔŋ lua	山峦
–	$dɔi_1pu_2$	$kɔŋ_2lɔi_6mu_2$	gɔŋ lɔi mu	公明山
–	kui_2	–	s'gu	鳍
–	$kŭk_8$	kuk_8	s'gu	鬃
–	$kɛŋ_2$	–	s'grai̲ŋ	野姜

–	kɯn$_{2}$	kɯn$_{2}$	kɯih	兴旺
khrăi$_{6}$	kɤi$_{2}$	–	gaɯʔ	喜欢、爱
khrɯn$_{6}$	–	–	–	
khɔ$_{2}$	kɔ$_{2}$	ko$_{6}$	gɔ	棵、丛、簇
kha$_{2}$	ka$_{2}$	ka$_{2}$	–	枷
kha$_{2}$	–	–	gla	延搁、妨碍
kho$_{2}$	–	ŋo$_{2}$	–	黄牛
khwɛ$_{2}$	–	–	guɛh	支流、分流
khɔm$_{4}$	kɔm$_{4}$	kɔm$_{2}$	–	躬、曲身
khŏn$_{2}$	kon$_{2}$	kon$_{2}$	mɤŋ kon	人
–	kɔ$_{2}$	kɔn$_{4}$	kɔ ʔa̱n	那个人
–	–	kɛŋ$_{2}$	s’gra̱ k	绛、紫红
–	kɔ$_{4}$	ko$_{4}$	–	朋友
–	–	–	gɔ	帮助
kha$_{4}$	ka$_{4}$	ka$_{4}$	qɯ	生意
–	–	kan$_{4}$	–	塌皮、擦破皮
khɔ̆t$_{8s}$	kɔn$_{4}$	kɔn$_{4}$	kɔn	舀
–	–	–	gɔn	饭勺
khlăŋ$_{2}$、khluaŋ$_{2}$	–	kaŋ$_{4}$	kaŋ	房子、仓库；相当于乡的行政机构
khlɔŋ$_{4}$	kɔŋ$_{4}$	kɔŋ$_{4}$	klɔŋ	以绳索套兽畜
–	kɔŋ$_{4}$	–	glɔŋ	套子、圈套
–	–	kɔŋ$_{4}$	kɔk	以绳索背
–	–	–	gɔk	一背
–	kɔŋ$_{4}$kɔŋ$_{4}$ kɛŋ$_{4}$kɛŋ$_{4}$	–	klaŋ klɛŋ	徘徊
	kɔŋ$_{4}$ŋɔŋ$_{4}$ kɛŋ$_{4}$ŋɛŋ$_{4}$	ŋɔk$_{7s}$ŋɔk$_{7s}$ ŋɛk$_{7s}$ŋɛk$_{7s}$	gu̱ gɔ̱k gu̱ gɛk	弯弯曲曲
khɔi$_{4}$	kɔi$_{4}$	–	s’gɔi	衰败、衰弱
kha$_{6}$	ka$_{6}$	ka$_{6}$	ŋuah	价钱
–	ka$_{6}$	ka$_{6}$	ŋuah	贵
–	ku$_{6}$	ku$_{6}$	ku	双、对

–	ku$_6$	ku$_6$	ku	每、个
–	ku$_6$	ku$_6$	ku	配齐、齐全
–	kɔ$_6$	–	k'kɔ	僾尼族
khɔi$_6$	kɔi$_6$	–	kɔi	慢慢
无调号				
–	k'lat$_8$		tɕ'klat	滑倒、闪跌
–	–	pat$_8$ lat$_8$	tɕaŋ klat	滑倒、闪跌
–	kǒʔ$_8$	–	–	勾住、勾下
–	ŋok$_{7s}$	–	gok	钩
ŋok$_{8L}$	kɤk$_8$、kak$_8$	kaɚ ŋ$_6$	kauk	发愣、怔住
–	kǔt$_8$	kui$_4$	kɯih	拱、推、撬
khǒt$_{8s}$	kot$_8$	kot$_8$	kot	曲的、歪的、邪
–	–	kɤt$_8$	kit	砍、伐
khlɯ̌ŋ$_2$	–	kik$_8$	klɯik	研磨
khǒp$_{8s}$	kop$_8$	kop$_8$	gɔp	把双层的缝合在一起
–	–	kop$_8$	gɛp	偶数
–	kɔp$_8$	kɔp$_8$	klɛp	敷、贴
–	–	–	glɛp	衬布、垫肩之类
–	–	kɔp$_8$	gɔp	沾附
–	–	–	gɔp mauʔ	一种会吸附在石头上的鱼类
khip$_{8L}$	kip$_8$	kip$_8$	kiap	钳、夹
–	–	–	s'giap	钳子、夹子
–	–	kɛp$_8$	gɛp	夹篱笆的竹片
khǐt$_{8s}$	kɯt$_8$	–	kɤt	想、思考
–	kap$_8$	–	kap	御、接
khɔk$_{8L}$	–	ŋɔk$_{7s}$	kɔk	弯曲的
khǎp$_{8s}$	–	kap$_8$	s'gɔp、ghɔ̱p	紧、窄、狭
khrǒp$_{8s}$	kum$_3$	kum$_2$	grum	齐全、足数
khm̀'rǒp$_{8s}$	–	kum$_5$	–	齐全、足数
–	kum$_3$	kum$_5$	kup	够、足

10. ts^L

T	XD	DD	W	词义
tsh	ts	ts	dʑ	

无调号	无调号			
tshǒm$_2$	–	tsom$_2$	–	喜悦
tshǎn$_2$	tsěn$_2$	tsa˞ n$_2$	rɛh	陡峻、高峭
–	tsu$_2$	tsu$_2$	tɕu	同意
tsha$_2$	–	–	tɕha̠ʔ	茶叶
tshan$_2$	tsan$_2$	tsan$_2$	grai̠h	晒台、架子
tshai$_2$	tsai$_2$	tsai$_2$	–	男子
tshǐm$_2$	tsim$_2$	tsim$_2$	tɕim	尝
tshǐn$_2$	tsɯn$_2$	tsun$_2$	tsun、s'vun	铅
tshi$_2$	–	–	–ki	芫荽
tshum$_2$	–	tsum$_5$	grum	聚合
–	tsen$_2$	–	ʥeh	滤
–	tsɤŋ$_2$	–	tɕɤŋ	武术、拳术
tshɤŋ$_2$	–	–	ʥauŋ、tɕɤŋ	台脚、础石
–	–	–	tɕauŋ	脚
–	tsi$_2$	–	tɕi̠h	钻
–	tsi$_2$	–	ʥi̠h	钻子
–	tsɔm$_2$	tsɔm$_2$	ʥɔm	跟踪
tshǎi$_4$	tsǎi$_4$	tsǎɯ$_4$	tɕaɯ	使唤、侍候、差遣
tshɯa$_4$	tsɤ$_4$	tsɤ$_4$	tɕɤ	族类
tshɯ$_4$	–	–	tɕɤ	酵母
–	–	tsɔn$_4$	–	用勺匙舀
tshɔn$_4$	tsɔn$_4$	tso$_4$	tɕɔn	调羹、匙
–	–	–	ʥɔ	调羹
tshǎn$_4$	–	tsat$_8$	–	木架、梯子
tshǎn$_4$	tsǎn$_4$	tsǎn$_4$	ran	级、层
–	–	tsat$_8$	tɕat	级
tshɯ$_4$、tshɯn$_4$	–	–	–	潮湿
tshok$_{8L}$	–	–	tɕaɯʔ	潮湿
–	–	–	ʥaɯʔ	使潮湿
tshǎu$_4$	–	–	–	朝、早晨
–	tɕǎu$_4$	tɕǎu$_4$	tɕau	早

tshu$_4$	–	tsu$_4$	–	情人、姘头
–	–	tsɛŋ$_4$	tɕaiŋ	缝
	tsɔi$_4$	tsɔi$_4$	tɕɔi	四十两、一砣
tshuai$_6$	tsɔi$_6$	tsɔi$_6$	tɕɔi	帮助
tshm̀'ruai$_6$	–	–	–	同上
tshaŋ$_6$mai$_4$	tsaŋ$_6$măi$_4$	tsaŋ$_6$măi$_4$	tɕaŋ mai	木匠
tshaŋ$_6$lĕk$_{7s}$	tsaŋ$_6$lek$_{7s}$	tsaŋ$_6$ lek$_{7L}$	tɕaŋ lhe̲k	铁匠
tshaŋ$_4$lɔ$_5$	tsaŋ$_6$lɔ$_5$	tsaŋ$_6$lo$_5$	tɕaŋ lhɔ̲	筑造匠、犁头匠
tshua$_6$	tso$_6$	tso$_6$	dʑu	世、代、辈
tshăŋ$_6$	tsăŋ$_6$	tsăŋ$_6$	tɕaŋ	称
tshăŋ$_6$	tsăŋ$_6$	tsăŋ$_6$	dʑaŋ	秤
tshɯ$_6$	tsɯ$_6$	tsɯ$_6$	tɕɯ	名字
tshɛ$_6$	tsɛ$_6$	tse$_6$	tɕe	浸泡
–	–	tse$_6$	tɕe	城镇
无调号				
tshĕk$_{8s}$	–	tsɤk$_{7L}$	tɕɤk	支票、赊欠
tshŭp$_{8s}$	tsăm$_6$	tsup$_8$	tɕup、dʑup	浸
tshiap$_{8L}$、ŋiap$_{8L}$	–	–	–	沉寂
tshok$_{8L}$	tsok$_8$	–	–	运气
–	tsut$_8$	tsut$_8$	dʑut	缺乏、匮
–	–	tsat$_8$	tɕat	世、代
–	tsak$_8$	–	tɕiak	锄、铲
–	–	–	krak	铲、刮

11. t^L：

T	XD	DD	W	词义
th	t	t	d	
无调号	无调号			
thjɔi$_2$、thɔi$_2$	thui$_1$	–	s'do̲i	衔接、连接
th'jɔi$_2$	–	–	toi	接、连接
thɔ$_2$	tɔ$_2$	tɔ$_2$	-	织造
thɔŋ$_2$	tɔŋ$_2$	tɔŋ$_2$	tɔŋ	金属、铜
than$_2$	tan$_2$	tan$_2$	tan	布施、施舍

thiu$_2$	–	–	dia̱	一排、一列
–	–	–	tia̱	排列
thiaŋ$_2$	–	–	di̱ŋ	墙
–	–	tɔŋ$_2$	tɔŋ	记住、知道
thɔŋ$_2$	–	–	bla̱k tɔŋ	刺桐
–	–	tɤŋ$_2$	duŋ	水塘
-	tŭŋ$_2$	tuŋ$_2$	tuŋ	承、接
thăn$_2$	tăn$_2$、tɛn$_2$	–	tɛn	得闲、有空
–	tom$_2$	–	dum	泡
p'thu$_2$	–	–	tuh、s'duah	裂开、爆发
thai$_4$	tai$_4$	–	–	末、最后
–	–	–	s'da̱ʔ	尾巴
theŋ$_4$	–	–	taiŋ	扔、掷
thɛ$_4$	tɛ$_4$	te$_4$	te te	真实
–	tɔ$_4$	to$_4$	tɔ	搬运
–	–	tɤ$_4$	taɯ	一起、一块
–	taŋ$_4$	taŋ$_4$	daŋ	田埂上的流水口
thɔ$_6$	tɔ$_6$	to$_6$	dɔ	水槽
thuam$_6$	–	thum$_3$、thom$_3$	thom	淹没
thăŋ$_6$	–	tăŋ$_6$	dum	铁砧
–	–	tăŋ$_6$	daŋ	可搁放东西于其上的物或地方
thua$_6$	–	to$_6$	to	完全的、普遍的
thi$_6$	ti$_6$	ti$_6$	dɯ、	地方、处
thi$_6$ni$_6$	ti$_6$ni$_5$	thăi$_3$、ti$_6$lăi$_4$	ti̱n、t'niʔ	这里
thi$_6$năn$_6$	ti$_6$hăn$_3$	thăn$_3$、ti$_6$lăn$_4$	ta̱n、t'nɔʔ	那里
thɯ$_6$、thɯa$_4$	–	–	dɤʔ	愚鲁、鲁钝
thŭŋ$_6$	tŭŋ$_6$	toŋ$_6$	toŋ	田畴、坝子
thŭn$_6$	–	–	duan	节省
无调号				
–	–	tɔp$_8$	–	间、小屋一间
thăp$_{8s}$	tup$_{7L}$	–	s'dup	茅屋、偏厦

thŭp$_{8s}$	tŭp$_8$	–	tup	捶、打
thŭk$_{8s}$	tok$_8$	–	tuk	艰难困苦
thiap$_{8L}$	tɛk$_8$	tɛk$_8$	tiak	比较、量、衡量
–	–tɛk$_8$	–tɛk$_8$	diak	尺度、标准、则
–	–	tăp$_8$	tap	碉堡、阵地
–	tɯk$_8$	tɤk$_8$	dɤk	尽头、到底
–	tɯk$_8$	tɤk$_8$	taɯk	正、才
–	tăʔ$_8$	–	tɛ	挡、遮堵
–	–	–	dɛ	遮挡之物
–	tĕʔ$_8$	–	teh	熟透
–	tɛp$_8$	–	tɛp	紧贴、盖
–	–	tɛp$_8$	dɛp	薄平可紧贴之物
thrap$_{8L}$，sap$_{8L}$	–	–		悉、知道

12. p^L:

T	XD	DD	W	词义
ph	p	p	b	
无调号	无调号			
pha$_2$	pa$_2$	pa$_2$	vɛʔ	带
–	–	păɯ$_2$	bɯ̱	戴、披、挂
–	pɔi$_2$	pɔi$_2$	pɔi	宗教盛会
phlɔi$_2$	–	pɔi$_2$	plɔi	米珠
–	–	pum$_2$	pu̱m	堆
–	–	–	bu̱m	堆儿
–	–	pom$_2$	bɤm	秃、钝
–	peŋ$_2$	peŋ$_2$	s'beŋ	平、齐
–	puŋ$_2$	puŋ$_2$	puŋ	薄铁皮桶
kr'phɔŋ$_2$、k 'phɔŋ$_2$	–	–	s'ba̱u̱ŋ	房内或车上木架
–	pu$_2$	–	mu	山
–	pu$_2$dɔi$_1$pu$_2$kɔŋ$_2$	–	–	高山峻岭
–	–	lɔi$_6$ mu$_2$	gɔŋ lɔi mu	公明山，佤族认为最高的山
–	păn$_2$	–	pua̱	包裹、卷
–	–	–	bua̱	

–	pan$_2$	–	ba	锣
phŏn$_2$、phɔn$_2$	bŭn$_2$	mon$_6$	bo̲n、bu̲a̲n	福、福气
phrai$_2$	–	–	bai	泡沫
phrăn$_2$	–	–	bu bram	纷纷
phluaŋ$_2$	–	–	brak	锑
prăk$_{7s}$	–	–	–	银
lĕn$_2$	min$_2$	men$_2$	bruiŋ	虱子
–	laŋ$_2$	maŋ$_2$	blah	有些
phlu$_2$	pu$_2$	pu$_4$	blu	槟榔子
phɔŋ$_2$	pɔŋ$_2$	pɔŋ$_2$	pɔŋ	膨胀大如水泡状
–	–	pɔŋ$_2$pi$_1$	blaɯŋ	尿脬
ph'ʔŏŋ$_2$	–	–	bo̲ŋ	单柱梯、梯
ph'wŏŋ$_2$	–	–	bioŋ	思念、怀念
phăn$_2$	făn$_2$	făn$_2$	s'mɛ	种子
phăn$_2$	ven$_2$	vɛn$_2$	vɛn	缠、缚
măt$_{8s}$	măt$_8$	măt$_8$	mat	缚、捆、扎
măt$_{8s}$	măt$_8$	măt$_8$	mat	一扎、一小把
phai$_2$	vai$_3$、fai$_2$	vai$_3$、fai$_2$	vai	划船
phi$_2$	pi$_2$	pi$_2$	bɯ	肥
phi$_2$	pɤ$_4$、pɤʔ$_8$pɤʔ$_8$	–	bɯ	油腻
măn$_2$	măn$_2$	măn$_2$	bɯ	油脂
phrău$_2$	–	ma$_2$、ta$_5$	brɛ、bra	餐、顿
phleŋ$_2$	–	–	le̲ŋ	歌
–	–	–	le̲ŋ	对歌的情人、伶
phian$_2$	–	–	ri̲a̲n	勤勉
phrɛ$_2$	phɛ$_2$、hɛ$_2$	phe$_2$	pre	绸、丝织品
phrăi$_2$	hăi$_6$	hăi$_6$	breʔ	旱地、丢荒地
–	–	hɤ$_4$	–	荒野
phrăi$_2$ phăi$_2$răt$_{8s}$ （ไพรช）	–	–	praiʔ	外面的、在外的
–	pɛ$_4$	pe$_4$	peʔ	赢、胜

phĕʔ$_{8}$	pĕʔ$_{8}$	pe$_{4}$	peʔ	羊、山羊
–	pui$_{2}$jui$_{2}$	pu$_{4}$	pu	毛氄氄的
–	pɔ$_{4}$	po$_{4}$	paɯh	击、打、敲、杀
–	–pɔ$_{4}$	–po$_{4}$	–baɯh	用以敲击的，如洗衣杵
–	–	pɤ$_{4}$	–	甜
–	păi$_{4}$	păɯ$_{4}$	paɯ	守
phăn$_{2}$	–	pan$_{4}$	–	挂、碍、牵挂
phɯn$_{4}$	pɯn$_{4}$	pun$_{4}$	–	桶底、鞋底、屋基
–	–	–	pɯn	鞋底
–	–	–	guan（g’vɛh）	桶底
–	–	–	guaŋ	屋基
			(viaŋ、biaŋ)	
–	păi$_{4}$	păɯ$_{4}$	mun	媳妇
phŏn$_{4}$	pŭn$_{4}$	pon$_{4}$	blon	超、过份、多给
lŏn$_{4}$	lŭn$_{4}$	lon$_{4}$	luan	逾、已过
phrɔm$_{4}$	phɔm$_{4}$	phɔm$_{4}$	brɔm	相偕、一并
phrăi$_{6}$	–	–	rai	百姓、人民
ˈ	ˈ			
–	–	poi$_{6}$	bɯ	插、戴
–	–	pɔm$_{6}$	–	仗势、恃权
–	–	–	s’brɔm	势、威权
–	–	pɛn$_{6}$	bia̠	簸盖、簸箕
–	–	pɛn$_{6}$	ble̠ʔ	伸出
–	pɔŋ$_{6}$	pɔŋ$_{6}$	prɔŋ	商议、判
–	pui$_{6}$hui$_{6}$	–	broih	衣物破烂之状
phrɛ$_{6}$	phɛ$_{6}$	phe$_{1}$	pre	散布、发展、繁衍
无调号				
phăt$_{8s}$	păt$_{6}$、fat$_{8}$	păt$_{8}$	vu vet	拂、搧
phăt$_{8s}$	–	–	–vu vɛt	扇子
phŏk$_{8s}$	pɔk$_{8}$	pɔk$_{8}$	pɔk	返、返回
–	pɔk$_{8}$	pɔk$_{8}$	bɔk	次、回、趟
–	fɛt$_{8}$	pɛt$_{8}$、vut$_{8}$	vut	丢、扔、抛弃
–	–	put$_{8}$	plut	接替
–	pɔʔ$_{8}$	–	–	串、枝、束

–	$pɔ_4$	–	–	一捆
–	$pɔ̆ʔ_8jɔ̆ʔ_8$	–	brɔ	束、细枝
–	$pɤʔ_8pɤʔ_8$	–	–	油腻腻的
–	$pɤ_4$	–	bɯ	油脂
–	pak_8	–	buk	舀勺
–	–	–	puk	舀
$phăt_{8s}$	$păt_8$	kat_{7L}	–	刮平
$phăt_{8s}$	$păp_8$、$pɔp_8$	–	–	本
–	$pɯt_8$	–	pŋ'pɯt、paŋ pɯt	倒翻过来、翻
$phŏn_8paʔ_{8s}$ phap$_{8L}$	pop_8	–	s'buk	碰上、遭遇
ph ɔ p_{8L}	pok_{7s}	pok_8	–	包、捆
ph ɔ p_{8L}	pok_8	pok_8	bok	包袱、褡裢
$khat_{8L}$ (ฆาต kh'mat$_{8L}$)	–	–	paɯh	杀戮、宰
kha_6 (ฆ่า kh'ma$_2$)	xa_3	xa_3	paɯh	杀戮、宰

可以看到，现在傣语低音组的k、ʦ、t、p，在傣语中一般读为kh、ʦh、th、ph，在佤语中一般读为g、ʥ、d、b，傣语和泰语中为偶数调，佤语中则为松音。这种对应关系，一般来说，也是比较整齐、比较明显的。例外的情况，如：一、有一些词，在佤语中不是读为浊音，而是读为清音；二、有一些词佤语中不是读为松音，而是读为紧音。但是，这种例外不是很多，而且也还可以找到解释。即，关于第一点：佤语中读为清音的，在我国的其他孟高棉语中，仍可见到是读为浊音的（见注）；关于第二点：佤语中读为紧音的，一般是与前缀的脱落或辅音韵尾的变化有关（见后）。因此，这些例外的情况，实际上并不影响我们所注意到的上述对应规律。

这些音，即傣语低音组的 k、ʦ、t、p，一般是以老傣文字母 11、16、26、31 表示的。因此，对于这些字母，我们赞同李方桂教授的构拟，即：它们应为*g、*j（ʣ 或 ʥ、ʤ）*d、*b。

下面，再看吐气的，这一组的问题比较复杂。因为，如前所述，童玮、巫凌云二位同志都注意到了，并且论证了字母 11、12；16、17；26、27；31、32 是与巴利语的g、gh；j、jh；d、dh；b、bh 对当的，但是，对于它们的实际读音，却是各有其说。

就我们所知，他们二位的文章都是在没有见到李、张二位构拟和论述之前写的。在当时，尽管我们倾向于同意巫的说法，但是，我们认为童说显然也是有道理的。因为，可以打个简单的比方：现在傣语和泰语中都没有 tṣ、tṣh 这两个音，汉语中以 tṣ、tṣh 为声母的字，借入傣语后一般读为 ʦ、s，泰语则为 ʦ、ʦh。显然，傣语的 ʦ、s，泰语的 ʦ、ʦh，跟汉语的 tṣ、tṣh 无疑是对当的。几百年后，如果人们没有其他有力的论据，是否可以单凭这样的一种对当关系来判定现在的傣语和泰语是有 tṣ、tṣh 的呢？

李方桂、张均如二位的论著发表之后，解决了 g、ǰ、d、b 的问题，亦即字母 11、16、26、31 的问题。这样，这八个字母中的半数的问题倒是解决了，另外的半数问题却使人感到更加难办了。

因为李、张二位都是研究台语的专家，特别是李方桂教授更是语言学界知名的前辈权威，他们显然都知道，泰语和傣语中还有分别以字母 ฆ、ฌ、ธ、ภ 和 ᨥ、ᨫ、ᨵ、ᨽ表示的，与 g、ǰ、d、b 等低音组不吐气音相对的低音组吐气音的，可是他们对这些音，均无构拟，也无论述。十分明显，他们的意思是：这些字母也是像老傣文字母中的 19、20、22、23、40 以及泰文中的某些字母一样，是专为拼写巴利语而保留的字母。也就是说，原始台语（包括老傣文和泰文字母中所反映出来的傣语和泰语之原始读音）中是没有存在过如巴利语的 gh、ǰh、dh、bh 之类的音的。李方桂教授的这一看法，也可以在其所著《上古音研究》（1971）中得到证明。因为他把他对台语语音的这一看法，也扩大到了对汉语上古音的研究，从而否定了高本汉等人为古汉语构拟的 gh、ʥh、dh、bh 之类吐气浊塞音。

可是，童、巫二位都指出了：自然，懂泰文和西双版纳老傣文的同志都知道，泰文和老傣文中的这些字母，并不是专为拼写巴利语设计的。以老傣文字母 12、17、27、32 来说，他们两位现在争论的是：这些字母的原始读音，是像巴利语一样，读 gh、jh、dh、bh 呢，抑或是象现在的傣语一样，读为x、s、t、p 呢？

现在，我们从我国的孟高棉语中找材料来论证这个问题，首先碰到的困难是，我们可以找到的能与用老傣文这类低音组的字母拼写的字对得上号的词很少。不得已，我们只好改变方法。因为，在我国的孟高棉语中，有一些语言是有 gh、dʐh、dh、bh 这类音的，我们就来寻找，它在傣语、泰语中有无相当的？傣语和泰语中是怎样读的？这样倒是找到了一些。如下所列：

13. gh：

T	XD	DD	W	词义
			gh	
–	xǎn$_1$	xǎn$_1$	gha̱	税、租、小黄
r'kha$_2$(ราคา)	ka$_6$	ka$_6$	ŋuah	价格
khaŋ$_5$	–	xaŋ$_5$	gha̱ŋ	陀螺
khaŋ$_1$		xaŋ$_1$	kha̱ŋ	铸铁
khua$_1$	xo$_1$	xo$_1$	–	桥
–	–	–	s'gho̱	沧源地名，贺可，意为桥头

–	–	–	ro kho	沧源地名，小贺可，意同上
r'nɛŋ$_2$	xɯŋ$_1$	xɯŋ$_1$	ghrɯ̱ŋ	筛
d'krɛŋ$_1$	xɯŋ$_1$	xɯŋ$_1$	ghrɯ̱ŋ	筛子
hăm$_3$	hɛm$_1$	hɛm$_1$	ghria̱m	椎击、扑杀
khŭn$_5$	xŭn$_5$	xun$_5$	s'gu̱	混浊
khĭŋ$_1$	xiŋ$_1$	xiŋ$_1$	s'gi̱ŋ	姜
krian$_4$	xui$_3$、kui$_3$	xen$_3$	ghle̱	窳、勚
–	lăʔ、lɔn$_3$	lun$_1$、lɯn$_1$	ghu̱n	塌皮
–	xui$_5$	–	s'ghlu̱	竹管哨、哨子
suam$_3$、sruam$_1$、suam$_1$	–	–	kɔm	搂抱
san$_1$（ศาณ）		–	ga̱n	苎麻
sau$_3$、srau$_3$ (เศรา 读为 เศา)	–	–	krɔʔ	忧郁，憔悴
thr'hɯŋ$_1$	hɯŋ$_1$	hɯŋ$_1$	rhɯ̱ŋ	久
–	–	–	ghrɯ̱ŋ	这么久
suŋ$_1$	suŋ$_1$	suŋ$_1$	lha̱uŋ	高
–	–	–	ghla̱u ŋ	这么高
khak$_{7L}$	xak$_{7L}$	xak$_{7L}$	gha̱k	喀痰
–	xi$_3$tɤ̆ʔ$_8$	–	gha̱k	痰
khut$_{7L}$	xut$_{7L}$	xut$_{7s}$	khu̱t	刮
–	–	–	ghu̱t	刮板
–	xɔt$_{7L}$、xɔ̆ʔ$_{7s}$	xɔt$_8$	khɔ̱t	刮
–	–	–	ghɔ̱t	刮子、如瓜刮子
khlat$_{7L}$、khjat$_{7L}$	–	–	lha̱t	害怕
–	–	–	ghla̱t	使害怕、吓
s'lăk$_{7s}$ (สลัก 读:สะหลัก)	xɔk$_{7s}$	xɔk$_{7s}$、xɔk$_{7L}$	ghlɔ̱k	镂刻、雕刻
s'lăk$_{7s}$	săk$_{7s}$	xăk$_8$	ghlɔ̱k	级、梯级、格
sm'lăk(สำลัก)	–	–	ghlɔ̱k	呛
–	–	kɔk$_{7s}$、kăk$_{7s}$、xak$_{7L}$	glɔ̱k	敲、吃栗暴
kr'dɔŋ$_1$	kɔk$_{7s}$ kɔk$_{7L}$	kɔk$_{7s}$、xak$_{7L}$	s'grɔ̱k	壳、茧
kr'tsut$_{7L}$(กระจูด)	–	xɔn$_1$	s'grɔ̱t	莞、蒲草

khwăn$_{6}$	lǔm$_{4}$	lom$_{4}$	ghru̱p	倒霉、垮
–	xɔm$_{3}$	xɔm$_{3}$	glu̱p	翻车、复舟
–	xɔm$_{3}$	xom$_{5}$、ŋup$_{7s}$	gu̱p	趴、俯伏
sɔ$_{1}$、khɔ$_{2}$(สอ、คอ)	xɔ$_{2}$	xo$_{2}$	gho̱k	颈
lip$_{8L}$、tip$_{7L}$	–	hap$_{7L}$	ghri̱p	秕、瘪
fĭp$_{8s}$	–	fap$_{8}$	di̱p	瘪、扁的
hip$_{7L}$	–	–	–	压榨
–	xɛm$_{4}$	ki̱p$_{7s}$	ki̱p、rhi̱p	剪
–	mit$_{8}$sɛm$_{2}$	kim$_{2}$	gi̱p、ghri̱p	剪刀
khip$_{8L}$	–	hip$_{7s}$、hip$_{8}$	kiap	箝、夹
khim$_{2}$	–	–	s'giap	箝子
–	k'kip$_{8}$	kip$_{8}$	ki̱p	夹住
kip$_{7L}$	kip$_{7L}$	kip$_{7s}$	gi̱p、ghi̱p	蹄
khăp$_{8s}$、tip$_{7L}$	xɛp$_{8L}$	hip$_{7s}$	s'ghia̱p	狭窄
s'răʔ$_{7s}$、săʔ$_{7s}$	săk$_{8}$	săk$_{8}$	s'ghra̱h	洗、濯、淘洗
r'rɔn$_{6}$	–	–	ru̱ rha̱h	洗、濯、淘洗
rɔn$_{6}$	–	–	ru̱ ra̱h	洗、濯、淘洗
khram$_{2}$	xam$_{2}$	xam$_{2}$	kram	蓝靛
sam$_{1}$	–	sɔm$_{5}$	–	深蓝色、黑色
khăm$_{6}$	xăm$_{6}$	xăm$_{6}$	sɔ̱m	夕、晚上
khŭn$_{3}$	xɯn$_{3}$	xɯn$_{3}$xoi$_{1}$	ghɯ̱n	上升
–	xɯn$_{3}$xɤi$_{1}$	xɯn$_{3}$xoi$_{1}$	kɯn khɤ̱i	上门、入赘
khrău$_{6}$、său$_{1}$	său$_{1}$	său$_{1}$	–	柱、杆
său$_{3}$	său$_{3}$	său$_{3}$	s'gu	竿
khrăn$_{6}$、san$_{3}$	sɛm$_{5}$、săn$_{3}$	săn$_{5}$	graɯŋ	战栗、畏悚
sjɛŋ$_{1}$	–	–	s'ja̱ɯ̱ŋ	战栗、畏悚
khrau$_{6}$	–	sau$_{5}$	–	模糊
khrăt$_{8s}$、khriat$_{8L}$	săt$_{8}$、sɛt$_{8}$	săt$_{8}$	s'niat	紧、使紧
sɔk$_{7L}$（ศอก）	sɔk$_{7L}$	sɔk$_{7L}$	–	肘
	–	–	ghlɔ̱k tɕu̱ʔ	胭
sɔk$_{7L}$	sɔk$_{7L}$	sɔk$_{7L}$	sɔ̱k	一肘之长、约半公尺
săt$_{7s}$	–	–	–	祭祀节
(ศรัท 读为 สัด)				
sri$_{1}$m'kŭt$_{7s}$	–	–	khri̱、si̱	黄金

(ศรีมกุฎ)				
–	xɯt$_{7s}$	xɯt$_{7s}$	ghɯ̱t	追上
set$_{7L}$(เศษ)	sak$_{8}$	sak$_{8}$	siak	残余、碎屑
sɔ̆ʔ$_{7s}$	sɔ̆ʔ$_{8}$	sɔk$_{8}$	sɔk	找寻
kr'sĭʔ$_{8s}$(กระซิ)	–	–	grɯʔ	挪动、靠拢

14. dʑh

T	XD	DD	W	词义
			dʑh	
khji$_{3}$、si$_{1}$	si$_{1}$	si$_{1}$	si̱	磨、擦、刷、锯
–	–	–	su̱ si̱	摩擦、刷刷、锉锉
si$_{1}$	–	–	–	磨子、砻子
–	–	–	dʑhi̱、dʑhiu̱	锯子
sĭu$_{5}$	siu$_{5}$	siu$_{5}$	dʑha̱i̱k	凿子
–	siu$_{5}$	–	sa̱i̱k	凿
si$_{3}$、tshi$_{4}$、tshi$_{6}$	ja$_{1}$si$_{1}$	ja$_{3}$si$_{1}$	–	墨齿药
	–	–	mau̱ʔ si̱	墨齿时，擦药用的竹片之类
tshi$_{4}$	tsi$_{4}$	tsi$_{4}$	tsi	指
nĭu$_{4}$tshi$_{4}$	neu$_{4}$tsi$_{4}$	leu$_{4}$tsi$_{4}$	gia̱n tsi	食指，常用来指这指那的手指
tshi$_{4}$	–	–	dʑhi̱	示、指示
r'tsha$_{2}$(ราชา)	sɯ$_{6}$	sɯ$_{6}$	sɯ	直
sɯ$_{6}$	sɯ$_{6}$	sɯ$_{6}$	sɯ	诚实、正直
–	–	–	sɯ̱	事端、纠纷
–	sui$_{6}$	–	dʑhu̱ih	以拳头、手捶、捅
–	–	–	dʑhu̱a̱i̱h	以木锤、锄头之类捶、打
–	kui$_{2}$	–	–	拳头
–	–	–	dʑo̱ih	肘
–	–	sui$_{1}$	–	搡
–	sɯŋ$_{2}$	–	s'dʑhu̱ŋ	连绵不断、经常
tsham$_{2}$	săm$_{3}$	săm$_{2}$	–	扎、刺、栽种
–	sɔm$_{3}$	sɔm$_{3}$	su̱m	栽种
–	–	–	dʑhu̱m	栽种

tshaŋ$_4$	–	tsaŋ$_4$	sa̱ŋ	象
jǎn$_2$	jɛn$_1$	jǎn$_6$	ʥhha̱n	支持、支撑
–	jɛn$_1$	jǎn$_6$	ʥha̱n	蹬
–	–	jǎn$_4$	ʨhu̱ ʨhia̱n	使劲蹬踏
–	jen$_1$je$_5$、jɛn$_1$je$_5$	–	ʥha̱n ʥhe̱	踮
–	han$_3$	–	–	踮
–	sǎu$_5$	sǎu$_5$	ʥha̱ɯh	风箱
sap$_{7L}$ (ศาป 读为 สาบ)	–	sǎu$_5$	ʥha̱ʔ	诅咒、咒骂
–	xwan$_2$	–	ʥho̱m	性、性格、内涵
sǔm$_5$	sǔm$_5$	sum$_5$	ʥhu̱p、ʥu̱p	鱼罩、鸡罩、可罩的器物
–	–	sum$_5$	ʨu̱p、ʨhu̱p	罩
s'nǎp$_{7s}$(สนับ)	–	–	ʥhu̱p 、 ʥhɯ̱p	戒指、顶针、可套之物
sop$_{7s}$	sop$_{7s}$	sop$_{7L}$	ʥhɯ̱ih	嘴
–	–	–	ʥhɯ̱p ʥhu̱p	烟嘴儿
–	sǔp$_{7s}$	sup$_{7L}$	ʨhu̱p	套、套穿、戴
sat$_{7L}$	sat$_{7L}$	sat$_{7L}$	ʥha̱t	篾笆、箦
–	–	–	sa̱t	打紧、如编席时
–	jup$_{7s}$、jip$_{7s}$	–	ʥho̱p	握、抓拿
–	–	–	ja̱h	解开
–	ja$_5$	–	ʥha̱h	自解、松散
siat$_{7L}$			sɯ̱t	刺入、卜鸡卦时以竹篾插入鸡股骨
sian$_3$			ʥhɯ̱t	竹签，佤语特指卜鸡卦用的竹签

15. dh

T	XD	DD	W dh	词义
thǔŋ$_1$	thǔŋ$_1$	thoŋ$_1$	dho̱ŋ	袋、背袋
thǎi$_3$	–	–	–	缠腰袋
thǎi$_5$	–	–	ta̱uh	赎
tham$_1$(ถาม)	tham$_1$	tham$_1$	–	探问

tham$_2$(ทาม)	them$_5$	–	–	勘查、探查
thăm$_2$ (ธรรม 读 ธัม)	thăm$_2$	thăm$_2$	tham	佛法、经文
thɛp$_{8L}$(แทบ)	–	–	deʔ	殆将
thɯ$_6$、thɯa$_4$ (ทื่อ、เทื้อ)	–	–	dɤʔ	愚钝的
thuam$_6$(ท่วม)	thom$_3$	thom$_3$	thom	淹没
–	thu$_5$	thu$_5$	thu、dhu	箸
thua$_5$	tho$_5$	tho$_5$	–	豆
sn’than$_1$、thɛn$_6$ (สันถาร、แทน)	sn’than$_1$、than$_3$ ([illegible])	–	–	座、承座
	tɛn$_6$	thin$_5$	thin、dhin	座、承座
su$_1$tha$_2$(สุธา)	–	–	–	仙水、法水
–	–	–	s’dah	药
thɔŋ$_5$	–	–	s’dɔŋ	明显、清楚
–(ถ่อง)		thăp$_5$	thoʔ	封闭、堵塞
–	–	–	dhoʔ	塞子
–	–	thut$_8$	thut	誊写
–	–	thɔk$_8$	thɔk	腾出、倒空

16. bh：

T	XD	DD	W	词义
		bh		
–	–	maŋ$_2$phău$_1$	s’bau	花面狸、俗叫破脸狗
phu$_6$(พู่)	–	–	bhu	坠子、缨、绣球花状的
–	pɛn$_1$、mɛn$_2$	pɛn$_6$、mɛn$_2$	bhlian	露出、突出
–	phɔn$_2$	–	bhlɔt	脱落
–	phɯn$_2$	–	bhɯik	解开、自解、自脱
–	pot$_{7s}$	–	pɯik	脱
–	pot$_{7s}$	–	pɯih	弹棉花
–	pot$_{7s}$	–	pɯiŋ	打、射击
–	phău$_1$	phău$_1$	bhrau	焚、烧大火
–	phau$_5$	phau$_5$	phrau	撒，如撒包谷喂鸡
phoàn(พ่น)	phu$_5$	phu$_5$	phrɯih	喷，用嘴喷水
phai(ผาย)	–	phai$_3$	phrai	排泄，解大、小便

phŏŋ$_{1}$(ผง)	phŭŋ$_{1}$、phɔŋ$_{1}$	–	mhɔ̱k	粉末
–	–	–	phɔ̱ŋ	粉碎
phɔn$_{5}$(ผ่อน)	–	–	bhɔ̱	放松、减轻
–	lɔ̆ʔ$_{7s}$lɔ̆ʔ$_{7s}$	–	bhlu̱a̱	松垮垮的
fan$_{1}$(ฝาน)	fan$_{1}$	fan$_{1}$	bhɔ̱i̱k	削
–	phɔt$_{7s}$lit$_{7s}$	phăt$_{7s}$	bhɔ̱i̱k	修、削
phu$_{2}$(ภู)	pu$_{2}$	–	–	山、阜
–	–	phɤ$_{3}$	bhɯ̱t	褪色
–	phăt$_{7s}$	–	ba̱ʔ、bha̱ʔ	约、邀
phut$_{8L}$(ภต、พูด)	–	–	–	鬼魂
phat$_{8L}$	–	–	bha̱ɯ̱ŋ	风
–	phɯt$_{8}$phɯt$_{8}$	–	–	风声
phaàt$_{8s}$	păt$_{8}$	–	–	刮风
s'phăi$_{4}$(สะไภ้)	păi$_{4}$	păɯ$_{4}$	mun	媳妇
phat$_{8L}$ (ภาษ 读为 พาด)	phat$_{7L}$	phat$_{7s}$	pha̱t	念、诵、讲述
phan$_{2}$ (ภาณ 读为 พาน)	–	–	pha̱t	念、诵、讲述
phŭt$_{8s}$ (ภุส 读为 พด)	–	–	vhi̱t	秕、瘪谷、谷壳
–	–	–	bhɯ̱ik	蜕、壳
phat$_{8L}$	–	–	bha̱t	光明、明朗
–	–	–	bha̱ŋ	明朗

从上可见，傣语中与佤语中的gh、dʑh、dh、bh相应的分别是：

1.低音组的x、s、th、ph；

2.低音组的k、ts、t、p；

3.高音组的x、s、th、ph。

其中以第三类较为常见。

这样，就使我们有理由认为台语中是存在过跟g、ǰ、d、b相对的吐气音，即gh、ǰh、dh、bh的。具体到傣语，它们就是字母12、17、27、32所表示的那些音。因为：

首先，从声调的角度来说，前面我们曾提到童玮同志的说法，他认为老傣文用同一音位分高低音组字母以及阴、阳调类与巴利文字母的清浊对当，是一种十分巧妙而又非常恰当的安排。我们认为，这种说法，如果光就傣语来说，也就是说，不与其他有关的语言比较，是说得通的。但是，如果与其他有关语言比较，诸如与老傣文非常接近的泰文、老挝文等一比较，便觉得不大说得通了。因为，拿老傣文来说，现在的高、低音组各三个声调的调值是不相同的，我们还勉强可以说，老傣文的设计者“别具匠心”， 把高、低音组的不同声调，诸如高音组55调跟低音组的41调，用同一个调符处理；其他如高音组的35调跟低音组的33调、高音组的13调跟低音组的11调，也分别用一个符号处理。但是，在泰文和老挝文中，这种传统的用三个调符（包括一个不标调的）区分的高（中）、低音组各三个声调，它们现在的调值，有的已经混同了。像泰文中原以调符 ้ 表示高、中音组的第三调，跟原来以调符 ่ 表示的低音组第二调，以及不标调的低音组长入声（按泰文传统的标调法，也应算为第一调），都念成41；原以调符 ้ 表示的低音组第三调，则跟不标调的低音组短入声（也应算为第一调）一样，念成了55调。也就是说，原来是用相同的调符表示的声调，现在的调值不一样；原来是用不同调符表示的声调，现在的调值却是一样，如果说这也是泰文设计者原来的“安排”，人们就很难想象，这样安排的“匠心”是怎样想出来的了！

所以，我们认为，较为合理的解释应该是：老傣文字母的高、低音组以及阴阳调类之分密切对合，这并不是设计者在几百年前所作的什么巧妙安排，而是这些高音组字母的原来读音就跟巴利语的清音一样，这些低音组字母的原来读音就跟巴利语的浊音一样。后来，由于傣语语音的发展，也跟汉语以及我国其他的汉藏语一样：原来的声母清浊之分转而为调类的阴阳之别，这样，才出现了我们现在见到的这种“十分巧妙而又非常恰当的安排”现象！在这里，我们以为童玮同志注意到老傣文中声母清浊与声调阴阳之间的这种微妙对当关系，对于我们很有启发，但是他在解释这一现象时，却似乎是倒果为因了。

这样，接着而来的推论也就可以想知：现在，李方桂教授等已经证明了泰文——以及不言而喻的老傣文中的这些低音组不吐气，应为g、ǰ、d、b，这样，与之相对的低音组吐气音，如果不是gh、ǰh、dh、bh，又会是什么呢？如果不是gh、ǰh、dh、bh，对于上述老傣文，以及泰文、老挝文等中声调与声母的这种错综复杂的规律性变化现象，人们又该怎样解释呢？

其次，从上面我们所列的几种对应关系来看，尽管第一类情况，即傣语低音组的x、s、t、p，跟佤语的gh、ʥh、dh、bh对应的情况不多，但它毕竟还是有！

按照字母12、17、27、32在按巴利语音系排列的字母表上地位来分析，第一类对应关系应该是多些，或者说，应该是一种普遍的现象，但是，现在的情况却是如上所列，而且是以第三类对应关系为多，这究竟应该怎样解释呢？

我们以为，这种情况可以这样解释，即：

傣语——或者说，台语，原来应有gh、ǰh、dh、bh这一类音，但是后来，由于语音的演变，除了前述声母的清浊之分，转为调类的阴阳之别这种大家比较熟悉的变化之外，在傣语以及泰语中，还有一些则是并入了g、ǰ、d、b或kh、čh、th、ph。

这样的变化，在我们上面所列的比较字中，还是可以找到一些消息的：

譬如说，泰文的 พ 相当于老傣文的如说ᨻ，ภ 则相当于老傣文的ᨽ，前者应为*b，后者应为*bh，在傣语中，前者现在成了低音组的p，后者，现在成了低音组的ph，在泰语中则两者均成了低音组的ph。从泰语现在读音来看，两者完全是一样的了，但是在文字上，它们仍保持着原来的不同写法，在《泰华大字典》里，还有不少字，文字上写作 ภ，而读音则注为 พ的，这就很明显地说明了*bh 之并入了*b。

不但如此，像“阜” 泰文写作 ฏ，读为 phu_2，泰语现在读为 pu_2，也很明显说明了*bh 之并入了*b。

再如我们所列的“15.dh”一项下有三个字，即袋、箸、豆，我们认为应是汉语的借词或同源词，按董同龢《上古音韵表稿》的构拟，它们的声母，古读应为*dh，但是在我们所比较的这几种语言中，现在的读音却是：

T	XD	DD	W	词义
$th\breve{a}i_3$	-	-	-	袋
-	thu_5	thu_5	thu 、dhu	箸
$thua_5$	tho_5	tho_5	-	豆

这就很明显地说明了*dh 之并入了*th。

说到这里，我们不希望对上述的佤语 gh、ʥh、dh、bh 之较多地与傣语的高音组的 x、s、th、ph 对应，提出一点猜测性的解释：我们认为，它或许可能与以下两点有关：

1.现在的不少孟高棉语如克木语、崩龙语都是既无声调也无松紧对立的，佤语的松紧对立，也只出现在以不吐气辅音为声母的音节中，以吐气辅音为声母的音节中，还是没有松紧之分的。

2.就我们所掌握的材料看，傣语的声调或佤语的松紧，跟这些语言中的前缀有密切的关系。据我们来看，傣语的声调或佤语的松紧，都应是一种后起的语音现象，在声调或松紧形成过程中，前缀的变化有着重要的作用。

从克慕语与佤语比较的材料中，我们曾注意到，佤语的 gh、ʥh、dh、bh，有一部分是与克慕语的 pre'g、pre'ʥ、 pre'd、pre'b 或 pre'kh、pre'ʨh、pre'th、pre'ph 相对应的，前一类前缀相当于 h，后一类前缀大部分是同部位的鼻音。

这样，佤语 gh、ʥh、dh、bh 之较多地与傣语高音组的 x（*kh）、s（*čh）、th、ph 对应，可能是由于原属 pre'kh 之类的 gh 类音，鼻音前缀易于脱落，而且，也由于这类变化，不牵涉到松紧问题，所以较易发生。

下面，再说 ʥh、gh 的问题。在论证这两个音的问题时，我们注意到的是：

1.在佤语中，有一些由声母辅音的交替表示的构词形态，如，声母为清音的，是动词；声母为浊音的，是名词（这一类构词形态，在其他孟高棉语，诸如克慕语中，通常是由前缀表示的），s ~ ʥh 的交替也属于这一类，如：

动词	词义	名词	词义
si̱	摩擦	ʥhi̱	锯子
sa̱ik	凿	ʥha̱ik	凿子
sɯ̱t	刺入、占卜	ʥhɯ̱t	竹签、卦签
sa̱t	打紧	ʥha̱t	篾、箦
ʨhu̱p	套、罩	ʥhu̱p	套子、罩子

ki̱p	夹住	gi̱p	蹄子、可夹之物
kiap	钳、夹	s'giap	钳子、夹子
ki̱p、rhi̱p	剪	gi̱p、ghri̱p	剪刀

在傣语——台语中，这类变化以及由这类变化表示的构词形态，基本上是已消失，偶尔还有一些，如：

	动词	词义	名词	词义
XD	k'kip$_8$	夹住	kip$_{7L}$	蹄子、可夹之物
	xɛm$_6$	剪	mit$_8$ sɛm$_2$	剪刀
T	khip$_{8L}$	钳	khim$_2$	钳子
	siat$_{7L}$	刺入	sian$_3$	竹签、木刺

但是，在我们前面所列的比较字中，却有不少傣语的 s 与佤语的 ʥh 对当的例子。

2.在泰文中，现有读为 s 的高音组字母，除了与老傣文字母 38 相当 ส 外，还有 ศ、ษ 两个字母。这两个字母，从字形上看，一个是低音组的kh（*g）带个尾巴，一个是中音组的 b 带个尾巴。我们认为，前者应是 pre'gr/l 或 pre'ghr/l，后者应是 pre'br/l 或 pre'bhr/l 之类的复辅音。

关于前者，在我们所列的比较字中，我们就已从《泰华大辞典》中抄录了一些 gr/l 或 ghr/l 与 s 两读的例子，如："柱"、"竿"、"紧"之类，我们认为，它们是 doublet——同源异形词。另外，如"剪刀"，佤语读 ghri̱p，傣语读–sɛm$_2$，也是属于这一类音变条例的。

我们设想：*gr/l、*ghr /l 之变为 s，可能曾经过 ʥh 的阶段。因为 gr/l、ghr/l 之变为 ʥh，从音理上说，是较易发生的。而 ʥh ~ s 则如前所述，现在尚可普遍见到。

关于后者，在佤语方言中现在也可以见到这类变化现象。

沧源岩帅 W	沧源班搞 W	词义
pi̱a̱ʔ	tɕa̱ʔ	火塘
phi̱o̱k	tɕho̱k	缚、勒
dʑho̱k	dʑho̱k	活扣，勒住鸟兽之器具
bioŋ	dʑoŋ	想念

这说明，pre'br/l 、pre'bhr/l 之变为 s，同样也曾经过 ʥh 的阶段。

总之，综上所述，我们认为，台语中是有过 gh、ǰh、dh、bh 之类的音的，在老傣文中，它们应该就是字母 12、17、27、32 所表示的原始读音。

二、字母 45、47、38、48、49

这几个字母，除了字母 38 相当于巴利文字母中的非品字母 s 外，其余都是巴利文字母所无的。也就是说，它们是老傣文设计者，为表示巴利语无而傣语有的那些音设计的。

先说字母 45、47：

在前面我们所列的老傣文字母与现在的傣语辅音音位对照表中可以看到，现在读为 x 的有三个字母，即字母 10、12、47。字母 10 属高音组，字母 12 和 47 属低音组。从字母表的传统排列次序来看，从我们前面所作的考释，它们的原始读音应为*kh、*gh。字母 47 居于字母表上的第九行——如前所述，这一行字母在字形上有一个明显的共同的特点，就是：都有一个向上的尾巴；这个字母则是由低音组的 k 加上一个尾巴构成的。据巫凌云同志的考释，它的原始音值应为 *gr，即是说，低音组的 k 原始读音为*g，尾巴表示作为复辅音节第二成分的 r。显然，它跟字母 10 是不配对的。可是，现在的情况却是字母 47 跟字母 10 配上对了，即一个用为 x 的高音组字母，一个用为 x 的低音组字母。而原来跟字母 10 配对的字母 12 却不太用了。

另外，和字母 47 居于同一行的字母 45 也颇为特殊，这个字母从字形上看，是由一个高音组的 k 或低音组的 p（两者是有区别的，前者作ᨠ，后者作ᨻ，中间一笔不同，但易混淆，故低音组的 p 通常写作ᨻ）外面加一个框框构成。这个框框的作用，据刀世勋同志说，有三个作用，即：一，表示吐气；二，表示复辅音的第二个成分 -r 或 -l 等；三，作为分别读音的符号。但是，实际上这个字母，除了作为少数字的固定写法读为 pha$_6$ 外，也很不大用，或者可以说，从这个字母现在的实际用途上来看，专门设计这么一字母似乎是多余的。这究竟是怎么一回事呢？

在解说上述字母的问题时，需要说明的是，在西双版纳傣语中，x、kh 现在可以自由变读，因此，象巫凌云同志在他那篇考释老傣文塞音字母的文章中，为了他论证的方便，就把通常标作 x 的几个字母标作 kh。但是，在傣语的一些方言中，如金平傣语，kh 和 x 却是两个对立的音位，如：

T	XD	JD	词义
kh	x	kh	
khɤi$_1$	xɤi$_1$	mɤi$_1$	婿
m'khɯa$_1$	mak$_{7L}$ xɤ$_1$	khak$_{7L}$ khɤ$_1$	茄子
khua$_1$	xo$_1$	kho$_1$	桥
khiat$_{7L}$	xet$_{7L}$	khet$_8$	蛙
khɛk$_{7L}$	xɛk$_{7L}$	khɛk$_{7L}$	客
		x：	
khwa$_1$	xwa$_1$	xa$_1$	右
khɛn$_1$	kɛn$_1$	xɛn$_1$	臂
krŭŋ$_1$	–	xuŋ$_2$	地方
kha$_2$	xa$_2$	xa$_2$	茅草
khŏm$_2$	xum$_2$	xɯm$_2$	刃、锋
khlɔŋ4	xɔŋ$_3$	xɔŋ$_3$	绊
kha$_6$(ฆ่า)	xa$_3$	xa$_3$	杀
khɔn$_4$	xɔn$_4$	xɔn$_4$	槌、榔头
–	xa$_5$	xa$_5$	嫁

–	xa$_{6}$	xa$_{6}$	树枝丫
–	–	xot$_{7L}$	庚、天干之七
khŏt$_{7s}$	xɔt$_{7L}$	xɔt$_{7L}$	结
khɯp$_{8L}$	xɯp$_{8}$	xɯp$_{8}$	拃

从与泰语、佤语等的比较来看，傣语高音组的 x，一般与泰语、佤语中的 k 类复辅音，即 kr、kl、kj、kw 等对应，本文简写为 kr/l；傣语低音组的 x，则与泰语、佤语中的 g 类复辅音，即 gr、gl、gj、gw 等对应，本文简写为 gr/l，如下所列：

17. x^{H}：

T	XD	DD	W	词
kr/l	x	x	kr/l	
无调号	无调号			
khwăn$_{1}$	xɔn$_{1}$	xɔn$_{1}$	khu̱a̱n	魂
khwa$_{1}$	xwa$_{1}$	xa$_{1}$	–	右
–	–	xaŋ$_{1}$	khua̱ŋ	投、掷、甩
–	xɔŋ$_{1}$	xɔŋ$_{1}$	krɔ̱ŋ	澜沧江
–	xɔŋ$_{1}$、hɔŋ$_{1}$	xɔŋ$_{1}$	khɔŋ、khrɔ̱ŋ	东西、物
–	–	xɔŋ$_{1}$fak$_{7L}$	khɔ̱ŋ pha̱k	礼物
–	–	xɔŋ$_{1}$tɔŋ$_{2}$	khrɔ̱ŋ tɔŋ	控洞，沧源地名，拿芭蕉叶作礼物的寨子
khĕŋ$_{1}$	–	xɛŋ$_{1}$	–	硬、僵
–	xeŋ$_{1}$	xeŋ$_{1}$	–	俎、砧板
–	xăŋ$_{1}$	xăŋ$_{1}$	–	关押、禁闭
–	–	xan$_{2}$、xin$_{1}$	kra̱i̱ŋ	骚、风流
–	–	hit$_{8}$	–	性欲强烈
–	xăi$_{1}$、xăi$_{6}$	xăi$_{6}$	krai	叙述
–	xai$_{1}$	xai$_{1}$	tɕoih	卖
kr'tsŭt$_{7s}$	–	xɔn$_{1}$	s'grɔ̱t	莞、席草
khɛn$_{1}$	xɛn$_{1}$	xɛn$_{1}$	–	臂
khwɛn$_{1}$	xwɛn$_{1}$	xɛn$_{1}$	–	挂、悬
–	–	–	klian	抱
–	xɔm$_{3}$	–	klu̱p	覆、扑（盆碗）
khwăm$_{6}$	–	–	gu̱p	器口向下扑放
–	xɔm$_{3}$	–	gu̱p	扒着、俯伏如俯睡

–	xăn$_3$、xεn$_3$ xwεt$_{7L}$	–	klat	堵、拦截
kham$_3$	xam$_3$	xam$_3$	–	涉、跨、凌
–	xam$_3$	xam$_3$	–	欺凌、压迫
–	hεm$_3$、xɔm$_5$	xεm$_3$、xεp$_8$	khriam	焦、枯焦
–	hεm$_3$	xεp$_8$、sεp$_8$	–	锅巴
–	–	xɔn$_3$	khrɔn	并拢、归纳
khɔŋ$_3$	xɔŋ$_3$	xɔŋ$_3$	khrɔŋ	箩筐、篓
sɔŋ$_2$	sɔŋ$_2$	sɔŋ$_2$	sɔŋ	箩筐
khaˑ i$_3$	xăi$_3$	xăi$_3$	saɯʔ	病
khian$_5$(เขี่ยน)	xen$_5$	kɤn$_5$	kraik	搔、抓、挠
khuan$_5$(ข่วน)	–	–	–	搔、抓、挠
–	xeŋ$_5$	xeŋ$_5$	khreŋ	碗橱、案台
–	xwɔi$_5$	–	s'khrɔi	棕榈
–	xɔi$_5$	–	–	棕色
–	xa$_5$	xa$_5$	grεʔ	炕笆
–	xai$_5$	–	graɯ	花边
–	–	–	dai	裙子

无调号

–	xăt$_{7s}$、xit$_{7L}$	xεt$_8$	ku kriat	划、摩擦
–	–	–	krεt	划、摩擦
–	xăt$_{7s}$	xăt$_{7s}$	–	顶住、抵制
–	xăt$_{7s}$	xăt$_{7s}$	krɯik	磨牙、咬牙
–	–	–	grɯik	磨牙、咬牙
–	xɯt$_{7s}$	xɯt$_{7s}$	krup	赶上，追上
kh'muat$_{7L}$	xɔt$_{7L}$	xɔt$_{7L}$	grɔt	结、攥
–	xot$_{7s}$	–	–	盘、绕
–	xot$_{7s}$	–	–	一盘、一圈
–	–	xεp$_{7L}$	khlεp	成饼状之物
–	–	xεp$_{7L}$	khlεp	一饼、银币一枚
kr'diat$_{7L}$	–	lep$_{7L}$	giap	别、插于腰间

18. x^L:

T	XD	DD	W	词义

khr/l			gr/l	
无调号	无调号			
kha$_2$	xa$_2$	xa$_2$	giah	青茅、扁草
t'khrai$_4$	–	–	–	辣茅
(ตะไคร้)				
–	–	–	keh	生、分娩
–	xa$_2$	–	geh	一窝的、一胎的
khrɯa$_2$	xɤ$_2$	xɤ$_2$	–	蔓藤
khrɯa$_2$	xɤ$_2$	hɤ$_2$	rɤ	芭蕉一串
khrɯa$_2$、sɯa$_3$	xɤ$_2$	xɤ$_2$	ru	血族、姓氏
(เครือ、เสื้อ)				
khram$_2$	xam$_2$	xam$_2$	kram	蓝靛
–	xɯm$_2$	xɤm$_2$	krɯm	抵、堵、拦住
khrau$_2$	xau$_2$	–	krau	次、番
khrau$_2$	xau$_2$	xau$_2$	–	程、站、阶段
khrŭ$_2$、khrŭʔ$_{8s}$	xu$_2$	–	–	师长、师傅
khrŭʔ$_{8ε}$	xo$_2$	xo$_2$	–	家私、什物
kr'jaŋ$_2$	xeŋ$_2$	xeŋ$_2$	kiaŋ	三脚架
(กระยาง)				
khiau$_2$	xeu$_2$	xeu$_2$	(gwεh)、s'vɔk	镰刀
–	–	–	(wεh)、vɔk	割
khian$_2$	–	–	s'gah	话
klua$_3$、kuan$_1$	–	xon$_2$	ku kuεʔ	搅拌
khlăi$_2$	xăi$_2$	xăi$_2$	s'ŋau	体垢
–	xăi$_2$	ŋaɯ$_6$	ŋaɯ	油泥、淤泥
khruan$_2$	–	–	ŋia	呻吟
khraŋ$_2$	xăŋ$_2$	xăŋ$_2$	–	呻吟
khŏm$_2$	xŭm$_2$	xom$_2$	lɔm	刃、锋芒
khŏm$_2$	xŭm$_2$	xom$_2$	lɔm	锋利
khăm$_2$	xăm$_2$	xăm$_2$	–	金
–	xăi$_4$	xăi$_4$	s'ŋkai	柳树
khon$_4$	xɔn$_4$	xɔn$_4$	gɔn	椎
–	xɔn$_4$tɔk$_{7L}$	xɔn$_4$tɔk$_{7L}$	gɔn tɔk	榔头
khran$_4$	xan$_4$	xan$_4$	(gran)	懒惰
săŋ$_4$	–	xăŋ$_4$	khraŋ	鱼床、捕鱼栅

khrɯm$_4$	–	–	jɯm	荫
–	tɤm$_4$	–	grɯm	于……之下
–	kɔ$_4$、seu$_5$	ko$_4$	grauh	老庚、同岁的
–	xa$_4$	xa$_4$	sa	诽谤、诋毁
khraŋ$_4$	–	–	saŋ	供藤蔓爬之竿
khău$_4$	–	ŋău$_3$	ʥau	根源、原由
khrɯ̆ŋ$_6$、kɯ̆ŋ$_5$	xɯŋ$_6$、kɯŋ$_5$	xɤŋ$_6$	grɤŋ	中间、一半
khrăn$_6$、jăn$_6$	–	–	grauɯŋ	恐惧
săn$_5$	săn$_5$、sĕn$_5$	săn$_5$	s'jauɯŋ	恐惧、发抖
khăm$_6$	xăm$_6$	xăm$_6$	sɔm	夕、夜晚
khrăm$_6$	–	–	khiap	镶、嵌
khrau$_6$	–	–	kroʔ	等候
khrăŋ$_6$	xăŋ$_6$	xăŋ$_6$	kroik	紫梗、紫胶
khrau$_6$	–	–	–	模糊的
–	xăi$_6$	xăi$_6$	krai	说、叙述
khrɯaŋ$_6$	xɤŋ$_6$	xɤŋ$_6$	krauɯŋ	器物
–	–	xɤŋ$_6$	kreŋ	平衡
kha$_6$	xa$_6$	xa$_6$	khrɛ	枝丫
kha$_6$	xa$_6$	–	gah	岔、丫、分岔处
khrɔm$_6$	–	–	ŋɔm	骑、坐
khru$_6$	–	–	tɕu	一会儿
无调号				
khŭk$_{8s}$	–	xɔp$_8$	gruʔ	下跪
khɔk$_{8L}$	xɔk$_8$	xɔk$_8$	kɔk	牢、圈、厩、监狱
–	–	xop$_8$	krup	拜、鞠躬
khŏm$_2$	xŭm$_3$	xɔm$_2$	–	拜、鞠躬
khrap$_{8L}$	–	xap$_8$	–	蜕、壳
klɛp$_{7L}$	xɛp$_8$	–	–	蜕、壳
khɯp$_{8L}$	xɛp$_8$	xɯp$_8$	–	拃
khrŏp$_{8s}$	–	tsum$_5$、lom$_3$	kup、grum	完全、齐、齐备
khrŏk$_{8s}$	xok$_8$	xok$_8$	ʥɔk	臼
–	–	–	klɔk	凹下
–	xɔk$_{7s}$	xɔk$_{7L}$、xɔk$_{7s}$	ghlɔk	使凹下，如开田，刻镂
–	–	kɔk$_{7L}$	–	挖沟

这样，我们便完全有理由认为，在西双版纳傣语中，kh、x 原来也应如金平傣语中一样，是对立的不同音位，正因为这样，在按巴利文字母排列次序表 kh 的字母之外，还得另

外设计表 x 的字母。从字形上分析，我们认为这表 x 的字母便是字母 45 和字母 47。按照老傣文字母安排的系统，前者属高音组，后者属低音组。

关于字母 47：

前面我们已经说过，巫凌云同志认为它的原始读音应为 gr。根据我们所见的上述对应关系，我们认为巫的说法大体上是不错的，但有如下补充，即：

1.字母 47 从字形上反映出来的音变情况，不仅是 gr，而应是 gr/l，即 g 类复辅音。

2.从老傣文对字母的排列习惯来看，它的复辅音一般采用附加符号的方法表示，如其第二成分的为-l，则加[illegible]、[illegible]，为 -r 则加 [illegible]，-j 则加 [illegible]，-w 则加 ō，并且不列入字母表。但是字母 47 却不是这样，它不但用在[illegible]上加尾巴的办法，使之成为浑然一体的字母，而且还列入了字母表，所以，它不应读为 gr/l，而应读为 x^L。gr/l 只不过是反映了 x^L 类音是由它们演变来的罢了。

3.从语言一般都具有系统性的角度来说，前面我们所讨论的那些高低音组字母，原来都有清浊音之别的，所以 x^L 的实际音值，也应是与 x 相对的浊音*Γ。对此，李方桂教授和张均如同志已有详细的论述。而且，在台语中也还有活的例证，如在壮语的文麻土语中，这类音现在便是这样读的，因此，我们就不拟赘说了。

关于字母 45：

从上所述，西双版纳傣语、金平傣语，以及泰语，x 和 kh 原来都是对立的，而且也都应该是分高、低音组的。所用的字母如下：

	kh		x	
	H（M）	L	H	L
T	ข	ฆ	ข	ค
JD	[illegible]	[illegible]	[illegible]	[illegible]
XD	[illegible]	[illegible]	?	[illegible]

清清楚楚可见，x^L 为字母 47，x^H 呢？既然有 x^H 这个音，自然也将有代表这个音的字母。从字形的结构以及字母排列的情况来看，我们认为，这个代表 x^H 的字母，非字母 45 莫属！因为：

从字形上看，字母 45 里头是一个高音组的 k，外面是一个表示复辅音第二成分的框框；这和代表 x^L 的字母 47，下面是一个低音组的 k，上面有一个表示复辅音第二成分的尾巴一样，字母设计的构思是很巧妙的：它不但反映了这两个音的演变情况，也很符合整个老傣文字母设计的系统性。

从字母的排列位置来看，它们都居于第九行。中间仅隔着一个字形上跟字母 47 更为相近，但读音为 f^L（见下）的字母 46，这也符合高、低音组在一起的老傣文字母排列通例。

这样，我们便可对前述有关这几个字母的使人生疑的现象作出了解释，即：

1.在老傣文创制的时代，x（ɣ）与 kh（gh）是对立的音位。表示这些音的字母，分别是：

kh^H	[illegible]	kh^L	[illegible]
x^H	[illegible]	x^L	[illegible]

2.后来，对立混同了，成了 x、kh 自由变读。这样，原有的 4 个字母就感到多余了。由于 比 好写些， 比 好写些，高音组选用了 ，低音组选用了 ，于是出现了“鳏夫配寡妇”的新生现象。而 和 也就成了不大常用的死字母了。

3.关于 现在之所以读作 pha$_{33}$，我们以为这可能是一种后起的“误会”。因为，从字母的读法上来看，老傣文的全部辅音字母，凡属高音组的，按例是拼上 ǎ ，读为 55 调；凡属低音组的，按例是拼上 a ，读为 11 调；这个字母却是例外，它拼上 ǎ ，读为 33 调。作为一个词，phǎ$_{33}$ 的意思是“和尚”。

所以，我们猜想：在这个字母成为多余的字母之后，由于这个字母里头读为 k^H 的部分和字母 31 上面读为 p^L 的部分（它也可单独作 p^L 用）非常相似，极易混淆。也许是出于对这个多余字母不用感到可惜，笃信佛教的傣语群众便把它读为 phǎ$_{33}$，让他们心目中崇敬的形象“和尚”在字母中也占有特殊的一席。

再说字母 38、48、49：

在前面所列的老傣文字母与现在的辅音音位对照表中，代表 s 的有五个字母，即字母 15、17、38、48、49。关于字母 15、17，前面我们已作考释，认为应是 čh、ǰh 。这不仅是由于从按巴利文字母的排列次序以及对当关系来看是如此，从与泰语、佤语等有关语言的比较来看也是如此，而且还由于字母表尚有真正表示原来读为 s 的字母。这就是字母 38 和 48，前者为 s^H，后者为 s^L。

关于字母 38：

这是与巴利文非品字母 s 相当的，与泰语、佤语的对应关系如下：

19. s^H：

T	XD	DD	W	词义
s	s	s	s	
无调号	无调号			
sa$_1$	sa$_1$	sa$_1$	sa̲	构、楮
sam$_1$	sam$_1$	sam$_1$	sa̲m	三
–	–	sam$_1$	sa̲m	男子排行第三
–	–	sam$_1$lo$_2$	sa̲m lɔ	叙事诗娥姘与三洛中的男主角，后升天成为牛郎星
pr’san$_1$	–	–	–	焊接
–	–	–	nam sa̲n	焊药、焊水
sia$_1$	se$_1$	se$_1$	se̲	输、赔偿损失
sɔŋ$_1$	sɔŋ$_1$	sɔŋ$_1$	sɔ̲ŋ	二
sin$_1$（ศีล）	sin$_1$	sin$_1$	si̲n	斋戒、礼拜、戒律
sɛŋ$_1$	sɛŋ$_1$	sɛŋ$_1$	sia̲ŋ	珠宝、宝
sɛn$_1$	sɛn$_1$	sɛn$_1$	sia̲n	千夫长，俗叫老千
sɛn$_1$	sɛn$_1$	sɛn$_1$	sia̲n	十万
sǐn$_1$	–	–	si̲n	截断
–	–	–	si̲t	切
sǐn$_1$	sin$_1$	–	si̲n	福、财产

si$_1$	si$_1$	si$_1$	si̲	辰、地支之五
khji$_3$	si$_1$	si$_1$	si̲	磨、擦、刷、锉
sjam$_1$(สยาม)	–	–	sia̲m	古暹族、泰族、傣族
sk’khi$_1$(สักขี)	–	–	s’khi̲	证据、证人
–	s’la$_5$	–	s’la̲ʔ	师傅、教师、牧师
sn’ja$_2$(สัญญา)	st’ʦăʔ$_{7s}$(ᨔᩢ᩠ᨬ)	–	s’ʥa̲	契约、合同、协定
sɯa$_1$	sɤ$_1$	sɤ$_1$	s’vai	虎、豹
–	sɤ$_1$făi$_2$	–	s’vai ŋu	彪
s’hɛm$_1$(แสม 读作 สะแหม)	xɛm$_1$	xɛm$_1$	khɛ̲m	棕叶芦
–	–	sɛm$_2$ 、xɛm$_2$	s’brɛm	灌木枝条、竹枝之类
sɯa$_3$、kr’sɯ$_1$	–	sɯ$_1$	sɯ̲	扑食鬼
–	se$_1$、hai$_1$	hai$_1$	gra̲i	遗失、消亡
s’mĭŋ$_1$(สมิง)	–	–	s’miaŋ	王、公侯、官
saŋ$_1$	–	–	miaŋ	鬼魂、幽灵
kr’sɛŋ$_1$、siaŋ$_1$	seŋ$_1$	seŋ$_1$	–	声、声响、声誉
sm’niaŋ$_2$ (สำเนียง)	seŋ$_1$	seŋ$_1$	–	声音、声调
s’bĭn$_1$(สุบิน)	făn$_1$	făn$_1$	ʨ’mauʔ	梦、做梦
sa$_1$、san$_1$、swa$_1$、swan$_1$ (ศวา、ศวาน)	–	–	–	狗、犬
sŭn$_1$(ศุน、สุณ)可能还有写法：kh’ma$_1$（ฆา）	ma$_1$	ma$_1$	so̲ʔ	狗、犬
s’mɔ$_1$（สมอ）		–	s’mauʔ	石头
s’mɔ$_1$（สมอ）		–	s’me	橄榄
s’thum$_1$（สทุม）		–	s’dup	住屋、偏厦
s’dɚ m$_1$（สดำ）		–	dɔ̲m	右
sam$_1$	dăm$_1$	lăm$_1$	–	黑、深蓝
khram$_2$	xam$_2$	xam$_2$	kram	蓝靛
sɔn$_1$	sɔn$_1$	sɔn$_1$	sɔ̲n	教
kr’sɛ$_1$	–	se$_2$	–	河流、通道
saŋ$_3$、sraŋ$_3$	saŋ$_3$	saŋ$_3$	sa̲ŋ	建、创立、建设
srɔi$_3$	sɔi$_3$	sɔi$_3$	sɔ̲i	链子
srɔi$_3$	sɔi$_3$	sɔi$_3$	sɔ̲i	禽兽颈毛
sŏm$_3$	sŭm$_3$	som$_3$	–	下垂的

–	sin$_3$	sin$_3$	–	裙子
sɯa$_3$	sɤ$_3$	sɤ$_3$	s’beʔ	衣服
sɯa$_3$	bɤ$_3$	maŋ$_5$ mɤ$_3$	–	蝴蝶
săi$_3$	săi$_3$	săɯ$_3$	sa̱ɯ̱	巳、地支之六
sɛ$_3$	sɛ$_3$	–	–	鞭子、通条
–	sɛ$_6$	se$_6$	se、sɛ s’ge	插销、楔子 螺丝钉之类
săi$_5$（ใส）	săi$_5$	săɯ$_5$	sa̱ɯ̱	盛、放、装
si$_5$	si$_5$	si$_5$	si̱	四
sɔŋ$_5$	sɔŋ$_5$	sɔŋ$_5$	sɔ̱ŋ	闪光、发亮
s’ŋiam$_5$、siam$_5$ (เสงี่ยม、เสี่ยม)	–	–	sia̱m	规矩的，温文尔雅的
sɛ$_5$	–	xa$_5$	khrɛ̱h	找寻
suan$_5$	–	–	so̱n	份、部分
pr’sa$_5$	sa$_5$	sa$_5$	mha̱	质地、本性
sa$_5$	sa$_5$	sa$_5$	mha̱	酒母、酒酵
无调号				
sĭp$_{7s}$	sip$_{7s}$	sip$_{7s}$	si̱p	十
siap$_{7L}$	–	sep$_{7L}$	sɯ̱p	插、塞入、别
siat$_{7L}$	–	–	sɯ̱t	刺入、插入
sian$_3$	–	–	ʥhɯ̱t	竹签、木刺
siat$_{7L}$、kr’sian$_1$	–	sat$_8$	su̱ sia̱t	紧密
–	–	sat$_8$	su sɛt	拥挤
siat$_{7L}$、kr’sian$_1$	–	–	ku krɛt	擦、摩擦
sɯp$_{7L}$	sɯp$_{7L}$	sɯp$_8$	sɯp	继承
sup$_{7L}$	–	–	–	侦查、审问
ja$_2$sup$_{7L}$	–	–	sup	香烟、烟草
s’niat$_{7L}$(เสนียด)	–	–	sa̱t	梳、蓖
set$_{7L}$	set$_{7s}$	met$_8$	met (s’met)	戌，地支之一
s’lak$_{7L}$(สลาก)	–	–	s’lak	阄、签、彩票
kr’sĭp$_{8s}$(กระซิบ)	–	–	su̱ sia̱p	耳语
sĭp$_{8s}$ sŭp$_{8s}$	–	sɔp$_8$ sɛp$_8$	sup sia̱p	耳语
–	–	suk$_8$ sak$_8$	su sak、 suk sak	麻烦、纷乱
sŭk$_{7s}$(ศึก)	sɤk$_{7s}$	sɤk$_{7L}$	–	战斗

sɔ̆ʔ7s(เสาะ)	sɔ̆ʔ8	sɔk8	sɔk	找寻
sɤ k7s(ศก、สก)	–	–	ha̱u̱k	毛、发
sɤ k7s(สก)	–	–	ho̱k	晒曝、使干
săk7s(ศกัติ์)	hɔk7L	hɔk7L	–	矛、戈
si1siat7L	si1set7L	sa2tse2	s'tɕi	儿茶

从以上傣语中高音组的 s，在泰语、佤语中也读 s，傣语和泰语中的奇数调，佤语一般为紧音（当然，由于前缀以及其他音变因素的影响，也有少数例外的）。这种对应关系是比较普遍的。而这些字，在傣文中一般是用字母 38 拼写，因此，我们认为，字母 38 的原始音值也就应该是 s。

关于字母 48：

这个字母属于字母表的第九行，是巴利语所无的。现在用为与字母 38 即 s^H 配对的低音组字母，即 s^L。

从字形上分析，这个字母是由字母 21，即低音组的 t（巴利语为 d；傣语现作 d，属高音组）加一个尾巴构成的。如果说，像我们上面讨论的字母 45 和 47 一样，这个尾巴是表示复辅音的第二个成分 r、l 之类的音的话，那么这个字母所表示的音，应该是读作 ḍr/l 或 dr/l 。按照前面我们所说的复辅音一般不列入字母的惯例，那么应该说，这个音大多是从 ḍr/l 或 dr/l 变来的。

这一点从泰文中也可以得到证明。如泰文的低音字母 ท（*d → th），是跟老傣文的低音组字母ᦎ（*d → t）相当的，泰文的低音组字母 ร（r），则即老傣文的低音组字 ᦣ（h 或 l）。s^L 则写作 ซ，可是，翻开《泰华大字典》，文字写作 ทร，而读音注作 ซ 的例子却比比皆是：

泰文写法		注读字音		词义
ทรวง	thruaŋ2	ซวง	suaŋ2	胸
ทรวด	thruat8L	ซวด	suat8L	颓败
ทรวดทรง	thruat8L thrŏŋ2	ซวดซง	suat8Lsŏŋ2	身材
ทรอ	thrɔ2	ซอ	sɔ2	弦子
ทราย	thrai2	ซาย	sai2	砂
ทราบ	thrap8L	ซาบ	sap8L	悉、知
ทราม	thram2	ซาม	sam2	颓废
โทรม	throm2	โซม	som2	憔悴
ไทร	thrăi2	ไซ	săi2	小青树，榕属

李方桂教授的《台语比较手册》(1977)的§9.2，以及闻宥教授的《古台语里的 dr-》一文，对此均有详细的论述。闻宥教授并指出了在黎语的方言中，这类音至今还保留有 dr－的读法的。

在我国的孟高棉语中，如前所述，现在只有布朗语和克慕语里，还有 t 类复辅音和 č 类复辅音，佤语、崩龙语等则只有 p 类复辅音和 k 类复辅音。布朗语、克慕语中的 t 类、č 类复辅音，在这些语言中，大都是并入 p 类或 k 类复辅音（也有脱落或演变为单复辅音的）。如：

Bu	Km	W	词义
thru^{51}	truʔ	kra̱ɯ̱ʔ	红毛树
–	troŋ	krau̱ŋ	喉咙、小舌
–	truh	to̱h	戳通、使有洞
r̥uk^{55}	l̥uh	do̱h	通
–	trŭp	tu̱m	停、歇落
thrak^{51}	trak	kra̱k	水牛
–	trɯak	prau̱k	肋
–	n’taih	gra̱ih	晒台、干栏
li^{51}	tleʔ	kli̱ʔ	阳物、阳具
thu^{51}	tloʔ	ta̱ɯ̱ʔ	蔬菜
dhuam^{51}	tlɔm	tɔ̱m	肝
krɤk^{55}	tɕn’drɤŋ	ru̱ŋ	兽角
ʧrak^{55}	tɕn’drăŋ	ro̱ŋ	柱
–	tɕn’drih	klo̱h	角距
gri^{51}	kn’dreʔ	griʔ	杵
ghruaŋ^{51}	kn’drɔŋ	krɔ̱ŋ	
–	kn’drɯaŋ	kraɯŋ	器物、东西
a pruik^{55}	druiŋ	grɯiŋ	白蚁
–	n’drɤi	kɤ̱i̱	风、旋风
ʧhup^{55}	tɕrŭp	tɕɯ̱p、tɕhu̱p	穿、套、罩
ʤhup^{55}	tɕn’drup	ʥu̱p、ʥhu̱p、ʥhɯ̱p	可穿、套、罩之物，如套衣、顶针、戒指、罩子之类
tap^{51}	tɕrŭp	tɛp、top	盖
dap^{51}	tɕn’drŭp	dɛp、dop	盖子
–	tɕn’draih	sa̱ih	雷
–	drɔk	sua̱t	刺、戳、捅
–	kr’dɛh	s’ge̱、se	插销、橛子
ʧhraŋ^{51}	–	s’gra̱k	红、绛
ʤhrɤ^{31}	ʥrɯah	sa̱t	梳
ʤhrɤ^{31}	tɕn’drɯah	s’ga̱h	梳子
ʔlɤk^{31}	droh	lo̱k	沸

ʔluaŋ^{51}	tɕlɔŋ	–	船
–	–	lɔ̱ŋ	棺材
–	–	dɔ̱ŋ	木槽
tʃrup^{55}	ʥrom	tɕɯm	菽、黄豆
khroŋ^{214}	ʥraŋ	–	蓖麻
gru^{51}	ʥruʔ	ra̱u̱ʔ	浑
tʃhruʔ^{55}	sroʔ	krau̱ʔ	芋头
ʔnap	srăp	na̱p	乙，天干之一

傣语、泰语中的低音组 s，与佤语的对应关系，则如下列：

20. s^{L}：

T	XD	DD	W	词义
s	s	s	s	
无调号	无调号			
sɔŋ$_2$	sɔŋ$_2$	sɔŋ$_2$	sɔŋ	筐、篓，大而粗些
khɔŋ$_3$	–	xɔŋ	khɔ̱ŋ	筐，小而精些
sɔŋ$_2$	kɔŋ$_4$	kɔŋ$_4$	–	绊、套
–	kɔŋ$_4$	tɔŋ$_3$	klɔŋ	活扣、套索
sau$_2$	–	–	khrau̱	洗、漱
săi$_2$	–	–	ɳa sai	一种长在水边的青草
som$_2$、throm$_2$ (โซม、โทรม)	–	–	khru̱m	凋落、掉落
som$_2$、sŏp$_{8s}$ (โซม、ซุบ)	–	–	khru̱p	颓然、凄凉、萎缩
sŭp$_{8s}$(ซุบ)	–	–	–	颓然、凄凉、萎缩
som$_2$、throm$_2$ (โซม、โทรม)	–	lom$_4$	ghru̱p	崩溃、倒塌
som$_2$、throm$_2$	–	lum$_2$	khrɔ̱m	集中、集合
–	sun$_2$	sɔn$_2$	sɯih	添柴、凑火
–	sun$_2$	so$_4$	tɕhɯ̱ik	嗾使、唆使
–	sɤ$_2$	sɤ$_2$	s'gaɯʔ	高兴
se$_2$、the$_6$(เซ、เท่)	–	se$_3$	–	倾斜
jău$_3$、jau$_3$、jau$_4$	jau$_3$	su$_2$	krau̱	仓库、家

sǎi$_2$、thrai$_2$、krǎi$_1$ (ไซ、ไทร、ไกร)	hǎi$_2$	hǎi$_2$	ra̱iʔ	小青树、榕属
sǎi$_2$	sǎi$_2$	sǎi$_2$	graɯ、jaɯ	篓、竹笼
sǎn$_4$	xǎn$_1$	xǎn$_1$	khra̱n	迅速、快
sǎŋ$_4$	–	xǎŋ$_4$	khra̱ŋ	捕鱼木栅、鱼床
–	–	sǎŋ$_4$	saŋ	瓜棚、豆架
kr'siʔ$_{8s}$(กระซิ)	–	–	grɯʔ	挪动、移动
–	sa$_4$	sa$_4$	khra̱	提箩
–	sa$_4$	sa$_4$、xa$_1$	khrɛh	搜查、寻找
–	sum$_4$sam$_4$	–	klu klɛm	摸索
–	sǔm$_6$sǎm$_2$	–	ku klɛm	摸索
–	sǎm$_6$	–	klɛm	摸
sɯ$_4$	sɯ$_4$	sɯ$_4$	–	买
s'ŋa$_4$	s'ŋa$_4$	s'ŋa$_4$	s'ŋa	午、地支之七
sɯ$_6$	sɯ$_6$	sɯ$_6$	sɯ	直
sɯ$_6$	sɯ$_6$	sɯ$_6$	sɯ	诚实、正直
sǒn$_6$、sǒn$_3$	sǔn$_3$	son$_3$	–	踵、脚后跟
thɯ$_6$（ทือ）	sɤ̆ʔ$_8$	–	dɤʔ	呆、傻
sǒt$_{8s}$	sot$_8$	sot$_8$	s'lot	啜、吸饮
–	sak$_8$	sak$_8$	siak	残余
sik$_{8L}$	–	sik$_8$	siak	小片、小块（瓜果之类）
–	–	–	khi̱k	小片、小块（肉类）
sǒp$_{8s}$、sǔp$_{8s}$	–	–	khru̱p	颓丧、萎缩
sǎp$_{8s}$	–	–	ga̱p、gɔ̱p	重叠、摞在一起
sǎk$_{8s}$	sǎʔ$_8$、sǎk$_8$	sǎk$_8$	s'ghra̱h	洗

从上可见，这种对应关系还是比较复杂的，傣、泰语中的低音组 s，除了与佤语中 s 的松音对应之外，由于 t 类复辅音大都并入了 k 类复辅音，因此，也与 k 类复辅音对应。其中除 khr/l 、ghr/l 等吐气音无松紧对立，按佤语习惯标为紧音，与 kr/l、gr/l 对应的，以松音为多。这种情况就使得这一节里所讨论的对应关系，往往与前一节里，即 x 这一节里所讨论的对应关系纠缠在一起。所以，我们说，从字形上分析，x^H 反映了与 kr/l 的关系，x^L 反映了与 gr/l 的关系，s^L 反映了与 dr/l 的关系，这都是从其主要的、占多数的方面来说的，这些语言里的实际情况却往往要比这复杂得多。自然，作为一个字母，我们也不可能

要求它像详明的对应关系表一样，包罗万象，如果能从这简单的形符中，推测出一些可供进一步研讨的线索，我们也就应该感谢设计者的匠心了。

正是由于这一节里所讨论的对应关系，与上一节里所讨论的对应关系往往纠缠在一起，这样使我们还可以进一步对泰文字母中与老傣文字母48相当的s^L，即 ซ，提出我们的解释：这个字母，从字形上看，是由一个x^H加尾巴组成的，像老傣文字母一样，如果尾巴表示复辅音的第二成分，则这个字母应该是跟xr/l之类的音有关系的。我们的这种分析，可从李方桂教授书中所附的侬语材料中得到印证：

T	N	词义
sai_2	$xlai_2$	沙
sai_4	$xlai_4$	左
$săi_2$	$xlay_2$	鱼篓、鱼笼
$săk_{8s}$	$xlăc_{8s}$	洗、濯
sau_2	$xlao_2$	淘洗、盥洗
$sɯ_6$	$xlư_6$	买

至于这个字母的原始读音，李方桂教授和闻宥教授都认为应是*z，我们完全赞同他们的构拟。在壮语的文麻土语里，这类音现在也还是这么读的。

关于字母49：

这个字母，童玮同志认为是一个合体字，即两个的重合，它原来只是用来拼写巴利语的借词的，后来往往跟字母38混用了。我们完全赞同童玮同志的分析，因为，不但是巴利语，而且也还有孟高棉语，这些语言中的非重读音节，特别是前缀或弱化音节，往往因受其后面重读音节的影响，即逆同化作用，而增添一个与其后面重读音节的声母相同的音（或同部位的音），如后面音节的声母为s，则其前面的弱化音节便增添了一个s韵尾，这样就成了两个s，在老傣文中，使用这个字母表示。

三、字母21、42

前面，我们讨论了字母29，认为它应为*p，可是它现在除了在少数传统的写法中读作p外，一般都是读作b；另外，在字母表的第九行，即在巴利语字母之外新设计的字母中，有一个字母42，却读作p。还有，字母21居于字母表的第四行，这一行的其他字母都是傣语本语不用的，独有这个字母却用上了。按巴利语的读法，这个字母应为ḍ，就老傣文对巴利语字母的处理通例来看，这一行的其他三个字母现在分别读为t^H、th^H、th^L，这究竟是怎么一回事呢？

让我们先来看看泰文的情况。泰文中与这三个字母相当的是：

字母29　：บ

字母42　：ป

字母21　：ด

另外，还有一个字母24，即相当t^H，而字形与 ด 相似的字母：

字母 24 ဘ：ด

这就是说，b 与 p、d 与 t ，无论是老傣文或是泰文，字形很相似，基本部分可以认为是一个样，只是附加部分稍作变化而已。

对于这两个在字母表上看来地位颇为特殊的字母，它的读音，现在一般读作 b、d。但实际上是带有前喉塞成分的，因此，在讨论问题的时候，通常也标作ʔb、ʔd。

关于它们的原始音值，李方桂教授构拟为*ʔb 和*ʔb，对于他的这种构拟，有这样的一些解释：

如*ʔb：

在克慕语中，这一类的“早期泰语或老语借词”，一般读作ʔm，如

T	Km	词义
$bɔ_5$	ʔmɔ	井
bia_5	ʔmia	贝、钱

这表明，这个音的前喉塞成分是比较强的，在克慕语借入时期，它还是一个明显的特征。但是，之所以不拟作*ʔm 而拟作*ʔb，则是因为在水语中，也有 ʔb，并有 ʔm 和 hm。从泰语与水语的比较来看，水语的 ʔm 和 hm 都是和泰语的 m^H(←*hm) 对应的，只有 ʔb 才跟泰语的 b，即字母 26 对应，如：

T	S	
ma_1	hma_1	狗
mai_1	$ʔme_1$	记号
ban_3	$ʔban_3$	村寨

除此，在 p 类复辅音和 t 类复辅音中，他也同样地构拟了*ʔbl/r、*ʔdl/r 之类的复辅音。

关于*dl/r，他说在大部分台语中，现在都已并入ʔd，只在石家语中还可以看到它们之间的区别，即*ʔd-d，*ʔdl/r-r，偶尔为 tr 或 tl。关于*ʔbl/r，他说在南支台语中，通常有两种演变情况：

*ʔbl/r → 老语：b、d
掸语：m、l
傣泐语（即 XD）：b、d

对于这类音，他认为，前喉塞是其重要的特征，另外，以这类音为声母的字，通常只有奇数调，这也是这类音值得注意的一个特点，但是，对于这类音为什么会有这些特征和不同于一般的情况，他没有作什么解释。

这样，尽管他的构拟和论述对于我们有启发、有教益，但是，它无法解释我们在前面提出的有关字母 21、29 和 42 的问题，也是很明白的——在这里，我们愿意顺便提一下前述巫凌云同志的构拟大体上是不错的，而且，他的论证方法也是很巧妙的。但是，正是由于他巧妙地避开了这些字母在字母表上的排列次序，来讨论哪些台语中一般认为是有的音该和哪个老傣文字母对得上号的问题，所以，实际上，他也并未能回答出我们在前面提出的那些疑问。

美国学者威廉·杰特内(William Gedney)在他的关于石家语的调查报告[①]中注意到了，这种一度被人划归孟高棉语的语言中，有许多一般侗台语中不见，而在孟高棉语则可见到的语音特点，诸如 pr、pl、phr、phl、bl、ml；tr、tl、thr、thl；kw、khw、ŋw、n̥w、sw、lw 之类的复辅音声母，以及诸如 l 这样的辅音韵尾。另外，他还特别提到了在石家语中，除了有与李方桂教授所构拟和论述的原始台语与现代泰语之间*pr→t，*ʔbl/r→*d 这类演变情况相符的 pr～t、bl～d 之类对应关系之外，还有好些其他作声母的辅音，诸如 tl、tr、pr 以及 r，也是和泰语的 d 对应的。他说："这也许会使一些学者花上好些年的功夫，才能对之作出符合历史的解释。"我们认为，尽管他未能对这些非同一般的问题作出解释，但是，他的调查报告以及他所注意到的那些语音现象，对于启发我们进一步思考前面所说的那些问题却是有益的。

除此之外，我们还应提到倪大白同志发表的《谈水语全浊声母 b 和 d 的来源》一文，在这篇文章中，倪大白同志提出了一个新的问题，就是：在水语中有两套浊塞音声母，一套是带有先喉塞音的ʔb、ʔd，另一套是实际上带有轻微的同部位的鼻冠音的 b、d，即 [ᵐb]、[ⁿd]。前一套就是我们现在讨论的这一套。后一套则是不大为人所知的，它的一个明显的引人注目之处就是，它也和前一套一样，只出现在奇数调里。他认为这在汉藏语系的语言里，是一种颇不平常的现象。我们应该怎样对它作出解释呢？

通过同语族各种语言的比较，可以看到，水语中 b、d 在壮语中大部分是 p、t，在其他侗台语中，有与 p、t 对应的，也有跟边音、擦音如 r、l、j、ɣ 等对应的，也有跟 m、n 等鼻音对应的。结合到水语的这两个声母只出现在奇数调，因此，他认为这是"原始台语中有关的几个复辅音声母分化演变的结果"。他为这两个声母所拟的有关复辅音声母是 *ʔmp-、*m̥p- / (mph-)、*pr- / (pl-)、*phr-、*tr-、*thr-、*tl- / (thl-)。

我们认为倪大白同志的这个发现和构拟很有意思，特别是他对其文中推测的一些音变现象的解释，对于帮助人们了解和接受我们在这里提出的有关考释颇有用处，因此，摘录如下：

"壮侗语族诸语言，早期曾有一整套复辅音声母，……这些音在同语族的大部分语言和方言里，都已经简化了。在简化的过程中，有的保存了复辅音的第一成分，或者在第一个成分的发音部位和发音方法的范围内演变；有的保存了复辅音的第二个成分，或者在第二个成分的发音部位和发音方法的范围内变化。当然，也有这样的可能，复辅音的几个成分之间互相影响，引起了发音部位或发音方法上的某些变化。但是，不管这种变化看起来多么复杂，只要这些材料相互间确定存在着一定的联系，那么，这种现象必然可以被探索出来并解释清楚。"

下面，让我们转入正题，谈谈我们对这个字母的考释。如前所见，我们对这两个字母的构拟为：

字母 21：　　*pre'd
字母 29：　　*pre'p

---

① William J. Gedney. 1969. The saek language of Nakhon Phanon Province, Journal of the Siam society.

字母 42：　　　　*pr/l

意思是：字母 21 按巴利语字母的读音，应为 ḍ或与 ḍ近似的音，现在之所以读为 ʔd，乃是因为它的前面原来应该有个前缀，这个前缀现在脱落了，留下了一个脱落痕迹 ʔ。它原应为低音组，现在之所以属高音组，应是受前缀影响的关系。字母 29，按巴利语字母的读音，应为 p（所以在一些有关这个字母的传统写法中，它也有读为 p 的），现在之所以读为 ʔb，也是因为它的前面原来应该有个前缀，这个前缀现在同样脱落了，留下了一个痕迹 ʔ。它原来为清音，现在之所以读为浊音，应是受前缀中的鼻音成分同化或影响所致。而这个字母之所以又两读，即：通常读作 b，而也有读作 p 的，这正是这种音变情况的真实反映。字母 42 就其字形来看，应为 pr/l，现在之所以读为 p，乃是由以下两种音变情况所导致，即：一、原来字母表上读音为 p 的字母 29，作 b 用了；二、原来的复辅音 pr/l，像现在所见，大都演变成了单辅音 p。

以下，我们就开始论证这种解释。

一开始，我们就谈到本文的考释是从我们对孟高棉语与侗台语所作的比较得到启发的，因此，本文所用的材料也大多来自孟高棉语。在前面我们对我国孟高语所作的有关介绍中人们可以看到：

一、我国的大部分孟高棉语，前缀并不发达：它跟我国的傣语，以及其他侗台语中的情况差不多。但是，克慕语却有一套被国外一些学者称为“次要音节”或附加音节的前缀。

二、在布朗语中，除了有两套在一般孟高棉语或侗台语中可以见到的鼻音、边音、擦音、擦颤音，即 m、mh（或 m̥、hm）之类的音外，尚有一套带先喉塞音的这类音，即 ʔm 之类的音；在崩龙语中则有两个带先喉塞音与不带先喉塞音成为条件变读的塞音：ʔp（p）、ʔt（t）。

关于第一点，就我国孟高棉语所作的比较来看，克慕语的前缀，在其他几种孟高棉语中，大致有以下几种变化情况，即：

1. 脱落			rŋ‘kɔŋ	gɔŋ	山、冈
Km	W	词义	l’vɛk	luaʔ、s’vɛʔ	佤族
l’ŋa	ŋɛʔ	芝麻、苏子	m’par	bu̠a̠	卷儿
m’brăŋ	bruŋ	马	par	pu̠a̠	卷
n’dak	da̠k	舌头	m’puik	bɯ̠i̠k、bhɯ̠i̠k	自行脱落
ŋ‘kar	ka̠	黄鼬	puik	pɯ̠i̠k	脱
p’teʔ	tɛ̠ʔ	泥土	m’piar	bi̠a̠	簸箕
pr’loŋ	lɔŋ	门、寨	m’pil	bi̠	瓜
tr’laih	la̠i̠h	街	n’toh	dɔ̠h、glɔ̠h	自行剥落
tm’briŋ	bruiŋ	虱子	toh	tɔ̠h、klɔ̠h	剥
tŋ‘dʑur	dʑɯ	下坡路	n’tar	da̠	晒
tɕ‘mɤʔ	ma̠u̠ʔ	绳索	ŋ’kah	ga̠h	自解、松散
tɕ’ndrɤŋ	ru̠ŋ	兽角	kah	ka̠h	解
k’mɔt	mɔ̠t	蛀虫	t’nɔh	do̠t	嘴

kl'meʔ	meʔ	甘蔗
kn'dʑɯar	tɕo	烤火
s'kap	ka̱p	甲，天干之一
sr'glɔk	gla̱u̱k	敲
sn'dɔr	dɔ	笕槽

2. 简化

Km	W	
r'vai	s'vai	虎、豹
l'vɛk	s'vɛʔ、luaʔ	佤族
pr'jɔŋ	s'jɔŋ	龙
pl'doh	s'duah	炸、使裂开
tl'gɔk	s'giak、s'gɤk	蒂、把儿
tɕ'ʔaŋ	s'ʔa̱ŋ	骨头
tɕm'brɔʔ	s'meʔ	男
tɕn'drɯah	s'ga̱h	梳子
tɕŋ‘khrɔʔ	s'grɔ̱k	壳壳
km'buar	s'bauʔ	鳞鲤
kn'diŋ	s'daiŋ	肚脐
sr'kiap	s'giap	钳子

3. 并为一个音节：

r'maŋ	mha̱k (m̥ak)	富
tɕn'drɯp	dʑu̱p、dʑhu̱p	可穿戴之物
tɕn'drɯp	dʑhu̱p	可套之物
tɕn'drɯp	dɛp	可盖之物
tɕrɯp	tɕɯ̱p	穿、戴
tɕrɯp	tɕhu̱p	套
tɕrɯp	tɛp	盖
km'm̥ak	gha̱k	痰、咳痰
kn'tăŋ	do̱ŋ	脑
kn'drɔŋ	krɔ̱ŋ	脊背
kn'drɯaŋ	kraɯŋ	物、东西
kr'vɛ	khu̱a̱n	头上毛旋、魂
kl'ʔak	la̱k	乌鸦
sr'vai	rai	丙，天干之三
kl'ʔɛk	kla̱ik	腋，胳肢

4、衍化为两个音节（联绵词）

r'hiɔk	(*b'hiɔ̱k)	活扣，捕鸟之器具
rɔk hiɔk	dʑhɔ̱k	活扣，捕鸟之器具
–	phiɔk	勒
tɕ‘klăn	so̱k la̱ʔ	肾
k'tai	kɔŋ kɔi	兔子

关于第二点，布朗语中带有先喉塞的那些音 ，从与克慕语比较看来，大都是前缀脱落留下的痕迹，如：

Km	Bu	词义
k'mɔt	$ʔmuat^{51}$	蛀虫、蛀蚀
sr'mɛŋ	$ʔmɤik^{55}$	星
–	$ʔmɔk^{214}$	竹筒
–	$ʔmɔŋ^{31}$	锄头上斗柄的圆孔
k'ni、gi	$ʔni^{55}$、$n̥i^{31}$（hni^{31}）	这、这个
srăp	$ʔnap^{31}$	乙，天干之二
s'miai	ʔȵer	今日，第五天

sn'dɔr	ʔŋɔ^{31}	笕槽
–	ʔŋɔp^{55}	抱
–	s'ʔŋai^{51}	远
–	s'ʔŋet^{31}	滗
tɕ'lɔŋ	ʔluaŋ^{51}	船
kl'ʔɛk	ʔlɛk^{31}	胳肢窝、腋
kl'bɔk	ʔrɔk^{31}	木铎、竹铃
–	ʔrut^{31}	皱缩
–	ʔrɔiŋ^{51}	缺牙
–	ʔrai^{51}	藤、篾
–	ʔrɤi^{31}	鸡嗉子果、须生果（无花果属）

崩龙语中的ʔp（p）、ʔt（t），如前所述，是一种条件变读，即凡单独作声母时，习惯均念为ʔp、ʔt，与 r 结合时习惯念 pl、pr、tl、tr 之类。这两个音之所以会有带先喉塞音的读法，也应该与前缀有关的，因为在崩龙语中，有些动词、形容词，有一种变化形式，是在这个动词、形容词的前面加上一个韵腹为 u 的和谐音节表示一种反复多次的不经意的附加意义，如：

原形	词义	变化形式	词义
phăr	旋转	phŭr phăr	旋来转去、旋转旋转
făr	乱	fŭr făr	零零乱乱

它也可以在每一个音节的前面，再加一个前缀 k，或只在后面的，即主要的音节前面加一个前缀 k，如：

原形	词义	变化形式	词义
phăr	旋转	phŭr phăr	转来转去、旋转旋转
		k'phŭr k'phăr	转来转去、旋转旋转
		phŭr k'phăr	转来转去、旋转旋转
k'văr	搅拌	k'vŭr k'văr	搅来搅去、搅拌搅拌
		vŭr k'văr	搅来搅去、搅拌搅拌
făr	乱	fŭr făr	零零乱乱
		k'fŭr k'făr	零零乱乱
		fŭr k'făr	零零乱乱
k'lɔ̆k	凹下	k'lŭk k'lɔ̆k	坑坑洼洼
		lŭk k'lɔ̆k	坑坑洼洼

当它采取最后一种形式时，常常也把这种 k' 读作 ʔ，即：

phŭr k'phăr ～ phŭr ʔ'phăr	转来转去、旋转旋转
vŭr k'văr ～ vŭr ʔ'văr	搅来搅去、搅拌搅拌

fŭr k’fŏr ～ fŭr ʔ’făr　　　　　　零零乱乱

lŭk k’lɔ̆k ～ lŭk ʔ’lɔ̆k　　　　　　坑坑洼洼

至于ʔp、ʔt 单独作声母时，都是习惯读作带有先喉塞音的，而无作 p、t 的，尽管从与我国的其他孟高棉语比较来看，它们中有不少是与这些语言中没有前缀的 p、t 对应的；我们认为，应是类化作用的结果。这正如，下面将会见到：尽管我们认为傣语ʔb、ʔd 这两个音中的ʔ-是前缀脱落的痕迹，但其中并不完全都是这样的，也有一些是原无前缀也不应带ʔ-的，但因受大部分带有ʔ-这类字的影响，类化而成为现在也带有ʔ-的一样。

与侗台语比较：

首先，侗台语中也有前缀，这是明白无疑的。不但如此，有的侗台语，如泰语，也有丰富的前缀。翻开《泰华大辞典》，第一个字母 **ก**，即中音组的 k，我们认为就有如下前缀：k’、kr’、km’、kn’、kŋ’。

	字例	读音	词义
k’	กบิล（กบิน）	k’bǐl$_{1}$(读为 k’bǐn$_{2}$)	规例、制度
	กมล（กะมอน）	k’mɔl$_{2}$(读为 k’mɔn$_{2}$)	莲花
	กระมล	kr’mŏl$_{2}$(读为 kr’mɔn$_{2}$)	莲花
	กะตอก	k’tɔk$_{7L}$	痰盂
	กะเบ้อ	k’bɤ$_{3}$	蝴蝶
	กะปริบ、กระปริบ	k’prĭp$_{7s}$、kr’prĭp$_{7s}$	眨眼
	กะพริบ	k’phrĭp$_{8s}$	眨眼
		k’phrĭp$_{8s}$	一霎眼、一刹那
	กะเปา、กระเปา	k’pău$_{1}$、kr’pău$_{1}$	大风子树
	กะเหรี่ยง、ยาง、 กง้	k’riaŋ$_{5}$、jaŋ$_{2}$、kăŋ$_{3}$	央子、克伦族，分布于泰国西部、缅甸与我国云南南部如勐养等地的一种民族
	กะเอา、สะเอา	k’ʔău$_{1}$、s’ʔău$_{1}$	腰
	กาด、ตลาด	kat$_{7L}$、t’lat$_{7L}$、tlat$_{7L}$	街，泰国华侨称哒叻
kr’	กระเกรียม ตระเกรียม	kr’kriam$_{1}$、tr’kriam$_{1}$	准备
	กระดาย、ระดาย	kr’khai$_{2}$、r’khai$_{2}$	粗糙的、割手的
	กระจอก	kr’tsɔk$_{7L}$	麻雀
	กระจอน	kr’tsɔn$_{1}$	松鼠
	กระจี๊	kr’tsi$_{3}$	呢喃
	กระจุบ	kr’tsŭp$_{7s}$	套口、罩子
	กระฉอก	kr’tshɔk$_{7L}$	凹入的

กระชอน	kr’tshɔn$_2$	蝼蛄
กระซิบ	kr’sĭp$_{8s}$	耳语
กระซิบ กระซาบ	kr’sĭp$_{8s}$ kr’sap$_{8L}$	窃窃私语
กระซุบ กระซิบ	kr’sŭp$_{8s}$kr’sĭp$_{8s}$	窃窃私语
กระดุม	kr’dŭm$_1$	钮扣
กระดาษ	kr’dat$_{7L}$	纸
กระดิ่ง	kr’đĭŋ$_5$	小铃
กระดูก	kr’duk$_{7L}$	骨骼
กระเด็น	kr’dĕn	飞溅、反弹
กระโดด	kr’dot$_{7L}$	跳、纵身一跳
กระต่าย	kr’tai$_5$	兔子
กระตุก	kr’tŭk$_{7s}$	急扯、抽筋
กระทอ	kr’thɔ$_2$	泰北山区驮物的竹篓
กระทา	kr’tha$_2$	鹧鸪
กระทุ้ง	kr’thŭŋ$_4$	直撞
กระบอก	kr’bɔk$_{7L}$	竹筒
กระบอกตา	kr’bɔk$_{7L}$ta$_1$	眼眶
กระบถ、กบฏ	kr’bŏt$_{7s}$、k’bŏt$_{7s}$	背叛、叛逆
กระบิด	kr’bĭt$_{7s}$	绞紧
กระเบื้อง	kr’bɯaŋ$_3$	瓦
กระบอง、บอง	kr’pɔŋ$_5$ 、pɔŋ$_5$	膨胀
กระพอก	kr’phɔk$_{8L}$	说、述、告诉
กระพอง、กำพอง	kr’phɔŋ$_2$、km’phɔŋ$_2$	屋里及车上的木架、阁楼
กระพัง、ตะพัง	kr’phăŋ$_2$、t’phăŋ$_2$	井边
สะพัง	s’phăŋ$_2$	井边
กระพา	kr’pha$_2$	负物的竹篓
กระแพง、กำแพง	kr’phɛŋ$_2$、km’phɛŋ$_2$	墙、城
กระยาง	kr’jaŋ$_2$	鹭
กระยาง	kr’jaŋ$_2$	三脚架
กระรอก	kr’rɔk$_{8L}$	松鼠
กระลู่น์	kr’lu$_6$	可怜
กระออม	kr’ʔɔm$_1$	小罐
กระศัย、กระษัย	kr’săi$_1$	病、病态的
กระสา	kr’sa$_1$	楮、构

	กระแส	kr’sɛ$_1$	道、水流
	กระไส	kr’sǎi$_1$	沙
	ทราย（ซาย）	sai$_2$	沙
	กระหยัง	kr’jǎŋ$_1$	篓、篮
	กระหยิ่ม、ขยิ่ม	kr’jǐm$_5$、khjǐm$_5$	欣喜、欢乐
	กระอึด	kr’ʔɯ̆t$_{7s}$	闷、郁
	กระอุ	kr’ʔǔ$_1$	热的
	กระแอก	kr’ʔɛk$_{7L}$	乌鸦
	กาก	kak$_{7L}$	乌鸦
	กระไอ	kr’ʔǎi$_1$	气味
km	กำราบ、กราบ	km’rap$_{8L}$、krap$_{7L}$	拜、谒、跪拜
	กำดาล、ดาล	km’dan$_1$、dan$_1$	熟练
	กำด้น	km’dǒn$_3$	脖子
	กำนัน	km’nan$_2$	阻隔
	กำผลา	km’phla$_1$	长刀
	กำเนิด(กำเหนิด)	km’nɤt$_{7L}$	出生
	เกิด	kɤt$_{7L}$	出生
	กำพู、กัมพู	km’phu$_2$	螺、贝
	กำบัง	km’bǎŋ$_1$	遮、掩
	กำบัด	km’bǎt$_{7s}$	扫、以手掸扫
	กำพร้า	km’phra$_4$	孤；孤儿
	กำเลาะ	km’lǎuʔ$_{8s}$	年青的
	กำไล	km’lǎi$_2$	手镯、脚镯
kn’	กัลเม็ด	kn’mět$_{8s}$ (*kl’>kn’)	手法、计策
	กันดาล	kn’dan$_1$	中间、中央
	กุญแจ、ประแจ	kn’tsɛ$_1$、pr’tsɛ$_1$	锁、插销
kŋ’	กังเกียง、กำเกียง	kŋ’kiaŋ$_1$、km’kiaŋ$_1$	不谐、不相称

其他部位，不再一一摘录。据我们看来，泰语的前缀系统与我们前面所列的克慕语前缀系统是很相似的。

其次，侗台语的前缀，就泰语与其他有关语言的比较来看，也有类似上述孟高棉语前缀的变化情况：

1. 脱落：

T	XD	DD	W	词义
k’bǐn$_1$	–	–	bɯ	规例、制度
k’mɔn$_2$	bo$_1$	mo$_2$	vo̱	莲花

kr’kriam$_1$	–	hiam$_2$	–	准备
tr’kriam$_1$、triam$_1$	hian$_2$	hian$_2$	khrian	准备
kr’tsɔk$_{7L}$	nok$_8$tsɔk$_{7L}$	lok$_8$tsɔk$_{7L}$	–	麻雀
kr’tsɔn$_1$	–	tsɔn$_3$	–	松鼠
kr’tshɔn$_2$	–	–	–	蝼蛄
kr’sǐp$_{8s}$	sɛp$_8$	–	–	耳语
kr’sǔp$_{8s}$kr’sǐp$_{8s}$	sɔp$_8$sɛp$_8$	sɔp$_8$sɛp$_8$	sup siap	窃窃私语、耳语
kr’dǔm$_1$	mak$_{7L}$tɔm$_{7L}$	tum$_5$	tɔm sɤ	钮扣
k’bɤ$_3$	bɤ$_3$		–	蝴蝶
k’ʔǎu$_1$、s’ʔǎu$_1$	ʔɛu$_1$	ʔɛu$_6$	–	腰
kr’duk$_{7L}$	duk$_{7L}$	luk$_{7s}$	–	骨骼
kr’bɔk$_{7L}$	bɔk$_{7L}$	mɔk$_{7L}$	mɔk	竹筒
kr’bɯaŋ$_3$	bɤŋ$_3$	–	bɤŋ	瓦
kr’jaŋ$_2$	nok$_8$jaŋ$_2$	lok$_8$jaŋ$_1$	lok jaŋ	鹭
kr’rɔk$_{8L}$	hɔk$_8$	hɔk$_8$	–	松鼠
kr’ʔɔm$_1$	–	–	ʔɔm	小罐
kr’phɔk$_{7L}$	bɔk$_{7L}$	mɔk$_{7L}$	–	告诉、说给
kr’sǎi$_1$	–	–	saɯʔ	病
kr’sa$_1$	sa$_1$	sa$_1$	sa	构、楮
kr’ʔɯ̌t$_{7s}$	ʔɯt$_{7s}$、ʔɯn$_1$	ʔɯm$_6$	ʔɯt	闷、郁
kr’sɛ$_1$	–	se$_2$	–	水流、河道
kr’jaŋ$_1$	jǎŋ$_5$	–	jaŋ	篓、篮
kr’ʔǎi$_1$	ʔai$_1$	ʔai$_1$	s’ʔoi	气味、臭气
kr’thɔ$_2$	–	–	tɔ	驮运
km’phu$_2$	–	–	bluʔ	螺、贝
km’pǎt$_{7s}$	pǎt$_{7s}$	pǎt$_{7s}$	pih	扫
–	pǎt$_{7s}$	pǎt$_8$	phiah	掸、拂
km’phla$_1$	pha$_4$	pha$_4$	–	长刀
km’phɛŋ$_1$、kr’phɛŋ$_1$	veŋ$_2$	veŋ$_2$	veŋ	城、城墙

（下略）

2. 简化：

T	XD	DD	W	词义
kr’dat$_{7L}$	k’dat$_{7L}$	–	–	纸
kr’pǎu$_1$、k’pǎu$_1$	–	–	s’bauʔ	大风子树

kr’dot$_{7L}$	–	–	s’dot	跳、纵身一跃
kr’lu$_{6}$	–	ʔi’lu$_{1}$	–	可怜
kr’ʔŭ$_{1}$	ʔŭn$_{5}$	ʔun$_{5}$	s’ʔu̲	温、热乎
kr’tai$_{5}$	k’tai$_{5}$	–	–	兔
km’lăuʔ$_{8s}$	–	–	s’la̲u̲	有青春活力的
km’dan$_{1}$	–	–	s’na̲ʔ	中间、中央
kn’tsɛ$_{1}$、pr’tsɛ$_{1}$	kh’tsɛ$_{1}$	–	s’ge̲	锁、插销
km’phɔŋ$_{2}$、kr’phɔŋ$_{2}$	–	–	s’ba̲u̲ŋ	房屋及车上的木架、阁楼
k’bĭn$_{1}$	kh’bit$_{7L}$		bɯn	规例、规律
tsm’ŋai$_{2}$(**จำงาย**)	–	–	s’ŋai	远、遥远

（下略）

3. 并为一个音节：

T	XD	DD	W	词义
kr’tshɔk$_{7L}$	–	–	klɔ̲k	凹入的
–	xok$_{8}$	xok$_{8}$	ʥɔ̲k	洼洼、碓窝
k’tɔk$_{7L}$	kɔk$_{7s}$	kɔk$_{7s}$	kɔ̲k	盂、口缸
kr’phɔk$_{8L}$、tr’phɔk$_{8L}$	–	–	tɔk	钵
kr’přip$_{7s}$、k’přip$_{7s}$	–	–	khia̲p	眨眼、一刹那
k’phřip$_{8s}$	–	–	–	眨眼、一刹那
khj̆ip$_{7s}$	–	–	–	眨眼、一刹那
k’riaŋ$_{5}$、jaŋ$_{2}$	jaŋ$_{2}$	jaŋ$_{2}$	jaŋ	央子、克伦族
kaŋ$_{3}$	–	–	–	央子、克伦族
tr’lat$_{7L}$、t’lat$_{7L}$、tlat$_{7L}$	kat$_{7L}$	kat$_{7L}$	la̲ih	街、哒叻
klat$_{7L}$、kat$_{7L}$	–	–	–	街、哒叻
kr’bɔk$_{7L}$ta$_{1}$	–	–	ghlɔ̲k ŋa̲i̲	眼眶
kr’bŏt$_{7s}$、k’bŏt$_{7s}$	fɯn$_{4}$	fun$_{4}$	fɯn	叛逆
kr’jaŋ$_{2}$	–	keŋ$_{2}$	kiaŋ	三脚架
kr’jĭm$_{5}$、khjĭm$_{5}$	tsŭm	tsom$_{2}$	–	欣喜、欢乐
kr’ʔɛk$_{7L}$、kak$_{7L}$	ka$_{1}$	ka$_{6}$	la̲k	乌鸦
km’rap$_{8L}$、krap$_{7L}$	xop$_{8}$	xɔp$_{8}$	krup	拜、谒、跪拜
km’nɤt$_{7L}$、kɤt$_{7L}$	kɤt$_{7L}$	kɤt$_{7L}$	kɤt	出生
km’lăi$_{2}$	–	–	ble	手镯、脚镯
kh’tsɔk$_{7L}$	–	–	tɕhɔ̲h	跛
kh’nɔŋ$_{1}$	–	–	krɔ̲ŋ	脊背

kh'nat$_{7L}$	–	–	diak	尺度、标准
–	tɛk$_8$	tɛk$_8$	tiak	度量
kh'jɔŋ$_1$	jɔŋ$_1$	–	jhọt	惊骇、精神失常
kh'jat$_{7L}$、khlat$_{7L}$	–	–	lhạt	害怕
kh'jĭk$_{8s}$（ขะยิก）	–	–	grɯʔ	挪动、移动一点
kh'jŭk$_{8s}$（ขะยุก）	–	–	–	

（下略）

4. 衍化为两个音节（联绵词）：

T	XD	DD	W	词义
k'bɤ$_3$	kap$_{7L}$bɤ$_3$	–	puŋ piaŋ	蝴蝶
k'dĕn$_1$	–	–	taŋ tiat	飞溅、反弹
	–	–	taŋ tuat	反弹
	–	–	phụ phriạt	飞溅
	–	–	phrụ phrạt	飞溅
kr'tha$_2$	–	–	tạk tạ	鹧鸪
kr'tai$_5$	k'tai$_5$	paŋ$_6$tai$_2$	kɔŋ kɔi	兔子
tsm'răp$_{8s}$（จำนับ）	tsăp$_{7s}$jăp$_8$、săp$_{7s}$jăp$_8$	–	–	捕捉

下略

经过这样的一番比较和分析之后，让我们转入需要论证的问题，这也许不会使人感到突兀了。它们在泰语、佤语中的对应关系如下：

21. b^H

T	XD	DD	W	词义
pre'p / b	b	p	pre'p / b	
kr'bɯaŋ$_3$ (ขระเบื้อง)	bɤŋ$_3$		bɤ̰ŋ	瓦
sp'bĭ$_1$（สปบิ）	sp'pĭ$_1$、săp$_1$pĭ$_1$(ᨪᩥ)		bɯ	酥油，熟酥

注：XD 这个字写作ᩝ，而读作 p^H

pŭm$_5$(ปุ่ม)	pɤm$_3$	–	bṳm	阴户、阴根
pŭm$_3$(ปุ้ม)	–	–	bɯm	钝
mŭm$_6$(มุ่ม)				钝
–	pak$_{7L}$	pa$_3$、la$_3$	plạk	边、面
注：	水语：baŋ$_5$			边、面
–	pak$_{7L}$	pa$_3$	plak	一半

k’bǐn$_1$	kh’bit$_{7L}$	–	bɯn	规则、制度
pr’phe$_2$ni$_2$(ประเพณี)	–	–	bɯn	风俗、习惯
–	–	maŋ$_2$phǎu$_1$	s’bau̲	花面狸、俗叫破脸狗
beʔ$_{7s}$	bi$_5$	–	bi̲h	绷开
ba$_1$、ba$_5$	bǎu$_5$	pǎi$_5$	pɔ	别、不要
注：崩龙语：brar 别、不要				
–	bĕʔ$_7$	le$_4$	blai̲h	敞开、打开
t’phan$_2$、s’phan$_2$	–	–	s’ba̲u̲k	桥梁
(คะพาน 、สะพาน)				
–	bok$_{7s}$	–	pauk	挖
–	–	–	bauk	锄、挖的工具
buan$_1$	–	–	puan	肉、荤菜
baŋ$_1$	–	–	ba̲ŋ	遮、盖、棚
–	bɛ$_3$、pĕʔ$_8$	pe$_4$	peʔ	羊
bɤk$_{7L}$、pek$_{7L}$	bɤk$_{7L}$	pɤk$_{7L}$	plu̲k	戊，天干之五
hɯa$_3$	–	–	prɤ	山魈、鬼魅
		m		
baŋ$_5$	baŋ$_5$	maŋ$_5$	–	飞
–	–	–	bla̲k	蝙蝠
–	bǎŋ$_5$	–	pa̲ŋ	支、干
bia$_3$	be$_3$	me$_3$	bluʔ	贝
–	bɛn$_3$	mun$_2$	blin、brin	瞪眼
–	–	–	blian、brian	瞪眼
–	bon$_1$	mon$_3$	phiʔ	水獭
–	bun$_5$	mon$_4$	–	钻进、钻出
bǔn$_1$(บุญ)	bun$_1$	mon$_6$	bu̲an	福分
bǐn$_1$	bin$_1$	men$_6$	pu̲	飞
注：石家语 bɯl$_1$			Km: pɤr、tɯr	飞
bŋ’hɤn$_1$(บังเหิน)	–	–	–	飞腾
bǎn$_1$(บรรณ)	pik$_{7L}$	pik$_{7s}$	pru̲ik	翅膀、翼
注：Km：p’nɤr 翅膀、翼				
ban$_1$、bĕʔ$_{7s}$	bin$_3$	–	pla̲h、pla̲k	展开
tr’bɛ$_5$、bɛ$_1$	–	–	–	展开
ban$_1$	bin$_3$	maŋ$_6$	pla̲h	张、页

bǎi$_1$	bǎi$_1$	maɯ$_6$	–	叶
bǎi$_1$	bǎi$_1$	maɯ$_6$	pla̱h	片
–	bǎi$_1$	mǎi$_6$	tɕa̱h	披
–	–	mǎk$_{7s}$	ba̱k	原定、本想
ph'bu$_1$(พะบู、พบู)	bǎi$_1$	–	bauh	脸、面部、容貌
phlu$_2$（พลู）	bǎi$_1$pu$_2$	mu$_4$	–	槟榔
xa$_1$	xa$_1$	xa$_1$	ba̱	大腿

注：泰文作 ขา，疑当作 ฆา、kh'ma

–	bɔm$_1$、pɔm$_1$	mom$_5$、pɔm$_6$	–	隐藏、躲藏
baŋ$_3$	–	–	bla̱h	有些、部分
mǎŋ$_6$	–	maŋ$_6$	–	有些、部分
laŋ$_2$	laŋ$_2$	–	–	有些、部分
–	pak$_{7L}$	maŋ$_3$	pla̱k	一半
–	ba$_5$	ma$_5$	–	肩

注：芒语：pŋ'bǎk$_{55}$

bǒm$_5$	bum$_5$	mom$_5$	s'mu̱m	捂
kr'bǔŋ$_1$、bǔŋ$_1$	buŋ$_1$	muŋ$_6$	–	箩、筐
bɔŋ$_5$	bɔŋ$_5$	mɔŋ$_5$	–	凿洞、打眼
bɔŋ$_3$	bɔŋ$_3$	mɔŋ$_3$	mɔ̱ŋ	穿耳、斗锄柄的圆孔等
bɔ$_5$	bɔ$_5$	mo$_5$	mɔ̱	井、水井、矿井
–	bi$_3$	mi$_3$	–	蜻蜓
baŋ$_1$	baŋ$_1$	maŋ$_6$	–	薄
–	ban$_3$	man$_3$	–	村寨
ban$_3$	–	–	–	家、住宅
			ma̱	地、田地

注：Bo：mar 地、田地

bak$_{7L}$	bǎk$_{7s}$	mǎk$_{7s}$	ma̱k	砍
–	–	–	ba̱k	砍树声
bět$_{7s}$	bet$_{7s}$	met$_{7L}$	me̱t	钓
–	bot$_{7s}$	–	mot	阴
k'bɤ$_3$(กะเบ อ)	kap$_{7L}$bɤ$_3$	maŋ$_5$mɤ$_3$	–	蝴蝶
bɯa$_3$(เบื๊ อ)	bɤ$_3$	–	–	蝴蝶

bau$_5$	bau$_5$	mau$_5$	–	小伙子
bat$_{7L}$	bat$_{7L}$	mat$_{7L}$	ma̱t	伤
bat$_{7L}$	pat$_{7L}$	pat$_{7L}$	pa̱t	割
kr'bɔk$_{7L}$(กระบอก)	bɔk$_{7L}$	mɔk$_{7L}$	mɔ̱k	竹筒
bɔk$_{7L}$(บอก)	–	–	–	竹筒
bɔk$_{7L}$(บอก)	bɔk$_{7L}$	mɔk$_{7L}$	–.	告诉、说给
kr'phɔk$_{8L}$ (กระพอก)	–	–	–	告诉、说给
phrɔk$_{8L}$	–	–	–	告诉、说给
bɔt$_{7L}$	bɔt$_{7L}$	mɔt$_{7L}$	–	瞎
bip$_{7L}$	bip$_{7L}$	–	mia̱n	按摩
bip$_{7L}$	bip$_{7L}$	mip$_{7s}$	mi̱p	紧闭、挤
–	bap$_{7s}$		phi̱ ma̱p	罪孽
n'pha$_2$ (นภา)	–	–	ma̱、rau ma̱	天
kr'bom$_1$(กระโบม)	–	–	mɔ̱k mɔ̱m	抱、依偎
tr'bom$_1$(ตระโบม)		–	kɔm	抱、依偎
tr'ʔom（ตระโอม）	–	–		抱、依偎
	biŋ$_5$	miŋ$_5$	–	使劲、挣出(如解手或生小孩时)
	bɛn$_1$	–	ŋɛ̱t	挺胸
baŋ$_1$	baŋ$_1$	maŋ$_6$	–	薄
–	–	–	mha̱ŋ	薄皮竹
vŋ'vɔn$_2$(วิงวอน)	bɔn$_3$	mɔn$_3$	mhai̱ŋ	恳求、要求
vɔn$_2$	–	–	–	恳求
–	boi$_1$	moi$_6$	–	瓢、竹筒瓢
–	bǎu$_1$	mǎu$_6$	–	轻
bǔŋ	–	–	maiŋ	蚊、蚋
rǎi$_2$	hǎi$_2$	hǎi$_2$	mhai̱ʔ	鸡虱
注：水语：bǎi$_1$ 鸡虱				
bǒk$_{7s}$	bok$_{7s}$	hok$_8$	rauk	陆、高平之处
tshai$_2$	tsai$_2$	tsai$_2$	s'meʔ	男子
注：水语：ban$_1$			Km：tɕm'brɔʔ	男子
			Bo：ʔi'ma i	男子
kr'mǒn$_2$、k'mǒn$_2$	bo$_1$	mo$_6$	vo̱	莲花

(กระมล กะมล)

bua$_1$	–	–	–	莲花
bɛŋ$_5$	bɛŋ$_5$	mɛŋ$_5$	guah、bɛh	分
注：.			Bo：k’vak	分
kr’bit$_{7s}$、bit̆$_{7s}$	bit$_{7s}$	mit$_{7s}$	s’vit	拧、揪、掐
注：			Bo：k’viat	拧、揪、掐
–	bɯt$_{7s}$	–	vut	一会儿
–	–	vɔn$_2$	vɔ	半疯狂的
vɛŋ$_5$	baŋ$_5$	vɛŋ$_5$	ve̲ŋ	缺口、缺
–	–	maŋ$_3$、mɛŋ$_3$	–	缺口、缺
注：	水语：baŋ$_5$			
bai$_5$	–	–	vai luan	下午
–	bɔp$_{7L}$	mɛp$_{7L}$	via̲p̲、vɔ̲p	瘪
		mi$_5$	s’vi̲h	拨开、剥开一点
–	bɔn$_5$	–	guan、guaŋ	屋基
–	buŋ̆$_3$	moŋ$_3$	kɔŋ	毛虫
mɛŋ$_2$、m’lɛŋ$_2$	mɛŋ$_2$	mɛŋ$_2$	–	虫
–	vak$_8$	–	viak	虫
–	–	met$_{7s}$	s’ve̲t	掰成两半
	beŋ$_5$		s’geŋ、ŋeŋ	歪、倾斜
–	bɛp$_{7s}$	ʔɛp$_{7L}$	ʔia̲p̲	篾盒
boŋ̆$_1$(บงก์)	–	ʔuŋ$_6$	ʔu̲ŋ	泥淖
pre (p 类)’ $^{1}/_{r}$b→d				
di$_1$	bi$_1$	li$_6$	–	胆
注：石家语：bli$_1$ 胆				
s’dɯ$_1$	bɯ$_1$	sa$_1$li$_4$	–	肚脐
dɔŋ$_1$	bɔŋ$_1$	mɔŋ$_6$	briaŋ	腌
注：			Bo：briaŋ	腌、使变酸
kr’dɯŋ̆$_1$（กระดึง）	biŋ$_1$	–	–	铃
kr’diŋ̆$_5$（กระดิ่ง）		hiŋ$_5$	hi̲ŋ	铃
phrɯaŋ$_2$（เพรือง）	–	–	rɤŋ、prɔiŋ	铃
dai$_1$	bai$_1$	mai$_1$	–	薅、芟除
dai	măi$_1$	mai$_1$	–	线
buat$_{7L}$、ph’nuat$_{7L}$	bot$_{7L}$	–	–	剃度、出家

(บวช、ผมวช)				
buak$_{7L}$(**บวก**)	bok$_{7L}$	–	bauʔ	加
ph'nuak$_{7L}$(**ผนวก**)	–	–	nauk	添、增加
ph'ʔŏŋ$_1$(**พะอง**)	–	–	bɔ̱ŋ	单柱梯
ph'vŏŋ$_2$(**พะวง**)	–	–	bioŋ	想念
huaŋ$_5$(**หวง**)	–	–	–	挂念
rm'phɯ̆ŋ$_2$(**รำพึง**)		–	–	怀念
附：				
ph'ŋat$_{7L}$(**ผงาด**)	met$_{7s}$		s'ŋa̱ ɤ̆	洁净
ph'ŋan$_5$(**ผง่าน**)	mot$_{7s}$	–	s'ŋa̱ʔ s'ŋeh	洁净

22. d[H]

T	XD	DD	W	词义
pre't/d	d	t	pre't/d	
dɯ m$_1$、kr'dɯ m$_1$	mak$_{7L}$tɔm$_5$	tum$_5$	tɔ̱m sɤ̱	纽扣
tɛt$_{7L}$	–	tɛt$_{7L}$	diat	阴蒂
mɛt$_{8L}$hi$_1$	–	mɛt$_8$hi$_1$	k'lia̱t	阴蒂
dit$_{7L}$	dit$_{7L}$	lit$_{7s}$	tia̱t	弹、以指弹出
kr'den$_1$	–	–	ta̱ŋ tia̱t	反弹、飞溅
–	–	lit$_{7s}$	taŋ tuat	弹回、蹦回
kr'dot$_{7L}$、dot$_{7L}$	ton$_1$	–	s'dot	跳、纵身一跃
–	dit$_{7L}$	–	tiat	踢
dit$_{7L}$	det$_{7s}$	let$_{7L}$	ta̱ɯ̱h	弹、拨
dĭŋ$_1$	–	–	–	弹琴、拨弦
–	tiŋ$_5$	tiŋ$_5$	ti̱ŋ	弦子、弹拨乐器
ten$_3$	–	–	–	跳跃
tr'phɔŋ$_2$ (**ตระพอง**)	–	–	dɔ̱ŋ re̱	额
tɯn$_5$	tɯ̆n$_5$	tɯn$_5$	s' duat	醒、惊醒
tŭp$_{7L}$	–	–	s'dup	茅寮、偏厦
dɛn$_1$	dɛn$_1$	lɛn$_6$	daɯh	疆域、地方
		ku$_6$ti$_6$	ku daɯh	各处、各地、
		ku$_6$lɛn$_6$	ku dɯ	处处

注：佤语 dɯ 与傣语 ti$_6$ 为一字，见前 11.t[L]，但在这一四音格中，傣语习惯 ti$_6$ 在前 lɛn$_6$ 在后，而佤语习惯则 daɯh 在前，而 dɯ 在后。

dan$_5$	dan$_5$	tɛn$_6$	–	围栏、关卡
–	kwɛt$_{7L}$	–	kla̱t	拦截、堵住

–	tɛt$_{7s}$	tat$_{7s}$	ta̱t	截、断
dɛn$_5$	–	tăt$_{7s}$	–	趋、直抵
dɤn$_1$（เดิร）	–	lɛn$_6$	to̱	跑
–	dɔn$_1$	lɔn$_6$	to̱n、klon	丘
–	–	kun$_6$	tɛ̱ʔ tu̱n	高地
–	–	ŋɔn$_6$	–	岛屿、洲
–	–	–	kun lhoŋ	滚弄，沧源境外地名，意为大沙洲
dɔi$_1$	tɔi$_5$	tɔi$_5$	tɔi̱	敲打
pre'n	d	l	pre'n	
ph'nɔŋ$_2$ (พะนอง、พนอง)	dŭŋ	loŋ$_6$	no̱ŋ	山林、山嶂
dŏŋ$_1$（ดง）	–	–	–	山林、山嶂
ph'năŋ$_1$（ผนัง）	–	–	di̱ŋ	墙壁
ph'nɯ̆k$_{7s}$（ผนึก）	dɯk$_{7s}$	tɤk$_8$	tɯk	闭塞、到尽头
dɔŋ$_1$	–	–	–	婚宴
–	dɔŋ$_1$	lɔŋ$_6$	nɔ̱ŋ	亲家
năi$_2$	năi$_2$	lăɯ$_2$	da̱ɯ̱ʔ	里面
nuat$_{7L}$	not$_{7L}$	lot$_{7L}$	–	胡子
–	–	–	do̱t	嘴
kr'ɗip	–	–	nhi̱m	缓慢、迟钝
năi$_1$	năi$_1$	lăi$_6$	mɔ̱ʔ	哪个、谁、什么
dai$_1$（ใด）	dai$_1$	–	–	哪个、谁、什么
tr'ni$_5$（ตระหนี）	–	thi$_5$	nhi̱	悭吝的
dĕk$_{7s}$	–	lik$_8$	ʔi̱a̱k	小的
kr'duk$_{7L}$	duk$_{7L}$	luk$_{7s}$	s' ʔa̱ŋ	骨头

注：Bo：k' ʔaŋ 骨头

–	–	kaŋ$_6$	s' ʔa̱ŋ	鱼骨
ɗip$_{7L}$	dip$_{7s}$	lip$_{7s}$	ʔi̱m	生的、鲜的
dau$_1$	dau$_1$	lau$_5$	–	星星

注：石家语：trau$_1$ 星星

dau$_1$	dau$_1$	lau$_5$	nau̱	星星、银制排扣
pre'$^{l}_{d}$	d	l	pre'$^{l}_{d}$	
dɯan$_1$	dɤn$_1$	lɤn$_6$	dɤ̱n	月、月亮

–	tsɛn$_1$	–	khi̱ʔ	月、月亮
注：石家语：blian$_1$　Bu：ghiar$_{51}$ 月、月亮				
			Bo：kiar	月、月亮
dɯan$_1$	dɤn$_1$	–	–	蚯蚓
tɯt$_{7L}$(ตึด)		–	–	蛔虫
注：　石家语：tlual$_1$			Bo：liar	蚯蚓
dɔk$_{7L}$	dɔk$_{7L}$	mɔk$_{7L}$	–	花
phn'lɔk$_{8L}$(พันลอก)	–	–	–	开花
plĭt$_{7s}$	det$_{7s}$	–	pe̱h	采摘
–	–	–	le̱h、kle̱h	采摘，如摘包谷
–	–	–	gle̱h	不折自断、自折
kr'lu$_6$、kr'lu$_2$	ʔĭ'du$_1$	ʔĭ'lu$_1$	–	可怜
dɔi$_1$	dɔi$_1$	lɔi$_6$	lɔi、lua	山
kr'diat$_{7L}$(กระเดียด)	–	lep$_{7L}$	giap	挟，别在腰上
dɛt$_{7L}$	dɛt$_{7L}$	lɛt$_{7L}$	ko̱i̱k	阳光、太阳
–	–	paŋ$_5$ lɛt$_{7L}$	paŋ lɛt	沧源班列，意为阳光照到的地方
pr'dŏn$_1$	–	–	blo̱n	增加、使多
	–	–	to̱n	多
–	–	pɔt$_{7s}$、lɔt$_{7s}$、lɔt$_{7L}$	do̱t	短
kr'dŏŋ$_3$、dŏŋ$_3$ (กระด้ง、ด้ง)	dŭŋ$_3$	loŋ$_3$	do̱ŋ、lo̱ŋ	簸箕
di$_1$	di$_1$	li$_6$	–	好
–	–	–	raŋdi	光荣
diau$_1$、liu$_5$	deu$_1$	leu$_6$	–	独、单一
–	–	hɔ$_1$ său$_1$ leu$_6$	ho̱ sau̱ liu̱	独柱楼（在澜沧南栅佛寺）
din$_3$ dɛu$_5$	dăʔ$_{7s}$dăʔ$_{7s}$	–	lu̱ la̱ʔ	挣扎
pre$^{r}_{d}$	d	l/h	pre $^{r}_{d}$	
dɯai$_1$	bɤ$_1$	–	kro̱h	鸡距
注：石家语：pra$_1$　Km：tɕn'drih 鸡距				
dɯat$_{7L}$	–	–	–	沸腾
			Km：droh	沸腾

dɯat$_{7L}$	–	–	lɤt	发怒
m’dɯa$_{5}$(มะเดื่อ)	–	mak$_{7L}$lɔt$_{8}$	ru̱ih	鸡嗉子果、须生果、无花果之属
dɛŋ$_{1}$	dɛŋ$_{1}$	kɛŋ$_{6}$	s’gra̱k	红、紫红
–	–	lɛŋ$_{2}$	s’gra̱k	绛
注：	–		Bu：ʧhraŋ$_{51}$	红
răk$_{8s}$	hăk$_{8}$	hak$_{8}$	graiʔ	漆
注：水语：dăk$_{7}$				
rak$_{8L}$	hak$_{8}$	hak$_{8}$	ha̱u̱	呕吐
注：水语：dak$_{7}$				
rău$_{2}$	hau$_{2}$	hau$_{2}$	ʔe̱ʔ	咱们
注：水语：dau$_{1}$				
maŋ$_{2}$	hoŋ$_{2}$	hoŋ$_{2}$	–	谷穗、包谷包
–	doŋ$_{1}$	–	–	包谷包
注：水语：bjaŋ$_{1}$				
phrăi$_{6}$、răi$_{6}$ (ไพร、ไร่)	hăi$_{6}$	hăi$_{6}$	ma̱ breʔ	山地、林地、地
注：水语：dai$_{5}$　Km：r̥eʔ 山地、林地、地				
dɯm$_{5}$	dɯm$_{5}$	–	rhɯ̱p	饮、喝
–	hip$_{7L}$	–	–	饮、喝
dɯai$_{1}$	–	–	s’biʔ	薏苡
t’raŋ$_{2}$(ตะราง)	–	–	da̱ŋ	牢、监狱
–	xăŋ$_{1}$	xăŋ$_{1}$	krra̱ŋ	关、禁
dam(ดำ)	–	–	riam	薅、莳
dɔm$_{1}$ 、dŏm$_{1}$	dum$_{1}$	lom$_{6}$	–	嗅、闻
dɔm$_{1}$	–	–	–	香器、香的东西
hɔm$_{1}$	hɔm$_{1}$	hɔm$_{1}$	–	香
drĭ$_{1}$	hɤ$_{2}$	hɤ$_{2}$	rɤ	船
phrɯt$_{8L}$(พรืด)	–	–	–	充斥的、繁多的
dɯn$_{5}$(ดื่น)			tɯ̱n	充斥的、繁多的
dut$_{7L}$	dut$_{7L}$	lut$_{7s}$	dɔ̱t	吮吸
dut$_{7L}$	dut$_{7L}$	lut$_{7s}$	jɔ̱t	吸

注：

一、石家语声调，据威廉·杰特内所记有六个：1. 升；2. 低平；3. 低降；4. 高升降；5. 高降；6. 中平、稍降。他所标的调次与本文不同，故标在右上角，以示区别。

二、水语材料，录自倪大白同志的文章，他所记的 b、d 为 ᵐb、ⁿd，与本节讨论的 b、d 不同。本节讨论的 b、d，他标作 ˀb、ˀd。

从上可见，傣语中的 b，在泰语和佤语中读为 pre'p/b、m、v（以及此类复辅音）；傣语中的 d，在泰语和佤语中读为 pre't/d、n、l、r、j（以及此类复辅音）。其中的前缀，有它部位的，也有同部位的。傣语和泰语中的奇数调，佤语相应地为紧音。这种对应关系，是比较整齐，也比较明显的。由于：

1.侗台语的前缀系统和孟高棉语一样，是客观存在；

2.上述前缀与其后面的一般音节结合所发生的变化，完全符合前面所述前缀变化的一般情况和一般规律。

因此，我们认为，上述我们对于字母 29、21 的解释应该是合理的。

下面看字母 42：

T	XD	DD	W	词义
pr	ʦ、t	ʦ、t	pr	
prak$_{7L}$	–	–	–	银
–	–	–	brak	银光色的金属，如锑、铝、钢筋之类的
prǎm$_1$ pra$_1$	–	–	pri̠m	古老的
prǐ$_1$	–	–	pru̠i̠h	绽开
prǐk$_{7s}$	ʦik$_{7s}$	ʦik$_{7s}$	tɕi̠k	尖顶
plǒn$_3$	–	–	–	抢劫
ʦon$_1$	ʦon$_1$	ʦon$_6$	tɕo̠n	盗贼、抢劫
prǐm$_5$	–	–	–	充溢的
těm$_1$	tim$_1$	tem$_6$	te̠m	盈满的
prɛ$_1$	–	–	tɛh	变化、转变
pret$_{7L}$	–	–	phe̠t	长身长头鬼
prǎu$_1$、 pǎu$_3$	pǎu$_3$	pǎu$_3$	plau	丑，地支之二
pik$_{7L}$	pik$_{7L}$	pik$_{7L}$	pru̠i̠k	翅、翼
pl	p	p	pl	
pluk$_{7L}$	puk$_{7L}$	puk$_{7s}$	–	种植
plǐŋ$_1$	piŋ$_1$	piŋ$_6$	pli̠ŋ、kli̠ŋ	水蛭
plɯak$_{7L}$	pɤk$_{7L}$	pɤk$_{7L}$	–	壳
–	pɤk$_{7s}$	pɤk$_{7s}$	plɯ̠k	戊，天干之五
plǎu$_5$	pǎu$_5$	pǎu$_5$	–	空的
pli$_1$	pi$_1$	pi$_1$	–	芭蕉蕾、棕苞
pli$_1$	pi$_1$	pi$_1$	pli̠ʔ	腿肚(如芭蕉蕾鼓起的)
–	–	–	pli̠ʔ	果子

从上可见，泰语和佤语中作 pr 的，傣语中大都为 ʦ、t，只有个别的字读作 p。泰语和佤语中作 pl 的，傣语中大都读 p，因此，巫凌云同志把它拟为 pl，也是可以的。

根据前述老傣文不把复辅音列入字母表的一般性原则，我们推想，当时傣语中的这类复辅音已经大多变为单辅音，但是，正如现在傣文较好的本民族学者，一般都不能知道用这个字母写的有些字，泰语中读为 pr/l 一样，所以老傣文设计者才作了这样一种巧妙的设计和安排。

说到这里，应该说我们对于字母 21、29 和 42 的考释是完了的，但是，由于我们在本节里所提出的材料和论点，如果不是前人都未注意到的，至少也是前人没有详细论述过的，因此，我们感到对于有些有关问题，还需进一步阐述我们的看法。对于这些问题的进一步讨论，不但有助于人们对我们在这一节里所论述的问题的了解，而且，对于当前语言学界颇有争论的一些问题，诸如侗台语和孟高棉语的系属问题，也可能会提供新的争鸣材料。

从孟高棉语与侗台语所作的比较来看，我们以为，前缀问题是一个很值得研究的问题，它不但在这些语言的语音结构中占有重要的地位——尽管它在这两个语族的好些语言中，现在都已大大简化了；而且在这些语言的语音演变中起着重要的作用。跟我们通常所说的声母，即一般音节的声母的复杂变化有着密切的关联，而且跟声调、松紧等等语音现象也有着内在的联系。对于前缀问题的深入研究，不但有助于我们对这些语言中所常见的声母之“脱离常规”的变化作出合理的解释，也有助于我们对这些语言中有关声调和松紧等的特殊语音现象作出符合历史的考证。下面，我们不妨举几个例子来看看。

如关于 ^{ʔ}b、^{ʔ}d 和 ^{m}b、^{n}d 的问题：

早在几十年前，一些语言学界前辈就已注意到侗台语中有两套特殊的浊塞音声母，即 ^{ʔ}b、^{ʔ}d 和 ^{m}b、^{n}d。之所以说它们特殊，乃是因为就汉藏语系，或者说，我国西部和南部大部分与汉语有密切关系的少数民族语言的情况来说，声调和声母之间存在着一种内在的制约关系，即通常声调一般可以分为两类，一类是跟清声母结合的，一类是跟浊声母结合的，前者在汉语中为阴调类，在侗台语中习惯称为奇数调，后者则称为阳调类或偶数调。可是这两套特殊的浊塞音声母，却是只跟奇数调结合，而不跟偶数调结合。对于这种特殊的现象，在此以前也曾有过一些解释，但是，对于这些解释，恐怕还不都是无可争议的。

在对我国孟高棉语的研究中，我们注意到了我国孟高棉语的松紧或声调是一种后起的现象。从佤语与傣语的比较来看，佤语中的紧音，一般是与傣语中的奇数调相当的；佤语中的松音，一般是与傣语中的偶数调相当的。如果说，奇数调与清声母结合，偶数调与浊声母结合是侗台语中的一般性规律之一，那么，佤语的紧音也应是与清声母结合，松音也应是与浊声母结合的。在第一节，我们对于那十六个塞音（或塞擦音）声母的研讨，正是从这样一种一般性的规律中出发，并得到符合实际情况的结论的。如果在佤语中有清声母、松音而与傣语中的低音组字母、偶数调对应的，那么，根据这条一般性的规律，我们大致可以判定它应是浊声母，而且，其他孟高棉语也是确实能找到它是浊声母的，但是，如果都是这样，那么，所有清声母都不该有松音，所有浊声母也就不该有紧音了。可是事实却不然。当我们再作进一步的探讨时，我们就发现了这个前缀问题。

如我们所知，克慕语中是有着丰富的前缀的，前缀能表示各种附加意义，在构词上起着重要的作用。在佤语中，这些前缀，有些是脱落了，有些则与其后的一般音节的声母合并了。在这种合并的情况中，有几种情况是引起了我们的注意的：

1.如果前缀是塞音一类，它往往使其后一般音节成为紧音，如：

根词	词义	变化	词义
lih	出去	pli̱h	使出去
laik	进入	plai̱k	使进入、关进
		glai̱k	入睡
juṯt	熄灭	pruṯt	使熄灭、弄熄

2.如果主要音节的声母为塞音，前缀是同部位的鼻音，结合为浊塞音后，这样的音节也往往是紧音，如我们在前述克慕语与佤语前缀比较的“合并”一节中所见。

这种情况，与侗台语中所见的两套浊塞音字母之与奇数调结合，可说是不谋而合的。如果第一类情况中的塞音前缀脱落了，留下 ʔ- 或者 ʔ 也脱落了，只留下紧音，那么就像侗台语中的第一套浊塞音声母，即 ˀb、ˀd；如果是第二类的情况，那就像侗台语的第二套浊塞音声母，即 ᵐb、ⁿd。

关于第一套浊塞音，我们在本节已经作了充分的论证；关于第二套浊塞音，倪大白同志以为是与原始台语中的复辅音声母复杂变化有关。我们以为，倪大白同志的解释跟我们的解释是非常接近的，因为，如我们所知，这些语言中的前缀不但常与其后一般音节的声母结合为复辅音声母，而且在一般情况下，要区分哪是前缀，哪是复辅音声母，有时甚至是很困难的。以佤语来说，它的声母中有 r、l，也有 pr/l、kr/l，又有 p’、k’ 之类的前缀。当 r、l 之类的声母前面有 p’、k’ 之类的前缀时，即 p’r/l、k’r/l，它们与 pr/l、kr/l 之类的复辅音声母实在是很难区分的。如沧源的佤族自称 p’rauk，这个词的前部分即声母和前缀，与“肋” prau̱k 这个词的前面部分，即复辅音声母，在一般情况下，可以说是没有什么不同的，只有从语音和语法上细加分析，才能知道两者之间的区别。又如，同是西双版纳允景洪傣语，在傅懋勣教授等于 1956 年整理的音位系统中就没有复辅音声母——全部作轻读音节处理。但在刀世勋副教授最近所写的有关允景洪傣语音位系统的文章中，就有一系列如本文开头所介绍的复辅音声母。但是，从我们前面所举的各种有关语言的材料来看，我们认为，侗台语中的这一套浊音声母，除了倪大白同志所说，主要还应是与前缀的复杂变化有关的。如：

T	Sui	Km	W	词义
răi$_2$	băi$_1$	–	mhai̱	鸡虱
tshai$_2$	ban$_1$	tɕm’brɔʔ	s’meʔ	男子
phrăi$_2$、răi$_6$	dai$_5$	r̥eʔ	breʔ	山地
–	bok$_7$	–	pok	粗大、茁壮
tshan$_2$	dan$_1$	n’taih	grai̱h	晒台
răk$_8$	dăk$_7$	d’rak	graiʔ	漆

我们认为，这对于解释这些同源词，在各种不同的侗台语中，调类之所以不同，也很方便。如在第一个例子中，泰文中的前引字 ห，即 h ，不正是起着把低音组字母即偶数调，变为高音组字母即奇数调的作用吗？这个前引字与后面的鼻音或边音、擦音结合了，就成为了奇数调，这个前引字脱落了，就成为了偶数调，而在下面一节中，我们即将谈到泰文中有前引字 h 的 m，正是与佤语中的 mh（方言中或作 m̥）对应的！

另外，正是由于它们都是跟前缀有关的，所以这两套浊塞音声母在不同的语言中，有时会出现交叉的情况，如在倪大白同志所举的水语例子中，有几个被他列入第二套浊塞音声母的字在傣语中是属于第一套浊塞音的：

Sui	XD	
$baŋ_5$ [$^{m}baŋ_5$]	$baŋ_5$[$^{ʔ}baŋ_5$]	缺口
$bjaŋ_1$ [$^{m}bjaŋ_1$]	$doŋ_1$[$^{ʔ}doŋ_1$] 、$hoŋ_2$	谷穗、包谷包

再如关于*ʔbl/r → d、*pr → t：

在《台语比较手册》中，李方桂教授为原始台语构拟了一系列如我们在前面所介绍的复辅音声母。其中很引人注目的二项是：

proto –Tai	T
ʔbl/r	d
pr	t

这样的音变条例之成立，在我们看来，从对泰文字母的分析中，也可得到一点启发，因为在泰文的中音组字母中，表 d 的除了一个 ด，还有一个 ฎ；表 t 的，除了一个 ต 还有一个 ฏ。从字形上看，ฎ、ฏ 的上部，都是一个低音组的 ph，这说明它们与 p 类复辅音有关。在李方桂教授选择的例字中，泰语中现在念为 t 的，在其他侗台语中也确有念为 pr 或 phr，泰语中现在念为 d 的，在其它侗台语中也确有念为 br 或 bl 的。但是，这也只是就其大概来说的。实际上，如我们在前面讨论字母 42 时所举的例子，泰语和傣语中有些现在念为 ts- 的也可能是与*pr 有关的。另外，如下面的例子：

T	Sui	SK	词义
ta_1	$^{n}da_1$	pra^1	眼睛
dɯai	$^{ʔ}dɤ_1$	pra^1	鸡距

泰语和水语中这两类不同的舌尖塞音在石语中都读为 pr-。

使我们不能理解的还是，他为什么要在跟泰文字母 ฎ 相当的音之前，无论今古都加上一个 ʔ-；而在跟泰文字母 ฏ 相当的音之前，却无论今古都不加什么。如果说，这是因为声调关系，由于他所构拟的 ฎ 是浊塞音，却是念奇数调，不加 ʔ，不好解释，而他所构拟的 ฏ 却是清塞音，它之念奇数调，合乎常规，所以无须再加什么。当然，这就泰语来说，是通的，但是水语呢，莫语呢？它们不也都念作浊塞音吗？又该怎样解释呢？

从孟高棉语与侗台语所作的比较来看，我们以为，由泰文字母 ฎ、ฏ 所表示的这两个音，都是与 p 类复辅音有关，也都是与前缀有关的，参照李文桂教授的构拟，我们以为*bl/r

→ d 的前缀，应为塞音类，尔后演化成为 ʔ-；而*pr → t 的前缀应是鼻音类，尔后演化成 m（n）-。当然，在现在读为 d（^{ʔ}d）、t（^{n}d）的这类字中，有些原来也可能并不一定都有前缀，现在之所以读作留有前缀痕迹的^{ʔ}d（d）、^{n}d（t），另外还应有^{ʔ}b（b）、^{m}b（p）则应是类化作用的结果吧？

（未完待续）

龚煌城先生汉藏同源词表*

上海师范大学 上海高校比较语言学E-研究院 郑 伟 编

内容提要 龚煌城教授（1934-2010）在汉语上古音、汉藏比较语言学、西夏语研究等领域作出了卓越的贡献。本文搜集、整理了龚先生在十余篇论文中提出的近四百条汉藏语同源词。

关键词 汉藏语 龚煌城 同源词

本词表所搜集的汉藏同源词均来自龚煌城教授从1980年到2006年公开发表的汉藏比较语言学方面的论文。龚先生1957年从台大英文系毕业，后在台北的一所中学里当了九年的英语教师，1968年开始在德国慕尼黑大学攻读历史语言学，1974年获得哲学博士学位。1976年起任台湾中研院历史语言研究所副研究员、研究员，语言学研究所研究员。2004年退休后又担任中研院语言学研究所兼任研究员、学术咨询委员。由于在汉语上古音、汉藏比较语言学、西夏语文研究方面的杰出贡献，龚先生获得了诸多荣誉，其中包括美国语言学会荣誉会员（2001）、台湾中研院第二十四届院士（2002）等。龚先生的博士论文《从同源词的研究看上古汉语音韵的构拟》（1976）是讨论汉语上古音的专著，论文集《汉藏语研究论文集》（2002）和《西夏语文研究论文集》（2002）则分别收录了龚先生在汉藏语比较、西夏语文研究方面的代表性成果。

从1980年发表第一篇汉藏语比较的论文开始，龚煌城先生在这个领域一直走在学术研究的前沿。龚先生受过印欧历史比较语言学的系统训练，对清儒以来汉语上古音研究的各家成果也了然于心，同时又精通日语、德语、英语、俄语等，对古藏语、缅文、西夏语等古代藏缅语文更是非常熟悉。凭借其特殊的学术背景和严谨的治学态度，龚先生二十余年来浸淫于汉藏历史语言学的研究，在该领域发表了十余篇论文，为海内外学者所推重。龚先生提出的数百条汉藏同源词是相当可靠的，这些对应词条可以说是其汉藏语比较研究成果的结晶，但它们都散见于各篇论文，利用起来不甚便利，将其集中起来，制成表格，相互比照，我们觉得是一件值得做的工作。

---

* 该词表的整理工作始于2005年秋（当时笔者正就读于复旦大学中文系博士班），年底恰逢“上古汉语构拟国际学术研讨会”（ISOC）在沪召开，名家云集，龚先生与夫人蔡盏老师也来赴会。笔者得以当面向龚先生请教上古音、汉藏比较语言学诸问题，受益匪浅；其后又承蒙先生寄赠宏著《西夏语文研究论文集》（2002）。今先生已归道山，以后没有机会再向先生请教，思之不禁泫然。这份词表是龚先生二十余年精研汉藏比较语言学的代表性成果，现在将其整理发表，希望能为其他学者的进一步研究提供参考，同时也借此表达对龚先生的无尽感念。本词表的编制得到了上海市汉语言文字学重点学科（S30402）、上海市教委科研创新项目（11YS101）的资助。

跟词表编制有关的几点说明：

①同源词搜集范围。以龚煌城教授发表的九篇论文为准（即龚煌城[1980，1990，1991，1994，1995，1997，2000，2001，2003]，均收入龚先生[2002]的论文集）。第四栏所列数字即为该词条在论文集中的出现页码。个别同源词在论文集中不出现，而见于2002年以后发表的论文，则在相应位置注明文献出处。

②第二栏汉字上古音的拟音照抄龚先生的原文，即主要来自李方桂先生（1971），有些也可能经过了龚先生的修改。随着研究的深入，前后发表的论文中有些汉字的上古音标写会有所不同（如以母、来母字的拟音），词表自然以较新的拟音方案为准。

③汉字及其上古音的标写。声调方面，如上声、去声分别统一加上韵尾-x、-s；声母方面，如影母字统一标作喉塞音ʔ-。另外，表中汉字一律使用繁体书写。

④汉字排序。词表基本按照李方桂先生（1971）拟定的上古韵部来编排，依次为鱼、阳、铎（*-ag/*-aŋ/*-ak）；佳、耕、锡（*-ig/*-iŋ/*-ik）；之、蒸、职（*-əg/*-əŋ/*-ək）；侯、东、屋（*-ug/*-uŋ/*-uk）；宵、药（*-agw/*-akw）；幽、中、觉（*-əgw/*-əŋw/*-əkw）；脂、真、质（*-id/*-in/*-it）；歌、元、祭（*-ar/*-an/*-at）；微、文、物（*-əd/*-ən/*-ət）；谈、葉（*-am/*-ap）；侵、緝（*-əm/*-əp）。每部之内，按汉字今读的音序排列。

⑤第三栏除了列出藏文词条，若有缅文（WB）、西夏语（T）等其他藏缅语的同源词，也相应标出；有时缺藏文同源词，则列出其他藏缅语的相应形式。藏文或其他藏缅语对应词的释义一般只标出英文，有些缺少英文（或者单从英文来看义项不太容易明白的）则列出中文释义。

⑥藏缅语形式的标写。有些语音标写习惯会有前后不一致处（例如缅文的声调系统），一般按照原文抄录，不作统一。藏文的前附小阿(a-chung)的标写除外（前后有N-、'-两种，词表则统一使用后者）。

⑦缩略符号。如：OC-上古汉语（old Chinese）；WB-缅文（written Burmese）；T.-西夏文（Tangut）；PTB-原始藏缅语（proto-Tibeto-Burmese）；STC-《汉藏语言概论》（Sino-Tibetan：A Conspectus，即 Benedict 1972）。

序号	汉字及上古音	藏文（及其他藏缅语）	出处
1	補*bagx	WB pha'to mend a breach; to close a hole by patching'	113
2	除*drjag	'dag 'to clear, to wash away, to wipe off'	9
3	睹*tagx	lta 'to look, to view'	8,113
4	渡*dag	'da 'to pass over'	8,113
5	夫*bjag	pha 'beyond, onward, yonder'~pha-gi 'that which is on the other side'	114
6	膚*plag>*pjag	*plags>lpags 'skin, hide'	71,75,205

7	斧*pjagx	*r-pwa 'ax'(STC#441)	231
8	父*bjagx	pha 'father'(WB a-pha'~ a-bha; T. *wja 'father')	81,114
9	罟*kagx 罛*kag	WB khwa' 'a kind of net'	113
10	胡*gag	ga-na 'where'~ga-tshod 'how much'~gang 'who? which? what?'~gang gi red 'who is he?'~gag gi red 'who is he?'	113
11	樺*gwrags	gro-go 'birch tree or itsback' 樺樹	38,40,114,189,204
12	加*kral	khral 'punishment, tax, tribute, duty'	55,103,201
13	举*kjag	'khyog pf. khyag 'to lift, lift up'	8
14	咀*dzjag	PTB *dza 'eat'(STC#66)	232
15	苦*khagx	kha (WB kha) 'bitter'	7,81
16	苦*khagx	khag-po 'difficulty, hard'; dka-pa 'difficulty, hardship'	7
17	狐*gwag	PTB *gwa 'fox' (STC p.186)	231
18	戶*gwagx	sgo(T. *ɣa) 'door'	25,37,85,114
19	護扈*gwagx	'gogs 'to prevent, to avert unfortunate events, fatal consequences'~'gog-skyong 'to guard, to protect'	85,114
20	吕*grjagx>*rjagx	gra-ma 'the bones of fish'	114,199,202
21	旅*grjagx>*rjagx	d-gra 'nenmy, foe'	114,199,202
22	马*mragx	*mrang>rmang 'horse, steed'; WB mrang^{C} 'horse, pony'	8,200
23	女*nrjagx 孃*nrjang	nya-ma 'house-wife; nyag-mo 'woman'	114,205
24	如*njag 若*njak	na 'if, in case, supposing'	8,114
25	汝*njagx	WB nang 'you' ~ nang' 'you, your'; T. *nja 'you'	81,92,114
26	麝*C-gljias> *gljags	gla 'musk-deer'	75,114,196,207
27	射*m-ljiags>*m-djags>OC *djags	mda<*mla (OB mlâ>mrâ~hmrâ) 'arrow'	198,206
28	貰*gljags	gla 'pay, wages, fee'	75
29	巫*mjag	'ba 'magician, sorcerer, conjurer'	8
30	吾*ngag	nga 'I, we' ; WB nga; T. *nga 'I'~*ngə 'I, my'	7,81,92,114
31	無*mjag	ma(WB ma) 'not'	8,114
32	五*ngagx	lnga; WB ngâ 'five'	7,81,114
33	武*mjagx	PTB *d-mak 'martial/war'	236

34	遐*N-grag	WB kra 'to be long in doing, to be long in time'	113,202
35	迓*ngrags	WB ŋrâ 'meet with'	114
36	夜*rags	zla (WB la)月	34
37	于*gwrjag 往*gwrjang	'gro 'to walk, to go';WB krwa^B 'to proceed, whether going or coming'	25,38,86,114, 189,204
38	芋*gwjags	gro-ma 西藏的番薯	38,114
39	羽*gwrjagx	sgro 'a large feather' 翎翮	25,38,85,114, 204
40	與*glagx>*lagx	gla 'pay, wages, fee'	198,207
41	芋*gwrjags	gro-ma 'potato	204
42	魚*ngjag	nya 'fish'	7,114
43	語*ngjagx	ngag, dngag 'speech, talk, word'	7
44	炳*prjangx	WB prang 'be violent; very; loud'	129,199
45	藏*dzang	gsang 'to conceal secret, hidden'	9,109
46	敞*thjangx	thang 'a plain, steppe, pasture ground'	109
47	紡*phjangx	'phang 'spindle'; WB wang^B 'to spin'	8,129
48	妨*phjang	WB pâng 'to impede, obstruct'	109,129
49	房*bjang	bang-ba 'store-room, store-house'	109,129
50	放*phjangs	spong~spang, pf. spangs 'to give up, to renounce'	8,109,129
51	岡岗*kang<*skang <*sgang	sgang 'a projecting hillor spur'; WB khang 'a strip of high groud'	9,109,130,188
52	梗*krangx 鞕硬*ngrangs	mkhrang~khrang 'hard, solid, firm'; WB rang^B 'mature, firm'(p.9)~krang' 'tense, tight' (p.201)	9,109,130,201
53	胻*grangs 行*grang	krang-nge 'standing'~rkang-pa 'foot, leg, hind-foot'	109,130
54	皇*gwang	gong-ma 'a higher one, a superior'	85,109
55	惶*gwang	'gong 'to despond, be in fear'	85,109,130
56	漿*tsjang	chang<*tshjang 'a fermented liquor, beer, wine'	110
57	狼*drang>*rang	drang 'a kind of bear'	龔(2006:246)
58	量*ljang/*ljangs	grang 'to count, judge, consider'~ grangs 'number'; 'grang 'to number, to count'; WB khrang 'to measure with a measure of capacity'	9,34,39,110, 202
59	糧*grjang>*rjang	'grang 'to satisfy with food, to astiat'	202

60	凉*gljang	grang ‘cold’	9,33,39, 110, 186,189,202
61	良*drjang>*rjang	drang-po ‘straight, right, sincere, honest’	110,205
62	虻蝱*mrang	*s-mrang>sbrang ‘fly, and similar insects without a sting’	130,200
63	盲*mrang	WB mrang ‘see’看见	108,200
64	曩*nang	gna-bo ‘ancient’	9,93,109
65	羌*khlang	WB ‘a Chin’	龚（2006）
66	瀼*njang	na-bun ‘fog, thick mist’~khug-rna, khug-sna ‘fog mist, haze’; WB hnang^{c} ‘dew, fog, mist’	9,109
67	攘禳穰*njang	WB hnang^{A} ‘to drive, to drive away’	9,110
68	讓*njang	gnang ‘to give, grant, concede’; WB hnang ‘to give, deliver over’	9,110
69	象*ljangx	glang ‘ox, bullock, elephant’	34,110,194, 207
70	羊*lang	glang ‘ox, bullock, elephant’	43,194,195, 207
71	揚*rang 舁*lag	lang ‘to rise, to get up, to arise’; WB lang’ ‘high raised frame, stage’	34,44,109,174 ,198
72	楊*glang>*lang	glang-ma ‘a large kind of alpine willow’ 高山柳	44,109,198, 206
73	陽*lang	lâng ‘be light(not dark)’	109,174
74	迎*ngrjang 逆*ngrjak	WB ngrâng ‘contradict, deny’	129,203,204
75	臧*tsang	bzang ‘good, fair, beautiful’	9,109
76	張*trjang	thang ‘tense, tight’; WB tang^{C} ‘to tighten become tense and taut’	9,109
77	百*prak<*priak	brgya<*brya (WB a-ra <a-rya) ‘hundred’	8
78	薄*bak	PTB *ba ‘thin’ (STC#25)	235
79	赤*khrjak	khrag ‘blood’; WB hrak ‘to be ashamed, to be shy’	8
80	恶*ʔak	ʔag ‘bad’	8,111,130
81	赫*skhrak	khrag ‘blood’; WB hrak ‘ashamed, shy’	130,167,201
82	赫*s-grak>*s-krak> *xrak	grags ‘fame, reputation, good name, renown, glory’; WB krak ‘honor, glory, prosperity’	202
83	攫*kwjak	’gog ‘to take away forcibly, to snatch’	25,85,111,129
84	絡*glak	’grags to bind	34,111,202
85	弱*njakw	nyog-nyong ‘soft, tender, weak’	87,116

86	且*tsjag/*tshjiag	cha ‘to be about, to be on the point’; WB ca ‘to begin, make a beginning or commencement’	8
87	夕*s-ljiak>*ljak	zla-ba ‘moon’; WB la ‘moon, lunar month’	197,207
88	嚇*skrak 虩*xrjak	skrag ‘to be terrified, frightened by, afraid of’	129,167,201
89	縊*ʔjiks	WB ʔac<*ʔik ‘to squeeze, clench(the throat), throttle’	112
90	井*tsjingx	rdzing ‘pond’	111
91	領*ljingx	’jing<*’lying ‘neck, to turn or move round’; WB lań^{A}<*ling ‘neck, to turn around’	12
92	名*mjing	ming<mying ‘name’; WB mań^{A}<*ming ‘to be named, have a name’~hmań^{B} ‘to name, give a name’~ a-mań^{A} ‘a name’	12,90,110,129
93	冥*ming(x)	WB mâñ < *mîng ‘dark, black’	110
94	鳴*mrjing	WB mrañ < *mring ‘sound, produce sound’	129,200
95	命*mrjings	WB mrañ < *mring ‘find fault with, scold’	129,200
96	評*N-brjing >*brjing	WB prañ < *pring ‘measure of capacity’	129,200
97	甥 *srjing	sring-mo ‘sister(of a male person)’	110,163,205
98	盈*bing>*ling	WB. prañ’ < OB. plañ’ < *pling‘to be full’; WB. phrañ’ < OB. phlañ’ < *phling	110,205
99	爭*rtsing	’dzing ‘to quarrel, contend, fight’;zing-cha ‘quarrel, dispute’; WB cac < *tsik ‘war, battle’; T. *dzeej ‘to quarrel, contend, fight’	12,82,92,110
100	璧*pjik	dbyig(s) ‘treasure’	龔 2006:250
101	礙*ngəgs	’gegs-pa pf. bkag fut. dgag ‘to hinder, prohibit, stop, to forbid’	19
102	耳*njəgx	rna(WB na^{C}; T. *nju) ‘the ear’	19,83,115
103	負*bjəgx	PTB *ba, *bak ‘carry’(STC#26)	231
104	母*məgx	ma ‘mother’; WB ma^{B} ‘sister’	19,115
105	牛*ngwjəg	PTB *ngwa ‘cattle’(STC#215)	231
106	事*dzrjəgs	rdzas<*dzras ‘thing, matter, boject’; WB a-ra^{A} <*dzra ‘a thing, subject, matter’~ca^{A}<*rdza ‘a thing’	19,115,169
107	子*tsjəgx 字*dzjəgs 慈孳*dzjəg	tsha<*tsa ‘grandchild’~bsta ‘to bear, to bring forth’~mdza ‘to love, as friends or kinsmen do’; WB ca^{A}<*dza ‘to have tender regard, to feel for another, as for one’s self, a letter’	19,115

108	夢*mləngs	rmang-lam ‘a dream’; WB hmang- ‘dream (in compounds)’~mak ‘to dream’; T. *mjiij ‘dream’; Drung mlang ‘dream’	71,75,83,111
109	蠅*ləng	*sbrang ‘fly and similar insects without a sting’; WB yang^{A} ‘the common house fly’	20
110	憎*tsəng	sdang ‘to hate’	20,111
111	蒸*tjəng	WB thâng ‘fuel, firewood’~ thâng- ‘pine, fir’	111
112	核*grək	rag-tse ‘stone in fruits’	113
113	墨*mək 黑*hmək	smag ‘dark, darkness’; WB mang^{A}~hmang^{A} ‘ink’	19,113,163
114	目*mləkw	OB kmlak ‘eye’	71,75
115	息*sjək	WB a-sak ‘breath, life’	20,113
116	弋*blək>*lək	PTB *b-la ‘arrow’	206
117	翼*rək	lag(WB lak; T. *lạ) ‘hand, arm’	34,83,94,113,174
118	賊*dzək	jag ‘robbing, robbery’	19,113
119	織*tjək	’thag<’tag ‘to weave’~thags<*tags ‘texture, web’; WB rak ‘to weave, whether cloth, a mat, or a basket’	19,113
120	逗*dugs	’dug ‘to remain, to stay, to live, to sit’	16,112
121	候*gugs	sgugs ‘to wait, to await’~sgug-pa-bo 等候者	16,37,112
122	口*khugx	PTB *kuw ‘mouth’(STC p.184)	232
123	叩*khugx/*khugs	WB khauk<*khuk ‘to knock, rap’	16
124	寇*khugs	rku ‘to steal, to rob’; WB khuw^{C} ‘to steal’	16,115
125	髏*glug	rus ‘bone’	34,191
126	縷*rjugx	rus ‘lineage, family’	191
127	乳*njugx	nu-ma ‘breast, female breast, bosom’; WB nuw^{B} ‘the breast of a female, milk’; T. *nju ‘to suck the breast’~ *njụ ‘to suckle, to nurse’	16,82,89,92,115
128	孺*njugs	nu-bo ‘a man’s younger brother’~nu-mo ‘the younger sister of a female’	115
129	軀*khjug	sku ‘body’; WB kuwy^{A} ‘an animal body’	16,89,115
130	霧*mjugs	rmugs ‘a dense fog’~rmu ‘fog’~rmus ‘foggy’; WB mru^{A} khuw^{C} ‘fog, mist, haze’	16,112,115
131	羭*rug	lug ‘sheep’	34,198
132	晝*trjugs	gdugs ‘mid-day, noon’	16,112,171
133	枓*tjugx 注*tjugs	’chu<*’thyu ‘to lade or scoop, to irrigate, to water’	16

134	噣咮*tugs	mchu <mthyu 'lip, break or bill of birds'	16
135	住*rdjuks 主*tjugx	'dug 'to remain, to stay, to live to be, to exist'; T. *dju 'to have, there is, to exist'	82,113
136	蜂*bung 蜂蠭*phjung	bung 'a humming and stinging insect, bee'; T. bowr 'bee'	17,82,92,111
137	孔*khungx 空*khung	khung 'hole, pit, hollow, cavity'; WB khaung^{C}<*khung 'to be hollow'	17,89,90,111
138	龍*brjung>*rjung	'brug 'thunder, dragon'	34,200
139	頌*gljungs>*ljung	glu 'song, tune'	195,207
140	痛*thungs	gdung(s) 'to feel pain, to be pained'	111
141	冢*rtjungx	rdung (WB taung<tung)'a small mound, hillock'	90,111,169
142	撞*rdung(s)	rdung, pf. brdungs, fut. brdung, imp. (b)rdung(s) 'to beat, to strike'	111,169
143	觸*thjuk	thug 'to touch, to hit or strike against'~gtug 'to touch'	17,112
144	穀*kuk	WB kauk<*kuk 'the rice plant, rice'~ kaung^{C}<*kung 'to be good'	16,112
145	谷*kuk<*kluk	klung 'river'~lung-pa 'valley'; WB khyaung <*khlung 'a valley, vale'~khyâung<*khlûng 'stream'~khyauk <*khluk 'chasm, gulf, abyss'	44,95,206
146	角*kruk	WB khruw (khrui) < *khrug 'horn'; T. khiwə^{1}< *khrwə^{1}; PTB:*kruw (STC #37)<*khrug 'horn'	201
147	曲*khjuk	'gug(s) 'to bend, to make crooked'~kug 'crooked, a hook'; WB kauk<*kuk 'to be crooked, not straight'	17,89,90,113
148	俗*rjuk	lugs 制度,規則,風尚	34,113,175
149	欶*suk	WB sauk<*suk 'to drink, to smoke'	17,112
150	燭*tjuk	dugs 'to light, to kindle'; WB tauk<*tuk 'to blaze, flame, to shine' ; T. *tju 'to kindle, to blaze'	16,82,112
151	椓*rtuk	rdug 'to strike against'	89,112,169
152	熬*ngagw	PTB *r-ngaw 'fry, roast'(STC#270)	232
153	號*gagws	sgo 'to say, when used of superiors, hence mostly to bid, to order', WB khau>kho 'call, invite, name'	87,117

154	豪*gagw	mgo 'head, summit, height, top'~'go 'captain, head-man'~T. *ɣu 'head'	117
155	醪*ragw	ro 'taste, flavor, residue, sediment'	87
156	耄*magws	rmo-mo 'grandmather'	86,117
157	飄漂*phjagw	PTB *pyaw 'fly'(STC#176)	232
158	臊*sagw	PTB *su·w 'oil, fat, grease'(STC#272)	232
159	駁*prakw	WB prauk 'be speckled spotted'	116,199
160	謠*lagw	lo 'talk, report, rumour'	86,117,174
161	爚*lakw 燿曜耀 *lakws	glog 'lightning'	87,116,207
162	鑿*dzakw	WB chauk 'a chisel'	116
163	胞*prəgw	phru-ma<*pru-ma~'phru-ma<*N-pru-ma "uterus, matrix of animals"	88,117,190, 198
164	寶*pəgwx	PTB *puw 'valuable; value, price'(STC#41)	232
165	抱*bəgwx	PTB *buw 'carry(on back or shoulders)' (STC#28)	232
166	道*'ləmx＞*dəmx ＞*dəbx＞*dəgwx~ 冘*ləm 由猶*ləb＞ *ləgw	lam 'way, road'; WB lâm 'path, road'~hlâm 'to step'; T. *lo 'to step'	99,119
167	嗥*gəgw	ngu 'to weep, to roar'~WB nguw(T. *ngwu) 'cry, weep'	117
168	糾*krjəgw	WB krûw(krûi)＜*krug 'thread, string, chain'	134,201
169	鳩*kjəgw	'ang-gu(WB khuw) 'pigeon'	88,117，134
170	九*kjəgwx	dgu(WB kuw^{C}; T. *gjɨɨ) 'nine'	22,83,89,117, 134
171	舅*gjəgwx	khu-bo 'uncle, on the father's side'; WB kuw^{A} 'brother'; T. *ɣjɨ 'maternal uncle'	22,83,89,117, 134
172	觓*grjəgw	WB khruw 角	134
173	蟊*mjəgw	mug-pa 'moth, worm'	龔(2006:249)
174	揉*njəgw	nyug 'to besmear, to rub gently'	22
175	柔揉*njəgw	nyug 'to rub gently'; WB nu^{C} 'soft, to be made soft by some process'	22,120
176	收*hjəgw	sgrug~rug 'to collect, gather, pluck'	22
177	手*sthjəgwx	sug 'the hand'	22
178	舟*krjəgw	gru 'baot, ferry, ship, vessel'	22
179	肘*trjəgwx	gru-mo 'elbow'	22,117
180	敦*tən＜*təngw	rdung 'a small mound, hillock'; WB	22

		taung<*tung	
181	躬*kjəngw	WB ə-kaung 'animal body, dead body'	89,116
182	腹*phjəkw/*bjəkw	PTB pu·k/*buk 'cave; belly'(STC#358)	235
183	寝*phjəkw	phug 'cavern'~bug 'hole'~sbug(s) 'hollow, excavation'; WB ə-pauk 'hole, opening'	89,116
184	毒*dəkw	dug~gdug 'poison'; WB tauk<*tuk 'to be poisoned'; T. *do<*du 'poison'	21,83,89,116
185	篤*təkw 惇敦*təngw	'thug<*tug~mthug<mtung 'thick'~stug(s) 'thickness, density, thick, dense'; WB thu^{A} 'to be thick, not thin'~thu^{B} 'thickness'	22,116
186	覺*krəkw/*krəkws 攪*krəkw	dkrug, pf. dkrugs 'to stir, agitate, to disturb'; ~ 'khrug<*N-krug, pf. 'khrugs<*N-krugs 'to be disturbed'; T. kio＜*kru, kio<*kru 'to drive, to urge'	89,116,201
187	六*ljəkw	drug (WB khrauk＜*khruk) 'six'	21,33,89,117, 205
188	粥鬻*tjəkw	thug<*tug 'soup, broth'	21,116
189	妣*pjidx~*pjids	phyi-mo 'grandmother'; WB ə-phê<*ə-phîy 'a great- grandfather'~ ə-phê-ma' 'a great-grandmather'	100,127
190	髀*pjidx~*pjigx	dpyi 'hip'	100
191	畀*pjids<*s-pjids< *s-bjids	s-byin 'to give, to bestow, to hand' ; WB pê＜pîy 'give; offer'	14,100,127, 188
192	貔*bjid	dbyi 'lynx'	101,127
193	底*tidx 低*tid	mthil 'bottom, lowest part'; WB mre^{A}<mliy	14,54,104
194	二*njids	gnyis (WB hnac＜*hnit; T. *njɨɨ) 'two'	12,82,90,101
195	尔*njidx	nyid 'self, same, thou, you'	14
196	几*krjidx	khri 'seat, chair; throne; couch; frame' ; WB khre<khriy 'foot, leg'; T. khjɨ^{1} 脚,足	101,127,201
197	耆*C-grjid>*grjid	bgres 老; WB krî 大,(年龄)大	127,203
198	洒*sil	bsil 'wash'	54,104
199	死*sjidx	'chi<*'syi 'to die,death'; gshin-po<*g-syin'a dead man'; WB se＜*siy 'to die'; T. *sjɨ 'to die'	82,92,101,177
200	四*sjids	bzhi<*blyi(WB le^{C}<*liy)'four'	14,101
201	屎*hljidx	lci<*hlji 'dung'; WB khyê＜*khlîy 'excrement'; T. *lhjɨ 'excrement, dung'	82,101,206
202	是*djigx	di(T. *thjɨ) 'this'	115

203	细*sids	WB se^{C}<*siy ‘small, fine, slender’	14
204	至*tjids	mchi<*mtshyi ‘to come to go, to appear’; WB ce^{B} ‘to come, arrive’	14
205	臏*bjinx	byin ‘calf of the leg’	106,127
206	盡*dzjins	zin ‘to be consumed(zin-pa med-pa, endless)’	15,106
207	年*nin＜*ning	na-ning, kha-ning ‘last year’; WB a-hnać＜*hnik ‘a year’	13,110
208	仁*njin＜*njing	snying(WB hnac<*hnik; T. *njiij) ‘heart, mind’	110
209	洗*siəl	sel ‘to cleanse, to clear’	55,87,104
210	薪*sjin	shing <*sying ‘tree, wood’; WB sać＜*sik ‘wood, timber’	13,92,111
211	新*sjin	WB sać＜*sik ‘new’	13,92,111
212	辛*sjin	mchin(WB sâñ<*sîn, T. *sji)<*m-syin ‘liver’	91,107,177
213	引*rin	ring ‘long, high, tall’~sring ‘to extend, stretch, prolong’; WB hrań^{A} <hring ‘to be long’	13
214	吉*kjit	skyid ‘to be happy, happiness’	15,108,127
215	節*tsik>*tsit 膝*sjit 切*tshit	tshigs ‘joint, knee, knot’; WB ə-chak<*ə-tshik ‘a joint’; T. *tsewr (*e<*i) ‘joint, division of time’	13,81,90,91, 92,108,112
216	結*kit	’khyig ‘to bind’; WB khyań^{A}<khying ‘to tie, bind, fasten by tying’	13
217	慄*rjit	’jigs<*’lyigs ‘to be afraid of a thing, fear, dread’	13
218	密*mrjit	’brid 欺騙	127
219	桼漆*tshjit 髼*tshjidx	tshi ‘tough, viscous, sticky matter’; WB che^{C} <*tshiy ‘paint, pigment’~ceC<*tsiy ‘to be sticky, adhesive’	13-14,101
220	七*tshjit	WB khuB hnać <*khu-hnit ‘seven’	14,91,108,166
221	日*njit	nyi-ma ‘the sun, day’; nyin-mo ‘day’; WB ne＜*niy ‘the sun’; T. *njɨɨ ‘a day’	13,82,101
222	蝨*srjik>*srjit	shig<*syig ‘louse’ ; T. *śjiw^{2}＞*śjik^{2} ‘louse’	12,90,112,163 ,205
223	滴*tik	thigs ‘a drop’~’thig ‘to drop, to fall in drops’~gtig(s) ‘to fall in drops, to drop’~btig ‘to drop, to let fall in drops’	12,112
224	一*ʔjit	WB ʔać ‘one’	12,91,108,127
225	彼*pjarx	phar 彼處	133

226	波*pad	dba ‘wave’	100
227	播*s-bars	PTB *bwar ‘spread out, sow’(STC p.172-173)	233
228	簸*padx/s	PTB *pwa·y ‘husks’(STC#170)	231
229	廖*khljadx	WB kyay<OB klay ‘wide, broad’~kyây<*klây ‘wide apart’~khyây<*khlây ‘to make wide apart’~khyay’ <*khlay’ ‘to widen, make wide or broad’	100,206
230	垂*djuar	’jol<*’dyol ‘to hang down’; WB lway ‘suspend from shoulder’	26,55,86,104
231	多*tad	WB tay ‘very(intensive)’	100
232	鹅*nga~雁*ngran	ngang(WB ngan^{C}) ‘goose’	10
233	蜾*kwadx	WB kwây ‘dammer bee’	100
234	河*gar	rgal ‘to ford(a river)’	37,55,103
235	何*gar	ga thog 何处, ga dus 何人, ga dus 何时, ga nas 从何处, ga tshod 多少(何量), ga ru 何处	37
236	荷*gar	sgal ‘load of a beast of burden’	37,55,103,175
237	羅*lar	dra ‘net, net-work’	34,100
238	籬*ljar	ra ‘enclosure, fence, wall’	10,34
239	皤*bar/*par	PTB *pwa:r ‘white’(STC p.172)	
240	披*N-phrjal>*phrjal 離*brjal>*rjal	’bral, pf. bral ‘to be separated, parted from’~’phral ‘to separated, to part’~ral ‘rent, cleft, torn’; WB prây ‘to gape, expand’~phrây ‘to open, pull open, make gape’~prâ ‘to be divided into several parts’~phra ‘to divide into several parts’	55,104,133, 199
241	疲罷*bjial	’o-brgyal ‘fatigue, weariness’~brgyal ‘to faint’	55,133
242	太*tads	PTB *tay ‘big’(STC#298)	236
243	唾*thuar	tho-le ’debs-pa ‘to spit’	26,100
244	偽*ngwjar	rngod ‘to deceive’	25,107
245	移*rar	WB lay＞lɛ ‘change’	35,100
246	義*ngjars	sngar ‘before’先前的①	133
247	坐*dzuar	sdod ‘to sit, to stay’	26,86
248	般*pran	WB pran^{A}<plan ‘to return, to repeat’	11
249	板版*pranx	’phar<*N-phrar<*N-prar “board, flat board”;	60,104,199

① 龚煌城先生（1997：208）未列出藏文 sngar 的义项，论文集的相应位置也是如此（龚 2002：133）。经查，张怡荪《藏汉大词典》（1993：709）和 Jäschke《A Tibetan-English Dictionary》（1881：136）所收藏文 sngar 的释义为“先前的”（before）。

		WB prâ ‘flat, level’	
250	半*pans	bar ‘intermediate apace’	60,104
251	遍徧*pians	spel-pa ‘to spread, to propagate’ ~’phel-ba< *phels ‘to increase, enlarge’	87,103
252	偏*phjan	phal ‘step aside, make way’; WB phay ‘go aside, put aisde’~phây ‘go aside, get out of the way’~pay ‘to put aside or away’	102
253	餐*tshan	’tshal ‘to eat’(’tshal-ba)~ ‘breakfast’ (’tshal-ma)	58,102
254	殘*dzan	gzan-pa ‘to worn out, hurt, waste’	106
255	燦粲*tshans	mtshar ‘bright, shining, of metals, fine, beautiful’	10
256	纏*djan	star ‘to tie fast, to fasten to’	10,59,105,170
257	顫*tjan	’dar ‘to tremble, shudder, shiver’~sdar ‘trembling’	10,59,105
258	產*srianx	srel ‘to bring up, to rear, to nurse up’	58,87,103,163 ,205
259	癉瘅*tar 殫*tan 憚*dans/*tar	ldar ‘to be weary, tired’	10,59,105
260	丹*tan	ta ‘very red, flaming red’	105
261	短*tuan	thung-ba(WB taung^{C}<*tung~tuw^{A}<*tug) ‘short’	17,170
262	販*pjans	PTB *par ‘trade, buy, sell’(STC p.35)	233
263	竿*kan	mkhar ‘staff, stick’~’khar ‘staff’	10,59,105
264	乾*kan 旱*gan	WB khan^{C} ‘to be dried up, exhausted, as a liquid’	11,106
265	干*kan 扞捍*gan	’gal ‘violate, to counteract’; WB ka^{A} ‘a shield of any kind, to a barrier against, ward off, debar’	11,57,102
266	肝*kan	mkhal ‘kidney, reins’	57,91
267	倌*kwan(s)	khol-po ‘servant, man-servant’~khol-mo ‘maid- servant’~’khol, pf. bkol, imp. khol ‘to use as a servant’	102
268	涫*kwans	khol ‘boiled, boiling, bubbling’~’khol ‘to boil, to effervesce’~skol ‘to boil’	102
269	鼾*han	hal ‘to pant, to snort’	11,57,102
270	緩*guanx 絙*guan	’gor ‘to tarry, linger’	59,105
271	健*gjan	WB kyan^{C} ‘to be well, healthy’	11

272	聯連*gljan	gral 'row series, class'	34,39,102,202
273	憐*drin>rin	drin 'kindness, favor, grace'; WB rân-<*rîn-'love'	91,106,205
274	卵*ruanx	sro-ma 'egg of a louse, a nit'	86
275	难*nan	mnar 'to suffer, be tormented, torture'	10,59,105
276	繕*gljans	glan 'to patch, mend'	75,106,207
277	酸*suan	PTB *swa·r 'sour'(STC p.172)	233
278	算筭*suan	gšor 'to count, to measure'	60,105
279	炭*than	thal 'dust, ashes'	57,102
280	鲜*sjan	gsar 'new, fresh'; WB sa[B] 'to make anew, do afresh'	10,59,87,105
281	獻*sngjans	sngar(sngar-ma) 'intelligent, quick of apprehension'	60,105,128, 165
282	霰䨘*sians䨘*siar	ser 'hail'	60,87,105
283	垣*grjangw> *gwrjan	grong 'house, village, town'	96,116,204
284	援*gwrjans	'grol, pf. grol 'to become free, to be liberated, released from'~ grol 'deliverance' ~ sgrol, pf. and fut. bsgal 'to rescue, deliver, save'	39,58,102,176 ,204
285	圓*gwrjan	gor<*gror 'round, circular'~sgor-mo 'round, a circular, a disk, a globe'	60
286	旃*tjan	dar 'flag'	105
287	展*trjan	rdal 'to spread, to extend'	11,57,102,169
288	鑽*tsuan	mtshon 'any pointed or cutting instrument'	86,106
289	八*priat	brgyad(WB hrac<*hrit; T.˙jar)<*bryad 'eight'	9,107
290	别*brjat 裂*rjat	'brad, pf. brad, imp. brod 'to scratch, to lacerate by scratching'~ sbrad 'to scratch';WB prat 'be cut in two; be cut off'~phrat 'cut in two; to break off'	107,128,187, 199
291	發*pjat	WB phat 嘔吐	128
292	絕*dzjuat[illegible]*tsjuat	chod<*tshjod 'the cutting off, to be cut off'~gcod-pa'to cut, to cut asunder'	26,86,108
293	粝*brats>*rats	'bras 'rice'	199
294	滅*mjiat	med<myed 無，不存在，滅	128
295	末*mat	smad 'the lower part'	107
296	殺*r-siat	gsod, pf. bsad, fut. bsad, imp. sod (WB sat)'to kill'	171
297	舌*m-ljat>*m-djat	ltśe<*hljaj<*hljad 'tongue'; WB hlya 'tongue'	197

	>*djat		
298	脫*thuat~*duat 蛻*g-luat>*luat	lhod~lod~gold ‘to loose, relaxed’; WB lwat ‘to be at liberty, free’~hlwat ‘to free, release, to emancipate’~ kjwat<klwat ‘to be loosed from its proper place’~ khjwat<*khlwat ‘to release, free, emancipate’	26,86,108,173,176,207
299	越*gwrjat	’grod ‘to go, to travel’ ~ bgrod ‘to walk, to go, wander; to get through’	85,107,204
300	悅*luat	brod ‘joy, joyfulness’~glod ‘to comfort, conclose; to cheer up’	26,86,108,207
301	話*gwrads	gros ‘speak, talk, advice, counsel’~gros gleng 商議, 談話~gros ’cham 言語一致	38,40,85,100,189,204
302	飛*pjəd 翂翁*pjən 奮*pjəns	’phur ‘to fly’	18,105,106
303	誹*pjədx 非*pjəd	phyar-kha ‘blame, affront, insult’~’phya-ba ‘to blame, censure, chide’	20
304	歸*kwjəd~回*gwəd ~圍*gwjəd	’khor ‘circle, circumference’~’khor-ba ‘to turn round, to go round in a circle’~skor ‘circle, repetition’~skor- ba ‘to surround, encircle, to return’~sgor-mo ‘round, a circle, a globe’~skyor-ba ‘to repeat, enclosure, fence’	25,85,106
305	輝煇*s-khwrjəl> *xwrjəl	khrol-khrol ‘bright, shinning, sparking, glistening’~ khrol-po ‘sparking, glistening,dazzling’	55,104,167,205
306	火*smədx	T. *məə ‘fire’	83,101
307	饑*krjəd	bkres ‘to be hungry, hungry, hunger’	127,201
308	幾*kjədx	’ga ‘some, a few, several’	102
309	類*ljəds	gras ‘class, order, tribe’	34,39,102,203
310	水*hljədx	rtsi ‘all fluids of a somewhat greater consistency’; WB re^{A}<*riy ‘water’	14,101
311	妥*hnərx 綏*snjəd	rnal ‘rest, tranquility of mind’; WB na^{C} ‘to cease from motion or action through desire for rest’	20
312	違*gwjəd	’gol ‘to part, do deviate, err’	25
313	尾*mrjədx>*mjədx	WB mrî ‘tail’	101,200
314	⿰火尾*smjədx	me<mye<smye ‘fire’; WB mî ‘fire, light’; T. *mjɨ ‘fire’	83,101
315	胃*grjəts	grod ‘belly, stomach’	24,38,85,108,

			189,204
316	友*gwrjəgx	grogs-po ‘friend, associate, companion’	25,38,85,115, 189,204
317	佑*gwrjəgs	grogs ‘assistant’	189,204
318	奔*pən	pun ‘to run over’	107
319	塵*drjən	rdul ‘dust’	57,103,169
320	鈍*dən	rtul ‘blunt, dull’	18,58,103
321	分*pjən	’bul~’phul ‘to give’	17,57,103,133
322	焚*bjən	’bar ‘to burn, to catch fire’~sbar ‘to light, kindle, inflame’; WB pa^B ‘to shine’	20,106,176
323	粉*pjənx	dbur ‘to smooth’	105
324	糞*pjəns	brun ‘dirt, dung, excrement’	107,133
325	昏惛*s-mən 怋*mən	mun ‘obscurity, darkness’~dmun ‘darkened, obscurity’ ~ rmun ‘dull, heavy, stupid’; WB $hmun^A$ ‘to be dim, to be dusky’; T. mur^1 ‘dark’	18,107,165
326	饉*grjəns	bkren ‘poor, hungry’	107,133
327	郡*gwjəns	khul ‘district, province, domain’	58,103
328	閩*mrjən>*mjən	*s-mrul>sbrul ‘serpent, snake’;WB *mruy>mrwe ‘a serpent, snake’	57,91,133,200
329	根*kən	khul-ma ‘the bottom, or the side of a thing’	57,103
330	頣*kənx	’gul~mgul~mgur ‘neck, throat’	17,57,103
331	貧*bjiən<*dbjən	dbul<*dbjul ‘poor, poverty’	18,57,103,133
332	順*djəns 馴*sdjən 純醇*djən	’dul ‘to tame, to sbudue’~dul ‘soft, tame, gentle’ ~ ’jun < *’djun ‘to subdue, make tame’~’chun<*’thjun ‘to be tamed, subdue’	18,58,103
333	孫*sən	mtshan<*m-san ‘nephew’	20,107,177
334	聞*mjən	mnyan-pa, nyan-pa ‘to hear, to listen’	20
335	銑*sjənx	gser ‘gold’	60,87,106
336	訓*xwjəns	skul ‘to exhort, admonish’	58,103,167
337	銀*ngjən<*dngjən	dngul<*dngjul(WB $ngwe^A$<*nguy) ‘silver, money’	18,57,90,103, 133
338	尊*tsən	btsun ‘respectable, noble, honorable’	18,107
339	掘*gwjət	rkod, rko ‘to dig, dig-out’	25,85,108
340	綴*rtjuat(s)贅*tjuats	rtod~gtod~btod ‘to tedder, fasten, secure’	86,108
341	卒*tsjət	sdud ‘to close, conclude, finish’	17,108
342	慙*dzam	’dzem ‘to feel ashament’	118

343	擔*tam	WB tham^{C} ‘to bear or carry on the shoulder’	11,118
344	泛*phjam 氾*bjam/*phjam	’byam ‘to flow over, to be diffused’	11
345	檻*N-gramx	WB khram̊ ‘a fence of any kind; an enclosure for confining cattle, fowls, etc.’	202
346	蓝*glam	rams ‘indigo’靛青,蓝靛 ～ram 靛青,蓝	34,118,202
347	籃*gram	WB krâm ‘bamboo net’ 篩	202
348	談*dam	gtam ‘speak’	118
349	盐*grjam	rgyam-tshwa ‘a kind of salt, like crystal’~ lgyam-tshwa ‘a kind of rock-salt’	11
350	蝶*’liap>*diap	phye-ma-leb ‘butterfly’	119,177
351	牒*’liap>*diap	leb-mo ‘flat’	119,177
352	蓋*kab<kaps 盍闔*gap	’gebs pf. bkab, ft. dgab ‘to cover, to put on a cover’	11, 37,119, 175
353	甲*krap	khrab ‘shield, scales’	11,119,201
354	接*tsjap	WB cap ‘to join, unite, connect’	11
355	世*hrjabs＜hrjaps	rabs ‘generation’	11
356	詍*rabs	lab ‘to speak, talk, tell’	34,119,174
357	禀*brjəmx>*rjəm	’brim, pf. brim(s) ‘to distribute, deal out, hand round’	118,131,199
358	沈*rdjəm	thim~’thim~gtim~stim ‘to disappear by being imbibed, absorbed; to be melted, dissolved in water, to sink’; WB tim(T. *djɨj) ‘shallow’	118
359	唫*N-grjəmx> *grjəmx	grim ‘to hasten, to hurry’	130,203
360	含*gəm	’gam ‘to put, or rather throw, into the mouth’	21,119
361	頷*gəm	PTB *gam ‘jaw (molar teeth)’ (STC#50)	233
362	浸*tsjəms	sib ‘to soak in’; WB cim^{A} ‘to steep, soak in liquor’	15,118
363	禁*krjəms	khrims ‘right, law, custom’	118,131,191, 201
364	林*rjəm	Luśei rɑm ‘forest’	191
365	懍*rjəmx	rim-(’)gro ‘honor, homage’	118
366	恁*njəmx	nyam(s) ‘soul, mind, thought’~snyam ‘to think, suppose, fancy’	21,119
367	戡*khəm 戡*khəm	’gum ‘to kill, to put to death’	18,118
368	擒*C-grjəm> *grjəm	s-grim ‘to hold fast’; WB krim ‘meet with, find’	118,130,203

369	玪*khjəmx	khyim 房子	131
370	寢*tshjəmx	gzim 'to fall asleep, to sleep'	15,118
371	妊*mrjəms>*njəms	*s-mrum>s-brum 'pregnant'	119,200
372	三*səm	gsum (WB sûm̊; T. *sọ) 'three'	18,82,118,178
373	心*sjəm	sem(s), pf. sems, bsams, fut. bsam 'thought, thinking'	21,119
374	熊*gwjəm	dom 'the brown bear';WB wam^{A} 'a bear'	25
375	尋*ljəm	WB lum̊ 'warm'~hlum̊ 'to warm one's self by a fire'	119
376	尋* ljəm	WB lam 尋(一尋為四腕尺),以度量長度 ~ə-lam 尋	175
377	陰*˙rjəm	rum 'darkness, obscurity'	130,131,204
378	冘*ləm 由猶*ləb>*ləgw	lam 'way, road'; WB lâm 'path, road'~hlâm 'to step'	94
379	飲*ʔjəmx	PTB *am 'eat, drink'(STC#481)	233
380	答*təp 對*təb<*təps	'debs pf. btab, fut. gtab 'to answer, to explain'	20,120
381	合*gəp	WB kap 'join, unite'	120
382	追*gəp	WB khap 'arrive at'	120
383	急*kjəp	grim 'to haste, to hurry'	15,131
384	汲*kjəp	WB khap 'to dip up, draw water'	21,94,120,131
385	立*rjəp	'khrab 'to strike, to stam, tread heavily'~skrab 'to beat the ground with one's feet, to stamp, tread'; WB rap<*ryap 'to stand; stop, halt, remain'	20,94,120,192
386	入*njəp	nub 'to sink, to set, west'; WB ngup 'to dive, to go beneath'	18,120
387	泣*khrjəp 霋*thrjəp	khrab-khrab 'a weeper, one that sheds tears on every occasion'; Kachin khrap 'to cry, weep'	20,120,131,192,202
388	洽*N-grəp	'grub, pf. grub 'to be finished, accomplished'	38,40,119,202
	習*rjəp	slob pf. bslabs 'to learn, to teach'~ slobs 'exercise, practice'~ldab-pa<*N-lab 'to do again, to repeat; repeatedly';	20,35,120,197,208
389	摺*tjəp 疊褶*djəp	ltab 'to fold or gather up'; WB thap 'to place one on another, to repeat'	21,87,120
390	汁*tjəp	chab <*thyab 'water'	21

参考文献

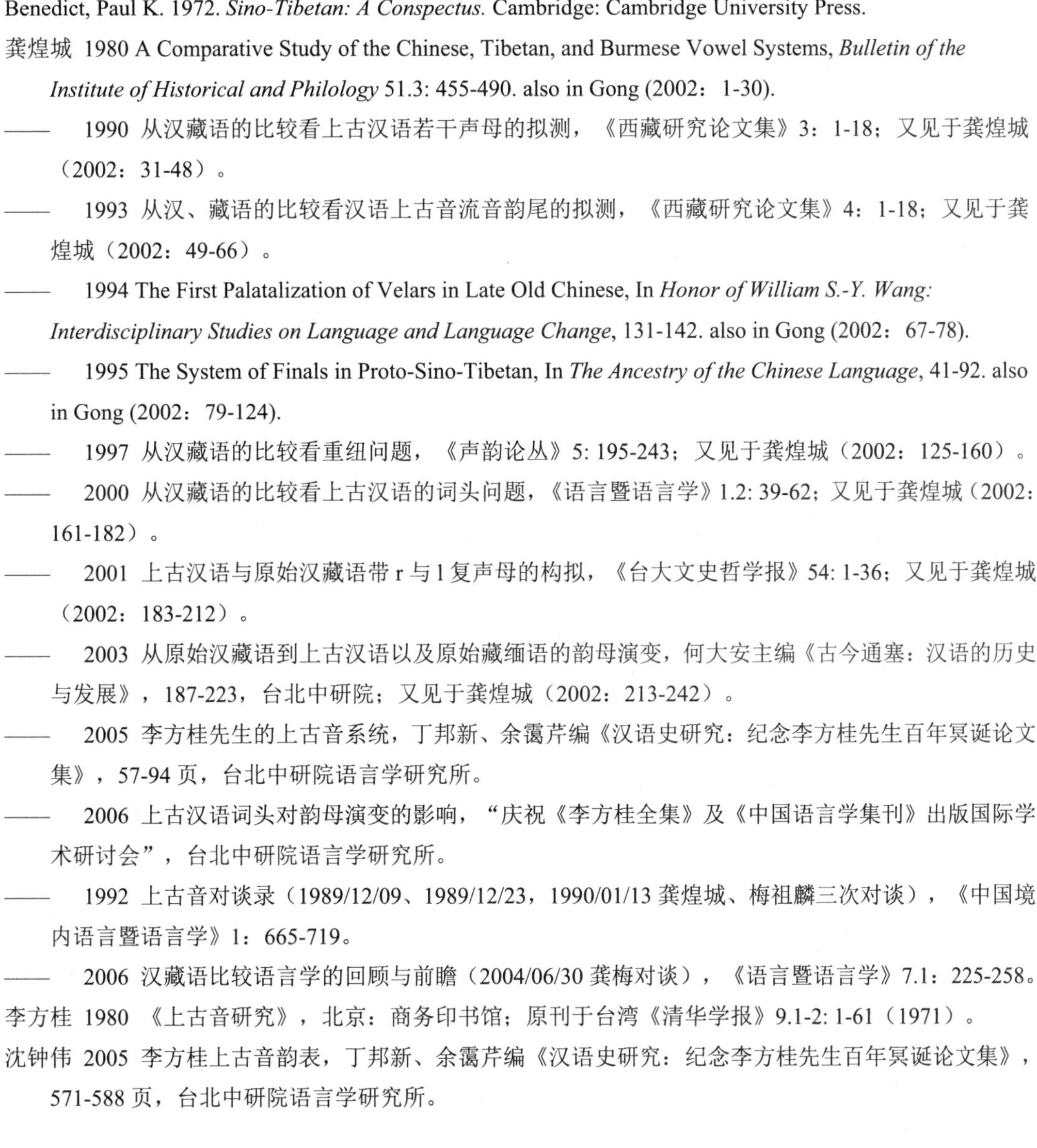

Benedict, Paul K. 1972. *Sino-Tibetan: A Conspectus.* Cambridge: Cambridge University Press.

龚煌城 1980 A Comparative Study of the Chinese, Tibetan, and Burmese Vowel Systems, *Bulletin of the Institute of Historical and Philology* 51.3: 455-490. also in Gong (2002：1-30).

—— 1990 从汉藏语的比较看上古汉语若干声母的拟测，《西藏研究论文集》3：1-18；又见于龚煌城（2002：31-48）。

—— 1993 从汉、藏语的比较看汉语上古音流音韵尾的拟测，《西藏研究论文集》4：1-18；又见于龚煌城（2002：49-66）。

—— 1994 The First Palatalization of Velars in Late Old Chinese, In *Honor of William S.-Y. Wang: Interdisciplinary Studies on Language and Language Change*, 131-142. also in Gong (2002：67-78).

—— 1995 The System of Finals in Proto-Sino-Tibetan, In *The Ancestry of the Chinese Language*, 41-92. also in Gong (2002：79-124).

—— 1997 从汉藏语的比较看重纽问题，《声韵论丛》5: 195-243；又见于龚煌城（2002：125-160）。

—— 2000 从汉藏语的比较看上古汉语的词头问题，《语言暨语言学》1.2: 39-62；又见于龚煌城（2002：161-182）。

—— 2001 上古汉语与原始汉藏语带 r 与 l 复声母的构拟，《台大文史哲学报》54: 1-36；又见于龚煌城（2002：183-212）。

—— 2003 从原始汉藏语到上古汉语以及原始藏缅语的韵母演变，何大安主编《古今通塞：汉语的历史与发展》，187-223，台北中研院；又见于龚煌城（2002：213-242）。

—— 2005 李方桂先生的上古音系统，丁邦新、余霭芹编《汉语史研究：纪念李方桂先生百年冥诞论文集》，57-94 页，台北中研院语言学研究所。

—— 2006 上古汉语词头对韵母演变的影响，“庆祝《李方桂全集》及《中国语言学集刊》出版国际学术研讨会”，台北中研院语言学研究所。

—— 1992 上古音对谈录（1989/12/09、1989/12/23，1990/01/13 龚煌城、梅祖麟三次对谈），《中国境内语言暨语言学》1：665-719。

—— 2006 汉藏语比较语言学的回顾与前瞻（2004/06/30 龚梅对谈），《语言暨语言学》7.1：225-258。

李方桂 1980 《上古音研究》，北京：商务印书馆；原刊于台湾《清华学报》9.1-2: 1-61（1971）。

沈钟伟 2005 李方桂上古音韵表，丁邦新、余霭芹编《汉语史研究：纪念李方桂先生百年冥诞论文集》，571-588 页，台北中研院语言学研究所。

介绍生物进化计算在汉语研究中的应用

上海师范大学　张梦翰

内容提要　文章总结了将近20年来生物计算方法在语言学中的应用，取有代表性的做法并归并为三类：方音差异结合数理统计算法、音变规则结合生物进化树算法和词源统计结合生物进化树算法，对于不同算法中的特点进行相应的评述。

关键词　方言 生物进化 系统发生树 数理统计 音变规则 词源统计亲疏关系 亲缘关系

1 引言

1859年达尔文《物种起源》一书的出版，使得许多语言学家都希望采用生物进化的模式来研究语言的历时发展。施莱哈尔（August Schleicher）是其中最有名的代表。1863年，他的著名论断"认为语言像生物一样是一种天然的有机体"勾画了语言间的相互关系，认为语言就像物种系族那样繁衍、生长，继而提出了有名的谱系树（family tree）理论，想借用达尔文描写生物进化的方法来描述语言的进化[①]。这为后来许多语言学家研究其他地区的语言提供了一个基础思想和方法。

中国的语言及方言的分类，自李方桂（1937）、赵元任（1928，1943）建立以来，一直是采用经验定性的方法。传统的语言分类偶尔采用简单的数学统计方法，例如作同源词百分比的统计。这种方法不能从整体上反映语言群内部的错综复杂的关系，缺乏整体效应[②]。从形式上看，谱系树可以做出可信度较高的语言发生学关系的科学分类，并描述语言及方言的"遗传信息"系统的"真实的"演化史。

近20年来，采用谱系树理论或系统发生树理论来分析东亚语言的国外代表有：Dyen、Krishnamurti、白一平（William H. Baxter）；国内有王士元、郑锦全、马希文、陆致极、黄行、冯志伟、邓晓华、汪锋等。如果将他们按照建立树状结构的基础和和采用的方法来分类的话，可以分为：以方音差异为基础并采用数理统计算法的代表人物是郑锦全和陆致极；以音变规则为基础并采用生物进化算法的代表人物是白一平（William H. Baxter）和汪峰；以词源统计为基础并采用生物进化算法的代表人物是王士元和邓晓华。

现在具体谈一下他们的做法并做出相应的评价。

---

① A. Schleicher，Introduction to Compendium of the Comparative Grammar of the Indo-European, Sanskrit, Greek and Latin Languages，英译文见 W. P. Lehmann, 1967, pp. 87-96。

② 可参看邓晓华、王士元（2009）的第一章导言部分。

2 方音差异结合数理统计算法

陆致极（1992）为了克服 “特征判断” 产生的片面性，建立了汉语方言之间的“综合判断” 标准。所谓的特征判断是指对重点方言调查材料进行精细分析的基础上，选取一个或几个有代表性的方言特征，画出同言线，并以此同言线或同言线束作为方言分区的界限。所谓的综合判断是指找出多个方言的差别特征上，统计各方言之间异同条目的多寡，求得各点之间相互接近或差异的程度，以此来划分方言的区域。

他设定的假设条件是：《切韵》时期的方言，音类的差别比音值的差别小，且方言之间音类的差别不大。整个计算的目的是通过以中古音类在现代各方言中的数量比较，揭示出它们相互之间的对应关系及对应程度。利用 DOC（Dictionary of Computer）中《汉语方音字汇》的材料，对中古音类在现代各方言中读音做分布数量的比较。

他首先要建立声韵文件数据表和声调文件数据表。声韵数据表分为声母部分和韵母部分。

声母部分以每一个中古声类为一个单元格，一共 40 个单元格。每一个单元格内列出各中古声类在现代 17 个方言点中声母的分布数据。共有 470 行。

韵母分为 16 摄，每摄又根据四声和“等”分成 8 个小类。每个小类，列出在现代 17 个方言点的韵母读音分布数据。理论上可得 142 个单元格，其中 6 个单元材料缺失，实际为 136 个单元格，共计 2770 行。

声母和韵母合并在一起，数据表格有 3240 行。

在安排声调数据文件时，平声、上声、入声分列有“清”、“次浊”、“全浊”三个声母类，去声列“全清”、“次清”、“浊”三个声母类。共计 12 个单元格。每个单元格内分别列出了现代 17 个方言点的调类分布数据，每个数据中还包含了声调、阴和阳三行数据，共计 12 行。总共有 134 行的声调数据。

在建立了声韵文件数据表和声调文件数据表之后，利用相关分析方法，分别计算出两个数据表中每两个方言点之间在声韵母方面和声调方面的相关系数。由此做成间距矩阵，并采用聚类分析法中的平均值连接法构建树状结构，产生了聚类树形图。再把矩阵中的数值标记到地图上生成方言间距地图。

在处理大样本的方言数据时，他采用相关分析方法建立相关系数矩阵来替代原有的方言间距矩阵。通过抽样误差的显著性分析结果来检验相关系数矩阵内部的正相关、负相关和无相关的显著性，确保从样本计算得到的相关系数能代表总体的指标，从而提高数据的可靠性。

上述做法基于综合判断，各方言的各区别性特征归入一张数据表中进行分析，从特征间的协同反映出方言间的综合差异。通过结构和结构之间的比对，能更好地反映出方言区内部的系统差异性。

但是，这个做法却存在一些问题，比如将所有特征赋予相同权重，可能将重要特征的代表性被非重要区别特征的数量所淹没，影响最后的统计分析结果。词汇统计未剔除借词的影响。

其树状结构只反映了方言间共时平面上的亲疏关系，音变特点未能在聚类树中显现。受到方言间的音变特点的干扰，会使得聚类树的结构发生改变，从而影响结论分析。

郑锦全（1988）统计了《汉语方言词汇》（北京大学 1964）中的 905 个词条在 18 个方言点中的各种形式和音韵内容（采用词汇统计法），分别建立了一张以词汇为基础和一张以音韵为基础的二元数值矩阵（0-1 矩阵）。通过皮尔逊相关系数的计算公式，将原有的二元原始矩阵分别转为方言间的相关系数矩阵。这些相关系数矩阵的每个系数反映了不同方言点间的亲疏关系。同时他采用了聚类分析的非加权平均值连接法，处理相关系数矩阵数据，从而构建出树叶节点为方言点的聚类树分类。具体做法如下：

从词汇测量研究方言亲疏关系

将《汉语方言词汇》（北京大学 1964）做成词汇材料数据库，包含了 905 个义项在 18 个方言点的词汇形式，有 6454 个词项。如果被测方言点内存在与该义项对应的词项，则记为"1"，不存在的记为"0"。由此制成 6454×18 大小的表格，每一个单元格只有"0"和"1"两种数字，第一列为《汉语方言词汇》的义项。特别注意一点，其计算单位是义项，而不是词项。

利用皮尔逊相关度计算模型，将上述的 6454×18 大小的矩阵（去除第一列的词条列）计算可得 18×18 大小的相关系数矩阵。其中，每个单元格表示单元格所在行和列的两个方言点之间的相关系数。

采用聚类分析的方法计算上述的相关系数矩阵，并用非加权平均值连接法做出相应的树状拓扑结构。

从音韵测量亲缘关系

采用《汉语方音字汇》（北京大学 1962）做成字汇材料。对 17 个方言点的声母做音变的统计，例如：中古读音是 p，现在方言中读音为 ph，记为 p:ph，按照这种方法，中古的 p 可以分为以下几种音变类型：p:p，p:ph，p:b 和 p:m。其他的声母也做相应的处理。在做处理时有两个选择标准：

a.文白异读中只取白读音；

b.当存在几个异读的时候，只取《汉语方音字汇》列出的第一个读法。

每个方言点共有 470 种音变类型。制成了一个 470×17 大小的表格，其中第一列是声母音变类型，每一个单元格表示单元格所在列的地区中音变类型在《汉语方言字汇》中出现的次数。

对于韵母，他也做了相同的处理。中古韵母在 17 个方言点中共有 2770 种音变类型，在 2770×18 大小的表格中，第一列显示韵母的音变类型，每个单元格表示对应所在列的方言点中出现这种音变类型的次数。

他将四个中古调类"平、上、去、入"分别记为"1、2、3、4"，"清声、全浊、次浊"分别记为"x、y、z"；在现代方言的调类中，阴调类记为 A，阳调类记为 B。例如：中古清声母平声演变为现代方言中的阴平调，记为"1x:1A"。17 个方言点中共有 133 种声调的音变类型。在 133×18 大小的表格中，第一列为中古调类演变为现代调类的类型，每个单元格表示所对应的方言点发生此种音变的次数。

这样一共形成 5 张数据表：声母、韵母、声调、声韵母和声韵调数据表，这 5 张数据表，分别利用皮尔逊相关度计算模型，计算出 17 个方言点相互之间的系数值，做成相关系数矩阵。

采用聚类分析的方法分别计算上述五个相关系数矩阵，并用非加权平均值连接法做出相应的树状拓扑结构。

在采用皮尔逊相关系数计算公式时，不同特征的数据都做了归一化，这使得不同的特征数值可以做相互比较，为后面的语言学数据分析研究提供了一个很好的方法。同时，建立了以中古音韵作为基准的现代方音词汇统计数据表，将不同方言间的音韵差别都和中古音韵做了对应，统一了标准。

他的分析表明词汇使方言的差距增大，声调则方言间差距缩小。这对于其后的研究有重要的启示作用。

上述做法是以词为计算单位，忽略了词素之间的区别，未能考虑词频问题，这样很有可能会影响统计结果。而且未能在处理原始数据时，排出“借词干扰”，方言的比较带有部分的借词比对，会直接导致计算结果的可信度降低。

采用聚类分析中的非加权平均值连接法，得出的树状结构图的末端到根部的距离都是等距离的，不能反映不同语言的不同变化速度。不同的语言演化速率是不同的，演化的方向也是不同的，在聚类分析中，这两个特点都没有办法很好地体现，是算法的一个缺陷。所得的聚类树结构反映的是方言间的亲疏关系，即方言相似性比较，是共时性的一种比较，难以区分方言之间的历时继承和共时的借用。未考虑特征数据的权重问题，也会影响到统计结果。

3 音变规则结合生物进化树算法

汪锋（2006）对于中国境内白语的谱系研究采用了音变规则结合生物计算的方法，主要计算方法如下：

两个词之间如存在严格的语音对应关系，就属于关系词。为了辨别白语各方言间的同源关系，在语音对应原则的基础上，添加了语义变化以及借词形式作为参考特征。两个方言独立发展出相同语义变化的几率非常小，所以两个方言之间如果只有共同的语义变化，可以断定为亲缘关系。他在研究中还发现，白语方言间相互借词的现象非常少见。当两个白语方言间存在大量只属于它们之间的共有词汇时，可以认为这些词汇存在同源关系。在此基础上，构拟了原始白语。

通过原始白语与现代方言间的语音（包括声、韵、调）、词义替换以及借词比较，得到白语方言音变规则（共 19 个音变特征）的二元数值矩阵。矩阵中的每一个数值代表了对应列所在的方言点是否存在所在行的音变规则，如果存在就用“1”表示，如果不存在就用“0”表示。

在这个二元数值矩阵的基础上，采用研究生物进化的 PENNY 和 PHYLIP 软件构建最大简约树的程序模块进行数据分析。在这里要特别指出的是：这个程序是建立 Camin-Sokal

算法上。这个算法特点是不允许往复变化，即允许矩阵中的特征数据值从“0”转变为“1”，而不允许从“1”变为“0”（Camin & Sokal 1965）。在二元数值矩阵中，汪峰定义“0”表示为一个静止状态，而“1”表示为一个变化状态，并且所有的音变特征都是处于一个相同的权重下。

上述方法能够更好地反映方言间的语言变化，排除“借词干扰”。二元数值矩阵（0-1矩阵）将方言点的音变特征关系数量化，更具客观性。最大简约树的构建方法将方言间的差异控制在差异次数最小的水平上，具有音变特征精简性，符合语言的“经济原则”。

Camin-Sokal 算法不允许音变的往复变化或者消失，计算结果会与实际情况产生偏差。该方法无法将特定音变的重要性量化，因而不能排除由于权重问题引发的计算误差。

对于原始数据的分析，应该加入假设检验和显著性分析，以提高数据分析的科学性；可以扩增音变特征的数量，提高结论的可信度。树状结构缺乏历时特点。

Baxter（2006）选取了 10 个汉语方言点（8 个是官话方言以及长沙、杭州两个方言）。先用 6 个官话方言构拟原始官话的音韵系统，另外 4 个方言可以从原始官话演变而来。在 29 个音韵创新的基础上，采用生物学最大简约树的构建方法（Camin-Sokal 算法）建立 10 个方言的谱系，进而得到一个与一般分类大不相同的汉语方言谱系分类。

Baxter 通过语音对应原则构拟官话的原始型，根据各个方言点的音变特征情况，建立二元数据矩阵（0-1 矩阵），这种矩阵具有一定的客观性。音变特征做过归类，简化了语言变化的特征，比较适用于 Camin-Sokal 算法的特点，降低计算误差。

如果能将特定音变的重要性量化，可以排出由于权重问题引发的计算误差。在对原始数据的分析时，应该加入假设检验和显著性分析，用以提高数据分析的科学性。同时如果可以扩增音变特征类的数量和种类，可以提高结论的可信度。

上述生物计算方法是以最大简约树构建法作为基础，这个构建方法可以提高数据分析的速度，但是计算结果产生了 5 棵不同的语言系统发生树，对于多种树形结构的优选方法缺乏一定的科学证明，并且树状结构缺乏历时特点。

4 词源统计结合生物进化树算法

邓晓华、王士元（2009）也采用了生物进化树算法建立语言分类树和谱系树。他们的具体做法如下：

在 Morris Swadesh 的 100 核心词的基础上根据所比较的语族特点，适当增删一些词，制成同源词表。排除借词后，建立同源词语音对应规律的数据资料库。对各个词项采用较严格的语义对应原则，编制出需要比较语言的相似矩阵。在矩阵中，每个单元格的数字表示两个语言点之间原始同源词的个数。上述做法基于词源统计法，具有历时性的特点。词源统计法的基本观念是两种具有亲缘关系的语言分离的时间深度，可以通过它们集成的词的共享程度来判断（王士元 2002：262）。

为了让数理树状的图能够反映语言的距离，将第一步的相似矩阵转成距离矩阵，转换公式为$d = -\log s$。（s 为相似矩阵，d 为转换之后的距离矩阵。）

采用 1967 年由 Fitch 和 Margoliash 发明的以及 1987 年由 Saitou 和 Nei 发明的最有影响力的方程式——Neighbor Joining 方程式（邻接法），计算距离矩阵同时得到一个语言之间的无根树状拓扑结构。Qiao 和王士元 1998 年又在此基础上重新设计了一套可以穷尽地分析所有无根树的新方法。（Qiao，Sanzheng and Wang 1998）

分析树图结果时，采用在树图中增加或减少在树中有确定位置的语言点，通过重新计算所得结果，检验树图拓扑结构的稳定性和可信度。

计算各语言从祖语分裂出来的时代。通过比较两种语言的核心词共用程度，从而确定其分离时间。这个方法来自 Morris Swadesh，他受到碳-14 年代测定法的启示，从词入手，建立了词源统计分析法的雏形。

邓和王认为同源词的创新性一般是一种单向的演变，不可逆向变化。根据语言在各个层次上的“创新”（突变）再分化，通过生物计算算法，将语言集团以呈阶级式的方式聚合分类。

在他们的树状结构中，树枝的长度可以反映语言从祖语分离的时间距离以及各语言间的亲缘程度，将聚类树结构转变为谱系树结构。

树状结构的稳定性和可信性，也通过模拟做了检测。初步建立了适合语言学分析的“树状拓扑结构的稳定性检测”概念，并提供了基础方法。成功验证了距离法和特征法对于中国语言及方言发生学的数理分类。交叉借用了生物分子人类学的研究方法，有效地提高了语言分类的研究速度。

王和邓在 Swadesh 的 100 核心词的基础上，对于不同语系的比较词表做了适当的增减。虽然这样的做法保证了统计的普适性，但是数据的增减可能参合了主观的经验因素，降低了原始数据的可信度。通过确定核心词来确定核心词在方言间的权重，这个做法也值得商榷。

在建立相似矩阵时，采用较严格的语义对应原则，但未能将语音对应原则作为辅助参考，使得结果带有一定的“片面性”。他们采用词源统计方法确立语言分化时间，将词随着时间的衰变量看作是一个恒定的值，这同样有待讨论。

5 结语

综上所述，我们不难发现国内的语言学研究者越来越重视生物进化算法在语言学研究中的应用。这些方法基于生物演变和发展的数学模型，可以高效地量化出语言和语言之间的关系，并通过模型将关系数值化，还可以通过图形的可视化，将数值采用树形结构表示，更加直观地展示了通过生物进化算法后的语言分类情况，从一个层面上揭示了语言和语言之间的历史关系的。当然，这一切做法都是基于生物系统和语言系统存在着一种对应的映射关系的假设上。

参考文献

徐通锵 1991 《历史语言学》，商务印书馆。

陆致极 1992 《汉语方言数量研究探索》，语文出版社。

邓晓华 2006 《汉藏语系的语言关系及其分类》，华中科技大学博士学位论文。

邓晓华 王士元 2009 《中国的语言及方言的分类》，中华书局。

黄 行 1999 《苗瑶语方言亲疏关系的计量分析》，《民族语文》第3期，56-64页。

—— 1999 语音对应规律的计量研究方法——苗瑶语方言语音对应规律示例，《民族语文》6：18-26。

—— 2000 语素的计量分析与识别方法——以苗语语素分析识别为例，《民族语文》6：38-46。

李小凡 2005 汉语方言分区方法再认识，《方言》4：356-363。

汪 锋 2006 *Comparison of Languages in Contact: the Distillation Method and the Case of Bai*. Institute of Linguistics, Academia Sinica.

汪 锋 王士元 2005 语义创新与方言的亲缘关系，《方言》2：157-167。

王士元 1985 语言关系综述，《中南民族学院学报》3：106-112。

—— 2002 《王士元语言学论文集》，商务印书馆。

—— 2006 演化语言学中的电脑建模，《北京大学学报》（哲学社会科学版）2：17-22。

王士元 柯津云 2001 语言的起源及建模仿真初探，《中国语文》3：195-200。

郑锦全 1988 《汉语方言亲疏关系的计量研究》，《中国语文》2：87-102。

William H.Baxter 2006 Mandarin dialect Phylogeny(官话方言谱系). *Persée* 1: 71-114.

书评：《Studies on Menggu Ziyun》

香港科技大学　沈瑞清

美国麻州大学沈钟伟教授的《Studies on the Menggu Ziyun》（蒙古字韵研究）作为台湾中研院语言学研究所《语言暨语言学》专刊之一于2008年出版[①]。

全书共分十二章，除第一章概论外，可分为以下几个部分：第一部分（第二至四章）讨论了八思巴字的分析、书写原则以及《蒙古字韵》包含的各种材料；第二部分（第五章至八章）则逐个讨论了《蒙古字韵》的八思巴符号的来源及其构拟，并对个别有争议的八思巴符号提出新的看法；接下来的第九至十二章则详细分析了《蒙古字韵》中新观察到的一些历时音变及其对汉语语音史的意义。

下面就逐章转述本书的一些内容，重点介绍笔者认为有启发性的新见解。

第一章 概论

作者指出八思巴字的实质是非汉人对汉语的转写（第9页：a transcription of the Chinese language by non-Chinese）[②]，而藏人八思巴在转写汉语时免不了会带上藏语口音，同时来自蒙古语方面的影响（比如原始蒙古语CVC音节结构限制）也不应该被低估（第10-11页）。而且，有时候很难判断是由于文字的限制还是藏人、蒙古人的误读（第12页）。

另外，作者还区别了八思巴字转写的四个层次：（a）每个字母的转写；（b）拼写所反映的汉字音的转写；（c）表层汉语音韵的转写；（d）底层汉语音韵的转写。（第12-15页）这一区分是进一步深入研究的重要前提。

第二章 八思巴字汉语资料的研究

本章主要是对跟八思巴字汉语资料相关的研究史的回顾。一方面对跟《蒙古字韵》相关的中土、朝鲜文献（如《古今韵会举要》、《礼部韵略三十六母通考》、《四声通解》等）作了分析，另一方面则介绍了近现代学者的研究概况。

第三章 八思巴字

---

① 详细的出版信息请参看网页 http://www.ling.sinica.edu.tw/v7-2-review.asp-v_id=33.htm。

② 一般认为八思巴字写汉语是“汉语拼音化”的第一次实践。但笔者觉得，由于敦煌写卷里有越来越多的藏文、婆罗米文、回鹘文转写汉字的资料被解读出来，可能暗示着“汉语拼音化”的想法和实践在非汉人中可能由来已久。不过，柯蔚南《八思巴字汉语手册》（2007）和蒲立本（2007）的书评都这么认为，两位先生都熟悉敦煌汉字音材料，不知道为什么不把它们理解为“汉语拼音化”。不过，从系统的完整性来看，目前有《蒙古字韵》的八思巴字确实是其他材料比不上的。

本章介绍了《书史会要》和《法书考》中八思巴字的对应汉字，又把八思巴字和对应的藏文字母的字形和音值进行比较，并特别关注那些为了标记汉语而新发明的字母。

第四章 《蒙古字韵》

作者根据《四声通解》所引“蒙韵”有不见于《蒙古字韵》的韵目字，认为失传的《蒙古韵略》的形制是《新刊韵略》加注“蒙古字”（八思巴字），直到《蒙古字韵》才去掉了《蒙古韵略》的反切、释义和韵藻并打破韵书格局（第 54-55 页），且进一步提出《蒙古字韵》编纂方式是“三步走”的新说（第 57 页）：

（a）采纳一个已有的音韵框架（很可能根据失传的韵图《七音韵》），这时候每个音节只有一个字；

（b）给每个汉字加上八思巴字的标准转写，但不管声调的不同；

（c）根据《新刊韵略》在每个音节代表字后抄上大批同音字。

笔者认为这个新说很有启发性，同时，对编纂过程的理解直接关系到对《蒙古字韵》音系性质的认定。

第五章 文字/音韵的表里及转换

以前的研究者大都把注意力集中在八思巴字母的音值构拟上，而忽略了音节结构和拼写规则，作者指出有些音节在八思巴字体系内是无法拼写的（第 89-90 页），这对我们理解八思巴字反映汉语音韵的局限性非常重要。

八思巴转写体系的清浊声母“对换”（flip-flop）现象是个老大难问题了，以往的各种解释都从音值上着眼，而作者的解释却独辟蹊径：八思巴字最早是用来写蒙古语的，因为蒙古语只有送气与不送气的对立，所以用 g 对 k（清化的 g）没什么问题，而蒙古语的 k 对汉语的 k，所以拼写汉语时为了和蒙古语一致就只能将错就错了，而剩下的八思巴字母 k 也只能对应汉语的 g 了：

八思巴字	蒙古语	汉语
kh	kh	kh
g	k（g`）	k
k		g

这也成功解释了为什么擦音并没有出现“对换”的情况。（第 115-116 页）

第六章 零声母

这章讨论《蒙古字韵》里中古影、喻、疑母对应八思巴字四个字母（影幺鱼喻）的老问题，以往的研究在开合、清浊、洪细、声调上纠缠不休，而作者指出跟“等”有关系，并和重纽作了比较，算是把这个问题基本解决了。作者还指出根据韵图确立的不同字母能整齐地区分三四等，但实际上八思巴拼写一般不能反映三四等的区别，这个现象反映了继承的音韵框架和活语言的音值之间的不一致。

第七章 字母"ꡦ"的音值

《蒙古字韵》中先韵、萧韵和覃韵仍保留着三等韵和四等韵的对立，但用来标记的两个字母的具体音值一直存在争议，作者利用《蒙古字韵》的内证和其他八思巴汉语材料的旁证，并根据八思巴蒙古语文献确定它们的相对舌位高低，从而得出了更有说服力的结论：字母"ꡦ"实际上是一个元音前化标记，它的功能是标记后元音所对应的前元音。（第201页）

作者还进一步提出一个有意思的假设：这个元音前移符号和拉萨方言的[u、o、a]在舌尖韵尾（n、l、d、s）前分别变成[y、ø、ε]的音变有关系。作者用现代声学实验得到拉萨方言的元音分布，而八思巴字标记的元音系统可能与之类似，进而假设这一音变在13世纪已经发生，而八思巴正是因为观察到了藏文跟当时拉萨方言的对应而用了这个字母来标记八元音系统。（第201-207页）作者的假说无疑给藏语学界提供了全新的思路。

第八章 元音标记 h

过去的研究者往往分开构拟《蒙古字韵》中的元音 hi、h(a)的音值，缺乏对 h 的统一解释。而作者从实验语音学的新角度出发，根据声母 h 对元音影响的声学实验，得出 h 具有使元音后移的作用。因此认为元音标记 h 只是一个语音特征，并不代表一个独立的音段。它是用来表示后接元音后化的标记，hi 代表后移的[i]（央化、低化），而 h(a)代表后移的[a]（后 a），笔者觉得这个解释是很有说服力的。

第九章 重纽的对立

本章研究《蒙古字韵》中重纽对立的语音表现形式。结果表明 A 型音节（主元音是[i,ɨ,u,y]）比 B 型音节（主元音是[e,ε,o,ø,a]）更系统地保存了重纽对立（第252页）

	A 型音节	B 型音节
唇音声母的重纽对立	在-n、-ŋ 和-w 尾前消失	完全消失
喉牙音声母的重纽对立	完整保留	基本保留，但-n、*-p 尾前很零星
唇化喉牙音声母（合口）的重纽对立	除了-ŋ 尾都保留	只在-ŋ 尾前保留

根据重纽对立的具体语音形式，作者指出发生了音段移位现象：介音[w]移位变成主元音[u]，主元音[i]则移位变成韵尾[j]。作者还指出这一音变能够发生取决于声母的类型和韵尾的有无，并解释了重纽对立为何产生诸多不同的语音形式。

第十章 入声的演变类型

本章开宗明义，确定入声舒化的三个变化阶段：(1)韵尾辅音的失落；(2)韵母区别的失落；(3)声调区别的失落。《蒙古字韵》肯定经历了变化(1)，那么有没有经历变化(2)呢？这个问题学界一直有争议，作者的回答是：因为官话里没有韵尾 j 或 w 后接喉塞尾的音节类型，也没有入声部分演变为复元音同时部分还带喉塞尾的方言，所以《蒙古字韵》没有喉塞尾。（第276-277页）

作者在注 56 也提到，前响复元音加喉塞尾的音节类型在闽方言里就有，而且现代官话方言不存在的音节在历史上不一定不存在。因此，笔者以为要确定《蒙古字韵》没有喉塞尾还需要更多的证据[①]，否则就有过度运用默证之嫌。另外，即使我们承认入声舒化时不必经过喉塞尾阶段的假设对于-k 尾成立，它是否能类推到-p 尾和-t 尾仍需要找到现代方言演变实例的佐证。

第十一章 阳声韵和入声韵

本章通过观察中古相互配对的阳声韵和入声韵在《蒙古字韵》里的不同表现，确定了很多音变的相对年代，比如：曾梗、宕江合流以前入声已经舒化。（第 308 页）作者对中古以来阳声韵和入声韵的音变过程也作了构拟。

第十二章 开合口的对立

《蒙古字韵》的唇音声母尽管没有音位上的对立，但有开合口的区别。中古的开合对立在《蒙古字韵》中发生了很大的变化，在 A 型音节（主元音是[i,ɨ,u,y]）和 B 型音节（主元音是[e,ɛ,o,ø,a]）中有不同的表现，B 型音节仍保留有无[w]的对立，而 A 型音节则转化为主元音的区别。

以上挂一漏万地介绍了本书的内容。最后，笔者还想重提一下跟《蒙古字韵》音系性质有关的问题。众所周知，学界对于这个问题的意见是有相当分歧的。该书作者的看法是：

八思巴字转写的汉语音韵并不是一个活语言，而是从以前存在的韵书中沿袭而来的。（第 2 页）尽管一般认为《蒙古字韵》成书于元代，但它的音韵实际反映了元朝以前北方汉语的标准。（第 6 页）严格地说，《蒙古字韵》中只有八思巴拼写是新的：音韵系统来自《七音韵》；文字来自《新刊韵略》；八思巴字是新的。（第 57-58 页）

《蒙古字韵》是至少三种不同信息的混合：八思巴字基于藏文，音韵是根据《七音韵》，而音值则根据一个活的语言。把不同质的各种信息放到一个系统中很容易导致对每一种信息的误解。一些音类的区别在活语言中已经消失，基于藏文的字母不能准确标出某些音值。尽管八思巴拼写所包含的语音信息无疑是有价值的，但如果认为八思巴字母的表面音值准确地反映了《蒙古字韵》的音系那就有问题了。（第 194 页）

更有意思的是第 58 页的一个比喻：从某种程度上来说，就像是根据北京话的发音为上海话的音类提供语音信息。

笔者不想掩饰看到此段文字的惊讶程度，因为如果《蒙古字韵》继承的音韵框架和八思巴的注音果真有如此巨大的方言差异[②]，那就意味着《蒙古字韵》的异质成分将大大超过同质成分，而要从中离析出两个音系又是不可能完成的任务。顺着这个思路，就会从根本

---

① 笔者以为本书中就有一个绝好的旁证：臻摄的阳声韵在唇音声母下重纽对立已经消失，而入声韵不但保留了重纽区别，而且经历了音段移位的创新，这只有在不带喉塞尾的条件下才能实现。（第 258 页）

② 众所周知，上海话属于与官话方言截然不同的吴方言。当然，作者很可能只是随便选了一个还保留声母三分的上海话来暗示可能的差异，而根本没打算作精确的类比。

上质疑《蒙古字韵》的音韵价值，就像蒲立本给柯蔚南《八思巴汉语手册》所作书评（Pulleyblank 2007）所表达的意思：

如果八思巴汉语的研究真的能为我们对元朝汉语口语的认识及其和前后阶段汉语的关系提供更深入的理解，它就是值得研究的，但遗憾的是，我在柯蔚南的书中没有看到这方面的贡献。[①]

尽管笔者不同意蒲立本的悲观态度，但如果只是在一个已经被韵图钉死的框架下给一组组汉字注音，那么八思巴字所反映的汉字音无异于元朝人对另一种韵图的构拟。除了获取一些早期音变年代的材料，我们无法把《蒙古字韵》作为一种同质的断代音系！

笔者以为，我们不妨假定《蒙古字韵》继承的音韵框架和八思巴的注音在很大程度上是一个同质系统，并以此作为工作假设[②]进一步分析《蒙古字韵》有哪些异质成分。同时，我们应该把对《蒙古字韵》的研究重点放到它的成书过程及其与周边韵书韵图的关系上来，只有对这个问题有了更清醒的认识，我们才能在此基础上进一步讨论《蒙古字韵》音系性质之类的问题。

综上所述，沈钟伟先生的这本《蒙古字韵研究》是理解《蒙古字韵》乃至整个官话语音史的里程碑式的著作，是音韵学和八思巴字的研究者所必读的参考书。本书的视野是国际性的，水准也是一流的，这个评价相信是能够经历时间考验的。

附录 1 省略符号对照表

本书经常用英文字母作为相关文献的省略符号，但是没有一个对照表，因此根据英文字母顺序排列，以便读者查检：

BJX	百家姓
FSK	法书考
GWJ	改并五音集韵
GYJ	古今韵会举要
HWZY	洪武正韵
KMBQ	刊谬补缺切韵
LY	礼部韵略
MGYB	蒙古韵编
MGYL	蒙古韵略
MGZY	蒙古字韵
QYY	七音韵
SKTY	四库全书总目提要
SSDZ	四声等子

① 原文为："If the study of Chinese in 'Phags-pa could really give us more insight into what colloquial Chinese of the Yuan dynasty was like and its relation to earlier and later stages of the language, it would be well worth the study. Unfortunately, I do not see how Coblin's book hepls us in this regard."

② 我猜想本书作者心中也是有这个工作假设的。比如入声归韵的研究，如果不假定八思巴注音和《七音韵》在入声归韵上的一致性，那么用八思巴注音讨论入声的演变岂不成了"无的放矢"？

SSHY	书史会要
SSTJ	四声通解
TK	礼部韵略七音三十六母通考
XKYL	新刊韵略
ZZT	切韵指掌图

附录 2 勘误表[1]

页	行	误	正
v	-11	The l glide	The glide
8	6-7	MC division I 屋 Wu	MC division I 铎 Duo（?）
17-18		10、11、12 三章的介绍	第 10 章的介绍对应本书第 11 章；第 11 章对应第 12 章；第 12 章对应第 10 章。
23	-11	喻 yu-mu is the same as 疑 yi-mu	鱼 yu-mu is the same as 疑 yi-mu（据《四声通解》原文改）
60	-13	GJY	GYJ
61	-6	Guangyu	Guangyun
80	7	Yang she	Dang she
87	17	"庄"的韵尾一栏是"n"	"n"应改为"ng"
95	2	<fa>	<fu>
105	-1	voiceless *chan-mu*	voiceless *shen-mu*
115	19	Below we use labials	Below we use velars
115	-8	（55）	（50）
117	4	禅 *chen*	禅 *chan*
131	16	Chapter 7	Chapter 8
138	18	觉 tcuee	觉 tcyee
139	-5	（91）	（87）
156	12	（118）	（113）
157	4	Zhi4 and Zhi5	Zhi5 and Zhi6
165	-3	shown in (136)	shown in (131)
253	-11	改并五音集韵（WJ）	改并五音集韵（GWJ）
261	19-20	The loss the（两处）	The loss of the
329	6	戟 ki=击 kji	戟 ki≠击 kji

① 董建交先生慷慨提供了 11 条勘误意见，并惠允发表，谨致谢忱。错误之处，责任在于笔者。

参考文献

沈钟伟 2005 从《蒙古字韵》论入声音节的复元音化，《音史新论——庆祝邵荣芬先生八十寿辰学术论文集》，310-324 页，学苑出版社。

萧素英 2008 书评：W. South Coblin: A Handbook of 'Phags-pa Chinese，《汉学研究》26.1: 289-296。

W. South Coblin.（柯蔚南）2007. *A Handbook of 'Phags-pa Chinese*. Honolulu: University of Hawai'i Press.

Edwin G. Pulleyblank.（蒲立本）2007. Review: W. South Coblin: A Handbook of 'Phags-pa Chinese(2007). *Bulletin of the School of Oriental and African Studies* 70: 627-629.

≈≈

《境外汉语音韵学论文选》（上海教育出版社，2010）

目　录

书评：《Phonetics: Transcription, Production, Acoustics, and Perception》

华东师范大学　孙锐欣

人们普遍认同语音学（Phonetics）的研究至少要涉及语音的生理、物理、心理等问题，然而语音学在这三个研究方向上的发展是不均衡的，跟语音产生相关的语音生理研究有十分悠久的历史，研究比较充分（中国传统音韵学上所谓的“五音”将辅音分为唇、舌、齿、牙、喉五类，就可看作是语音生理研究），语音的物理研究起步较晚， 1779 年，为了解决圣彼得堡皇家科学院提出的年度悬赏课题“使元音 a、e、i、o、u 的声音彼此完全不同的性质和特点是什么”，C. G. Kratzenstein 设计了一组共振腔，模仿人类声道的情形，可以发出不同音质的元音，此为早期这方面具有代表性的研究。20 世纪以后，语音的声学研究逐渐升温，并且延伸到了言语工程领域，在语音合成、语音识别、语音康复等方面得到了广泛的关注。相对而言，语音的心理研究受到研究传统、研究理念、研究手段等诸多因素的影响，始终比较薄弱。一直以来，语音学教材的内容安排也呈现出重生理，轻物理，少心理的状况，而现在，由 Henning Reetz 和 Allard Jongman 合著的《Phonetics: Transcription, Production, Acoustics, and Perception》（“语音学：语音的记录、产生、声学、感知研究”，以下简称为《Phonetics》）的出版给我们带来全新的感受。

2009 年，《Phonetics》由 Wiley-Blackwell 出版。该书的两位作者都是语音学专业的领军学者，Henning Reetz 是法兰克福大学（Goethe Universität Frankfurt am Main）语音学研究所的教授。他拥有理工科的学术背景，1974 年高中毕业后进入柏林自由大学（Freie Universität Berlin）学习物理学和数学，后又进入基尔大学（Christian-Albrechts Universität zu Kiel）学习计算机科学、数学和语音学。1996 年他从阿姆斯特丹大学（Universiteit van Amsterdam）语音学研究所毕业，获得语音学博士学位，他的博士论文题目是“语音音高的感知研究：一种时域解决方案”（Pitch Perception in Speech: A Time Domain Approach）。另一位作者 Allard Jongman 是美国堪萨斯大学（The University of Kansas）语言学系教授，他于 1986 年从美国布朗大学（Brown University）毕业，获得语言学博士学位，博士论文题目是“语音学中的自然性：一项基于上下文依存性的研究”（Naturalness in Phonetics: A Study of Context-Dependency）。

《Phonetics》是一本教科书，内容涵盖了语音学的四个方面：记音音标、语音产生、语音声学、语音感知。虽然这四个方面的内容不是截然分开的，但是作者认为学生在学习的时候需要逐一学习不同方面的内容，因而在内容安排上有意划分了四个方面。全书共有十三个章节和三个附录。第一章“关于本书”，是对整本书的概述。第二章“发音语音学”，以常规的方式介绍了元音和辅音的发音（Articulatory）原理，包括声带发声、辅音的发音部位和发音方法、元音的舌位。第三章“语音学音标”，介绍了如何用国际音标记录英语语音。第四章“辅音和元音发音的部位和方式”，系统地介绍了使用国际音标记录世界范围内多种语言的辅音和元音的方法。第五章“发音器官生理学”，详细讨论了呼吸系统的解剖结构和生理活动。第六章“发声类型的气流机制”，解释了使用不同气流机制会产生的各种声音。第七章“声学基础”和第八章“言语声音的分析方法”，提供了声音物理的基础知识、测量和分析声音的途径以及运用计算机分析语音的方法。第九章“语音产生的声源-滤波器理论”，介绍了语音产生的声学理论。第十章“言语声音的声学特征”，综合运用前面的声学知识、言语声音的分析方法和语音产生的声源-滤波器理论分析语音。第十一章“音节和超音段”，介绍了音节的组合结构和音响结构，还从产生原理和声学特征方面介绍了重音、音长、声调和语调。第十二章“听觉的生理学和心理物理学”，呈现了听觉器官的结构和功能，介绍了频率、强度、时长的感知原理。第十三章“语音感知”，介绍了元音和辅音感知的要点以及影响语音感知行为的理论。附录 A 是一些物理原理，附录 B 是一些数学理论，附录 C 是一些实验数据。

总的来说，这本《Phonetics》有以下一些特点：

首先是内容全面，正如 Wiley-Blackwell 出版社所宣传的，这本书是唯一的一部全面覆盖语音学相关领域的教材。由于语音学的四个方面跨越了多个学科，因而对作者知识和能力的要求非常高，而本书的两位作者以其广博的知识和丰富的经验成功地著成了这本教材。另一方面，就具体问题来说，作者能够做到内容列举全面、注重细节、不回避难题，比如书中细致讲解了听觉频率标度（Auditory Frequency Scales），有线性标度、对数标度、Mel 标度、Bark 标度、ERB 标度（页 242-247）；书中还讨论了辅音[w] 的“双调音”（double articulation）性质（页 31）。

其次是以教学为中心，行文简洁清晰，讲述深入浅出。语音现象很复杂，涉及生理、物理和心理的诸多原理和理论，要想把问题讲清楚是很不容易的。一本教材，不是作者炫耀自己的舞台，而是学生学习知识和提高能力的工具，因此应该从学生的实际情况出发，因材施教。本书的第七章至第十章有很强的技术性，但是作者充分考虑了读者的知识背景，没有援引大量高等数学理论，而是尽量使用初等和中等数学知识以及大量的图形来讲解复杂的技术原理，因而十分适合文科学生学习。本书也是一本让语言学教师得心应手的教材，每章都附有练习题，提倡学以致用，还配有专门的网站提供资源和音频文档下载。

第三是坚守语音学理念。在语言学界跟语音有关的研究分属于语音学、音系学、音韵学，这三种类型的语音研究大体可以归类为物质性的语音（语音学）、社会性的语音（音系学）、历史视角的语音（音韵学）。语言学内部综合性的语音研究当然是语音学、音系学、音韵学的全面结合，但是互相结合不等于自身消亡，无论怎样的相互结合，语音的物质性问题依然存在，依然需要研究。本书在谋篇和布局上坚持了语音学理念，没有给音系学、语音史以及各种语言的语音样本分派章节，而是直视语音学自身的各方面问题，加以讲解。

当然，这本《Phonetics》也有一些不足，比如语音声学部分展开得太远，“声源-滤波器理论”可能让文科学生难以领会；而语音心理部分，在语音感知方面没能深入分析。另外，这本书在探索语音学跟音系学和语音史的结合方面也留下一些遗憾。

《东方语言学》稿约

一

《东方语言学》是由上海高校比较语言学E-研究院主办、上海师范大学语言研究所承办、上海教育出版社出版发行的学术集刊，每年出版两期，分别于6月、12月出版。本刊刊登对东亚语言的句法、语音、文字、词汇诸问题进行共时描写和历时探讨的研究性论文，同时也刊登包括汉语方言、中国境内的少数民族语言及其他东亚语言在内的调查报告、长篇语料，以及严肃的学术评论等。

本刊秉承自由、开放、包容的学术理念和国际化的研究视野，非常欢迎具有原创性、科学性的研究成果（尤其是博士学位论文）。本刊也酌情刊登英文稿和译文稿。

通信地址：200234 上海师范大学语言研究所 《东方语言学》编辑部

联系电话：021-64322897; 64321685

电子信箱：eastling2010@163.com

二

为方便稿件的后续处理，请作者来稿时注意以下几点：

1. 研究性论文的篇幅一般控制在10000字以内（若字数超出此范围，请与编辑部联系），语言调查报告可不受篇幅限制。无须提供英文题目、提要、关键词等。

2. 投稿时，须提供三份电子文档：文稿word、pdf版各一份，以及包含作者姓名、单位、职称、电子邮件、电话、通信地址及邮编等信息的word文档一份。无须邮寄打印稿。

3. 编辑部在收到稿件后三个月内将告知作者是否采用；若不采用，来稿不再退还。论文一经刊登，国内作者即赠刊物两本，并致稿酬，境外作者赠刊五本。

三

1. 稿件若涉及国际音标，请使用IPAPan New字体(可在www.eastling.org/resource.htm网页中下载)。若涉及特殊字体（如生僻字、古文字等）、图表时，请另作说明。

2. 附注请一律使用当页脚注的形式，以带圈①……⑩的方式编号，使用每页重新编号的方式。

3. 引用古书、他人文献等原文时，务请仔细核对，确保无误。

4. 参考文献一律附列于正文后面。

5. 若需列出项目资助、致谢等相关内容，均置于首页底部，并于论文题目后标出星号。

6. 稿件务请按照本刊撰稿格式来编排。格式如下。

论文标题（黑体、三号、居中）

□
□

作者单位□□姓名

□
□
□

□□**内容提要**（小5号、黑体）□{提要正文，小5号}

□□**关键词**（小5号、黑体）□{……　……}

□
□

1 一级标题（黑体、四号、居中）

{正文内容}

2 一级标题（黑体、四号、居中）

2.1 两级标题（黑体、小四、顶格）

2.2 两级标题

3 一级标题（黑体、四号、居中）

3.1 两级标题

3.1.1 三级标题（黑体、五号、顶格）

{正文内容}【注意：正文中若需加脚注，请用上标带圈数字表明，编号每页从①开始。正文中需要引用的参考文献出处随文用括号标注，可不采用脚注形式。专著需要列出有关页码，例如“（徐烈炯、刘丹青 1998:54-64）”】

□
□

参考文献（黑体、小四、顶格）

□

徐烈炯 2001 焦点的不同概念及其在汉语中的表现形式，《现代中国语研究》3:10-22。

徐烈炯　刘丹青　1998　《话题的结构与功能》，上海教育出版社。

Bayer, Josef. 1996. *Directionality and Logical Form: On the Scope of Focusing Particles And Wh-in-situ.* Dordrecht: Kluwer.

Cinque, Guglielmo. 1993. A null theory of phrase and compound stress. *Linguistic Inquiry* 24: 239-298.

Hajičová, Eva, Barbara H. Partee & Petr Sgall. 1998. *Topic-Focus Articulation, Tripartite Structures, and Semantic Content*. Dordrecht: Kluwer.

Partee, Barbara H. 1999. Focus, quantification, and semantic-pragmatic issues. In *Focus: Linguistic, Cognitive, and Computational Perspectives*, ed. by Peter Bosch and Rob van der Sandt. 187-212.

Rooth, Mats. 1985. *Association with Focus*. PhD dissertation. University of Massachusetts. Amherst.

（说明：本刊“参考文献”的编排格式基本按照国际规范，引用各类杂志、会议论文集中的文章等务请尽量给出页码，但正文中引用页码可标可不标。正文中引用文献，如果是书和论文集，一般要注明所引内容的页码。）

图书在版编目(CIP)数据
东方语言学. 第八辑 / 潘悟云, 陆丙甫主编. —上海:
上海教育出版社, 2010.12
ISBN 978-7-5444-3168-2

Ⅰ. ①东… Ⅱ. ①潘… ②陆… Ⅲ. ①汉语—语言学—期刊
Ⅳ. ①H1-55

中国版本图书馆CIP数据核字(2011)第015193号

东方语言学
第八辑
《东方语言学》编委会

出版发行 上海世纪出版股份有限公司
上 海 教 育 出 版 社
易文网 www.ewen.cc
地　　址 上海永福路 123 号
邮　　编 200031
经　　销 各地新华书店
印　　刷 江苏启东人民印刷有限公司
开　　本 787×1092 1/16 印张 11.5 插页 2
版　　次 2010 年 12 月第 1 版
印　　次 2010 年 12 月第 1 次印刷
书　　号 ISBN 978-7-5444-3168-2/H·0177
定　　价 26.00 元

(如发现质量问题, 读者可向工厂调换)